乡村振兴视域下 村镇规划中传统文化和古建筑保护现状调查：

基于贵州省29个村落的调查

范贤坤　著

中国纺织出版社有限公司

内 容 提 要

本书通过对国内传统村落发展历程以及贵州境内传统村落的保护实践进行概述，介绍了贵州传统村落布局、村落空间形态以及村落资源在保护与发展中的实践问题。本书以乡村振兴为基础，从文化遗产活化利用的视角，主要围绕传统村落传统文化和古建筑保护记录当下传统村落的发展现状。全书内容包括贵州境内 29 个传统村落的空间形态、传统文化和古建筑保护情况，简要梳理传统村落发展与相应文化遗产保护之间的关系，探求村镇规划中传统村落可持续发展路径。

图书在版编目（CIP）数据

乡村振兴视域下村镇规划中传统文化和古建筑保护现状调查：基于贵州省 29 个村落的调查 / 范贤坤著 . --北京：中国纺织出版社有限公司 , 2022.11

ISBN 978-7-5229-0093-3

Ⅰ . ①乡… Ⅱ . ①范… Ⅲ . ①村落文化－研究－贵州②村落－古建筑－保护－研究－贵州 Ⅳ . ① K928.5②TU-87

中国版本图书馆 CIP 数据核字（2022）第 228782 号

责任编辑：赵晓红 责任校对：高 涵 责任印制：储志伟

中国纺织出版社有限公司出版发行
地址：北京市朝阳区百子湾东里 A407 号楼 邮政编码：100124
销售电话：010—67004422 传真：010—87155801
http://www.c-textilep.com
中国纺织出版社天猫旗舰店
官方微博 http://weibo.com/2119887771
北京虎彩文化传播有限公司印刷 各地新华书店经销
2022 年 11 月第 1 版第 1 次印刷
开本：710×1000 1/16 印张：17
字数：302 千字 定价：99.90 元

前言
Preface

出版本书主要原因有以下四个。

第一，笔者连续几年承担城乡规划专业的"乡镇规划""村庄规划"课程和风景园林专业的"山地乡镇规划设计"教学工作，这助推了我对该课程内容与科研的方向。在教学过程中，笔者按照国家颁布的乡镇规划、村庄规划、村庄与管理、村庄整治技术标准等，以及相关图集资料开展教学工作，这一过程中对相应的教材和规范对规划前的准备工作、总规划、集镇、村庄建设规划、村庄整治、村镇道路、绿地、给排水、电力电信和管理等方面都进行了全面地分析和技术指导。在这个过程中，笔者发现村镇传统文化和古建筑保护相关内容与当前全面推进乡村振兴关系紧密，从这方面引导学生认识村镇传统文化和古建筑保护，能增强学生在新时代社会环境中对传统文化的自信，并在获得传统文化内涵铺垫的基础上掌握规划技术。

第二，笔者因在读本科、硕士主要从传统文化的保护与发展利用创新角度开展研究，在承担上述课程后，笔者将课程内容中的"村镇传统文化和古建筑保护与旅游资源规划"作为实践教学与科研的出发点。

第三，笔者从 2014 年开始承担上述课程后，在完成相应的理论教学和课程训练后，开始带学生到六盘水市境内的部分具有传统文化和古建筑（传统民居建筑）的"村""镇"现场调研。随后结合教学内容指导学生申报大学生创新训练项目——"六盘水地区传统村落保护性恢复与旅游开发应用研究"并获国家级立项，进一步肯定了笔者对该方面内容的研究。

第四，笔者在教学与前期的研究的基础上，完成了贵州省教育厅项目"六盘水地区传统村落旅游资源开发与保护研究"，并结合近年来的教学与实践，以及近十年间利用寒暑假和工作之余拜访贵州境内传统村落看到的一些现象，在全面推进乡村振兴建设环境下，通过现状调查记录传统村落的"传统文化和古建筑保护、旅游资源"发展现状。本文主要从以下四个方面进行梳理和分析。

第一，基于对区域传统文化构成特征的理解，从贵州境内不同区域、不同文化特色传统村落的环境特征，并结合现状调研与分析来梳理。在分析时将贵州境内传统村落大致划分为组团成片或者串联成线的少数民族聚居区、少数民族与汉族融合发展聚居区、汉族屯堡聚居区三大类，并根据上述聚居选址特点、村落居民生活现状空间的构成要素和三生空间格局分布，空间类型以及村落空间形态特征和村落传统生态系统进行分析。从而了解贵州境内喀斯特地貌环境中传统村落的基本空间形态，认识到传统村落传统生态智慧与当前发展的基本特征。

第二，通过对各类传统村落文化特色信息的调查和分析，感知、梳理、分析各区域传统村落发展与保护现状存在的主要问题。从传统文化构成要素和特征，以及当下对传统村落传统文化抢救性保护中文化在发展中的适应度，从而更好地把握传统文化该如何保护和可持续发展。

第三，对研究区域内建筑发展及传统民居建筑保护现状进行概括探析。将传统村落划分为环锥峰型、依山傍水型、半山盘踞与沿脊聚居型、支流小盆地型四大类型，从传统民居建筑特征的建筑进行采集素材，根据现场探勘和地理相关数据分析传统民居建筑的布局形式、建筑样式演变以及装饰等进行记录与梳理。了解传统民居建筑的"时间形态""空间形态""物质形态""意识形态"的发展现状。

第四，分析传统村落各类文化在当下经济社会发展中的演变情况，浅述传统村落中资源的资本化运作、村民的文化自信和信心、传统民族文化传承意识和保护的现状。并尝试提出产业发展、生态环境中空间优化的策略等，力图探索传统村落得以继续活态良性发展的新路径。

因本书是教学之余结合教学课程与村落调研所得的成果，其涉及贵州境内29个传统村落。村落较为分散给调研带来困难，调研与材料梳理耗时较长，内容深度挖掘不够，所以只能着重从村落选址特点、村落居民生活现状空间的构成要素和三生空间格局分布，空间类型以及村落空间形态特征和建筑发展及传统民居建筑保护现状进行概括探析，各传统村落独特的传统文化资源挖掘不够深入，后期将继续研究。

本书是笔者近几年连续承担"乡镇规划""村庄规划""山地乡镇规划设计"等课程内容的"村镇传统文化和古建筑保护与旅游资源规划"与科研调查的成果。该成果依然存在较多的问题，陈述不对或者有错误之处恳请指出，在此拜谢。这一成果是本科、硕士对传统文化的保护与发展利用的延续，也与笔者在学习和教学工作成长中给予帮助与关心的众人是密切相关的，在此衷心感谢给予帮助与关心我的老师、领导、同事、同学、家人和朋友们！

感谢学校各级领导在学习、教学工作给予的帮助与关心。感谢科研处同志们的指导，感谢同事们对本书提出的宝贵建议和鼓励，感谢在调查过程中相关单位给予的帮助。

感谢肖波、朱雄斌、杨尊尊、付林江、杨学红、李海荣等老师对书稿提出的宝贵修改建议，特别感谢肖波老师在多次调研中的指导、帮助和关心。

感谢刘发兰、何继玲、朱练、顾秀娟、彭娜娜、汪华榕、方敏、曾辉、陈冉等同学在调研工作中的帮助与相伴。

感谢六盘水师范学院土木与规划学院实验室管理者，我每次借调研设备您们都是给予最大的帮助，谢谢你们对我工作的帮助与关心。

感谢六盘水师范学院土木与规划学院学术委员会的帮助与支持。

感谢配合开展调研的和提供资料的村民、村干部以及相应的管理者，对多年的调研工作给予了莫大的帮助。

最后特别感谢我的家人，你们是我学习、教学工作、科研工作的坚实后盾，正是你们的支持才让我潜心到学习、教学工作、科研工作中。

范贤坤

2022 年 8 月

目 录
Contents

第一章 引言

第一节 研究背景、意义

从人类发展的时间轴线来看村落与城市的形成，村落的形成远远早于城市，以生产活动先后顺序而言，同样村落的生产活动痕迹也早于城镇。因此，村落是人类早期聚集的所在地，是早期人类出生和生长的地方，自然也就成为了人类物质与精神的家园。村落中只要有人的存在，人们的生活行为活动就会衍生出村民的民俗文化，随社会的发展与演变而形成中国传统文化。因为村落环境为人们提供了接近自然的生活居住场所，其传统建筑及环境传递了直观的物质形态信息，承载着丰富的历史文化，因此传统村落具有历史、艺术、科学价值❶。

传统村落在当下社会进程中逐渐出现衰落，同时衍生出传统文化的丢失、村落经济发展滞后、村落生态环境的恶化等诸多问题。其已经是多年来政府、学者研究的热点话题，介于传统村落的历史文化价值，对其进行研究能促进传统村落修复成生态宜居的生活环境，改善传统村落生态环境，在一定程度上盘活传统村落闲置资源，从而有效的使生活在传统村落的村民的生活条件向好的方向发展。

在教学与实践规划设计中梳理传统民族文化，让学生在了解区域历史文化内涵发展的基础上开展相关的村镇规划设计时既是学习传统民族文化，又是传

---

❶ 贵州省住房和城乡建设厅：《贵州传统村落》，北京，中国建筑工业出版社，2016：4。

播传统民族文化，具有一定的活态传承意义。

一、贵州境内传统村落保护与发展的最新政策背景

党的十九大报告指出："乡村振兴战略，就是通过大力推动发展农村经济、社会、政治、文化与生态文明，让农村的整体发展水平得以提升，全面实现兴盛和繁荣。推动文旅融合一体化发展模式，让农村产业与旅游产业融合共同发展，利用农村生态旅游的丰富资源，带动农村事业的发展，是实现乡村振兴的重要路径与抓手。"❶向俊峰、宋山梅在《乡村振兴背景下"文旅融合一体化"发展战略研究——以黔南地区为例》中提到："文旅融合一体化是乡村旅游和休闲农业发展的新模式，在农业发展急需调整产业结构，寻找新的经济增长点的情况下，文旅融合一体化应运而生。文旅融合一体化发展有利于合理配置农村各类资源要素，调整农业产业结构，发展现代高效农业，促进乡村生产生活生态可持续健康发展，对解决农村'三农'问题有着积极的意义。"❷原农业部关于印发《全国休闲农业发展"十二五"规划》的通知提出"发展休闲农业，对转变农业发展方式，促进农民就业增收，推进新农村建设，统筹城乡发展，满足城乡居民日益增长的休闲消费需求具有重要意义"❸。通过上述文献研究可以了解到，适合乡村发展的路径和方法有很多，但都必须建立在村落农业现代化发展及基本功能的基础上来实现。无论是发展乡村旅游还是现代化农业产业园区，都应在村落固有资源的前提下进行发展。在不断的研究过程中，人们尝试把农村农业现代化发展与乡村现代化旅游发展结合起来，助推村落自然环境的山与水的独特风景、传统农事劳作系列体验、携家眷朋友到有历史文化底蕴深厚的村落享受假期时间、各类人群体验异地民族民俗文化特色等，这种发展模式于当下得到了不断发展。

贵州省传统村落因地理环境及社会发展等原因，铸就了贵州传统村落的发展滞后。贵州贫困人口中大多数人居住在传统村落中，在多民族融合聚集而形

---

❶ 向俊峰，宋山梅:《乡村振兴背景下"文旅融合一体化"发展战略研究——以黔南地区为例》，大众文艺，2018，436(10)：261-262。

❷ 付蓉:《"三变"视域下的六盘水市文旅融合一体化发展研究》，智库时代，2017，115(16)：194-195，199。

❸ 农业部关于印发《全国休闲农业发展"十二五"规划》的通知. 农业部，[2020-01-30].
www.gov.cn|govweb|gzdt|2011-08|24|content-1931324.htm.

成具有独特文化的传统村落中，研究者、学生和保护开发利用从业人员从"文旅融合—体化"（下文称文旅融合）发展探索的路径。这在很大程度上助推了贵州境内传统村落的保护与发展工作。

贵州传统村落的保护与发展受到政府以及各界人士的关注。我国十余年的古村落保护到现在的传统村落保护过程中，不断探索保护开发与脱贫的途径。2021年，贵州省人民政府制定《贵州省传统村落高质量发展五年行动计划（2021—2025年）》，在计划中将传统村落高质量发展作为贵州省乡村振兴上开新局的重要内容。在2022年国务院《关于支持贵州在新时代西部大开发上闯新路的意见》中明确指出推动民族村寨、传统村落和历史文化名村名镇保护发展，以及乡村产业、人才、文化、生态、组织振兴等。在国务院、贵州省委的高度重视以及当前乡村振兴视域下，给贵州境内传统村落的保护与发展带来了全面促进发展的机遇。该处对贵州境内传统村落保护与发展利用当下获得政策给予支持进行分析，让研究者、学生和保护开发利用从业人员掌握发展的机遇。

二、传统村落保护与发展的研究意义

对贵州境内传统村落实施保护与发展面临着巨大的困难与挑战。贵州境内的传统村落多数隐藏于偏远的大山深处，路途遥远，道路基础条件较差。贵州省境内乡村道路基础建设目前已达到村村通硬化路面要求，这一建设得到了国家的全力帮扶。在这一帮扶行动中，境内传统村落同样实现了公路村村通。调研中发现，传统村落中没有现代化农业，也没有规模化的产业，多数村落内只有村民为了谋生各自种植的农作物。没有现代化生产设备，多数依然采用传统的劳动生产工具。具备劳动力的年轻人多数外出务工，传统村落中只剩下年迈的老人和儿童。近年来政府采取对传统村落实施保护的措施，村民们因文化教育程度参差不齐，传统观念固化等原因，产生了对政府实施帮扶措施的解读有偏差，对传统村落保护与发展颁布的保护意见理解不透的现象，在没有健全技术指导和较好地对村民进行引导的情况下发展现代化农业产业化发展和现代化乡村旅游举步维艰。

传统村落的保护与发展既要与国家上层规划一致，又必须解决传统村落村民的生计问题和增收问题。贵州省人民政府印发的《省人民政府关于加强传统村落保护发展的指导意见》（黔府发〔2015〕14号）要求"牢牢守住发展和生态两条底线，以保障民生为核心，以繁荣发展民族文化为根基，突出风貌保护、风俗保护、风物保护，着力完善功能设施、弘扬传统文化、培育特色产业，改善人居环境，实现增收致富，保持传统村落的完整性、真实性和延续性，留住文化的根、守住民族的魂，把传统村落打造成村民们生存发展的美好家园和心灵宁静回归的生态乐土，实现可持续发展"。传统村落的保护与发展中必须贯彻科学的发展观，对构建和谐社会和促进实施传统村落高质量发展和落实新时代西部大开发具有实际意义，而村落现状基础调查是本文的首要工作，在全面推进乡村振兴战略的背景下，通过对传统村落进行实践调研和比较分析，为后期研究拟作努力，其价值及意义体现在以下三个方面。

第一，传统村落的保护与发展已进入一个全新的时代，目前根据国家公布列入国家传统村落名录的省，贵州境内的传统村落目前入选得最多，而且实施保护与发展备受关注。让研究者、学生和保护开发利用从业人员认识到在脱贫攻坚结束后，贵州境内传统村落可能是贫困人口返贫发生率最高的地方之一，所以该区域如何遏制返贫并做好巩固拓展脱贫攻坚成果，是当前各界人士的关注焦点。当前，贵州境内的传统村落如何高质量发展，如何遏制贫困人口返贫备受关注。中央以及地方各级政府主导积极探索贵州传统村落保护与发展的模式与思路，这对促进新时代西部山地传统村落遏制贫困人口返贫以及全面推进乡村振兴建设的意义重大。

第二，让研究者、学生和保护开发利用从业人员认识到贵州境内传统村落中蕴藏着外人想探寻的"神秘感"，而对贵州传统村落的保护与发展难度较大。贵州在落实国家有关传统村落保护和发展方面，十余年以来，总体上取得了较大的成效，但受喀斯特地貌山体大而多变、河谷较多、交通不便等条件的限制，贵州境内传统村落的保护与发展工作难度增加。主要的客观因素有地域环境险恶、传统村落数量较多、基础设施严重短缺、经济发展基础极为薄弱、少数民族村落多、对自主民族文化不自信、地方管制难以落实、村民受教育程度低、民间民俗文化多向性强等。也正是上述原因，使贵州境内传统村落内还保留着从漫长岁月中探索出来的淳朴生活，给人们带来了轻松的内心感受，再加上地理环境等条件的特殊性，造就了贵州境内传统村落浑然天成的自然山地景观，同时形成吸引外来人群的"神秘感"。但随着社会的发展，村落中村民存在摒弃传统文化和乱搭乱建等现象，因此加大了传统村落保护与发展的难度。

第三，让研究者、学生和保护开发利用从业人员认识到贵州境内传统村落是易返贫人口的主要聚居地之一。鉴于贵州境内传统村落保护与发展有宏观的环境因素，开发难度较大，但这项工作意义重大而深远，所以迫切要求我们深入了解贵州境内传统村落的基本状况。要了解其历史成因、村落与村落串联或成片组团关系、综合发展现状等，为促进传统村落串点连线、成片高质量发展，显然对传统村落开展系列发展现状调查和比较分析，能证实部分村落当前保护与发展现象，对贵州传统村落的成片组团和串联成线发展现状调查是十分重要的。

贵州地处云贵高原缓坡延伸地段，东南临湖南湘西、湖北恩施、广西北部地区，与之交界地区聚居着成片的少数民族，也是形成贵州境内传统村落最为成片的核心区域；北靠四川、重庆，形成深沟裂谷的峡谷景观；西毗云南，连绵不断的乌蒙山脉、北盘江、南盘江形成一个自然山地公园。2012—2019年，贵州有724个传统村落被列入"中国传统村落名录"，位居全国列入"中国传统村落名录"首位。通过统计分析近几年贵州传统村落列入"中国传统村落名录"的结果，显示黔东南侗族苗族自治州片区是贵州境内的传统村落目前成片组团较多，范围较大的区域，目前传统村落处于全省首位。黔东南地区传统村落具有非常明显的集中成片、散点连线聚居的聚居特征，境内的少数民族聚居成片的传统村落也为易返贫人口突出地区，以了解集中成片少数民族聚居的传统村落和散点聚居传统村落保护与发展现状基本情况为突破口，对其保护与发展现状进行基础调查及分析，贵州省传统村落高质量发展具有重要意义，对促进新时代贵州山区传统村落全面推进乡村振兴具有理论研究意义。

第二节　研究主要内容及目标

本书以贵州传统村落集中成片和散点聚居的少数民族聚居传统村落、汉族与少数民族融合聚居传统村落、屯堡文化浓厚的传统村落为主要调查对象。从了解聚集成片和散点聚居的少数民族聚居传统村落、汉族与少数民族融合聚居传统村落、屯堡文化传统村落的保护与发展现状和特征进行分析。本书以2012—2019年，贵州境内传统村落列入"中国传统村落名录"的29个村落为实地踏勘对象，覆盖全省，对境内传统村落较少的地州市选取特点突出并正在实施保护与发展相关工作的传统村落。对传统村落分布密集成片的区域，着重选取已经开发实施传统村落保护与发展且取得较好社会经济效益的传统村落，同时选取正在实施传统村落文化保护与发展的传统村落，还选取已经列入"中国传统村落名录"但目前尚未实施传统村落保护与发展实践的相关传统村落进行调查分析，从中及时了解各层次传统村落保护与发展的现状和需求。选取贵州辖区内贵阳市、遵义市、铜仁市、都匀市、六盘水市、黔西南州、毕节市、黔东南州各地级市辖区内的传统村落进行抽样调查研究。以充分的调查数据、资料为依据，对贵州传统村落发展现状、保护与发展实践现状、开发过程中主要问题及矛盾等进行分析，让研究者、学生和保护开发利用从业人员通过了解上述内容更好地服务于乡村振兴建设。

一、贵州传统村落保护与发展基础调查的目标

贵州境内传统村落基础调查的总体目标是为其他地区集中成片少数民族传统村落和散点聚居传统村落开展串点连线、成片发展等系列的保护与发展工作提供参考，也为研究者、学生和保护开发利用从业人员即将实施传统村落开展保护与发展规划提供参考，同时对集中成片的传统村落和散点聚居传统村落保护与发展的规划研究起到一定的促进作用。

本书的基础调查对贵州境内的三类传统村落进行随机抽样调查。从 2012—2019 年，贵州境内传统村落列入"中国传统村落名录"的 724 个村落中有针对性地抽取成片组团和串联成线发展的传统村落。第一类为已经实施保护与发展的传统村落，在保护与发展相关工作中产生出较好的三大效益（生态效益、经济效益、社会效益）的传统村落；第二类为正在实施保护与发展规划建设的传统村落；第三类为正在规划阶段，实施保护与发展建设尚未见成效的传统村落，以上述的三类针对性强的传统村落为具体研究对象。从传统村落当前自然环境、传统民俗文化、传统建筑等在保护与发展利用的现状区开展工作，深入了解保护与发展现状过程中主要问题、矛盾及对策，并以此作为研究分析主要工作内容，努力实现以下几个方面的目标。

第一，深入了解贵州境内成片组团和散点串联成线聚居少数民族聚居传统村落、汉族与少数民族融合聚居传统村落的保护与发展现状和主要突出的特点。从所调查传统村落的自然环境、经济发展、传统文化演变、社会现象等几

个方面掌握基本情况，把握贵州境内成片和散点聚居少数民族聚居传统村落、汉族与少数民族融合聚居传统村落、屯堡文化传统村落保护与发展的类型，保护与发展最突出的基本特征。

第二，收集及总结贵州境内成片组团和散点串联成线聚居少数民族聚居传统村落、汉族与少数民族融合聚居传统村落、屯堡文化传统村落已实施开展保护与发展的实践经验。通过收集了解国家、贵州及各地州市对境内传统村落已经制定的保护与发展相关策略，了解贵州境内成片和散点聚居少数民族聚居传统村落、多民族融合杂居的传统村落在已实施开展保护与发展具体实践成效，并梳理传统村落保护与发展运作机制，同时归纳和总结传统村落开展保护与发展的经验。

第三，把握贵州境内成片组团和散点串联成线聚居少数民族聚居传统村落、多民族融合杂居传统村落在保护与发展方面的需求和供给情况。通过调查，了解村民的生产及生活方面的需求状况，农业现代化发展的主要困境是什么，以及近年来保护与发展工作对基本公共服务的需求和公共基础设施的供给状况。

第四，把握贵州境内成片组团和散点串联成线聚居少数民族聚居传统村落、多民族融合杂居传统村落的保护与发展实践。通过现场探勘了解传统村落保护与发展的实际情况，侧重梳理建筑物质的保护成效及具体措施，了解非物质文化遗产等保护现状，了解传统村落如何开展农业现代化增收及如何建设美丽乡村，探索传统村落保护与开发新路径。

第五，分析贵州境内成片组团和散点串联成线聚居少数民族聚居传统村落、多民族融合杂居传统村落在实施保护与发展方面的主要矛盾和原因。分析其主要矛盾和制约保护与发展存在的主要因素。

第六，提出对贵州境内成片组团和散点串联成线聚居少数民族聚居传统村落、多民族融合杂居传统村落保护与发展的措施与建议。通过对贵州境内成片组团和散点串联成线聚居少数民族聚居传统村落、多民族融合杂居传统村落调查的实际情况资料和数据的分析，对其进行分析保护与发展原因需求状况、保护与发展实践状况、开发过程中主要问题及矛盾等，站在笔者的角度结合全面推进乡村振兴建设、贵州传统村落高质量发展提出建议。

二、贵州传统村落保护与发展基础调研概况

根据研究目的，对贵州境内成片组团和散点串联成线聚居少数民族聚居传统村落、多民族融合杂居传统村落从以下五个方面进行调查。

第一，对成片组团和散点串联成线聚居少数民族聚居传统村落的现状环境及主要的特征进行调查。要了解成片组团和散点串联成线聚居少数民族聚居传统村落、多民族融合杂居传统村落自然环境现状，以具有代表性的传统村落为切入点，重点了解该传统村落的村落面貌及周边环境、村落选址特点、村落居民生活现状、耕地情况、生存空间的营造、村落空间形态特点、村落与"山、水、林、田"之间的关系、村落生态文明系统、村落传统文化构成及其特征、传统村落历史文化开发利用及创新保护现状，以及传统闲置民居建筑的保护与利用效率等相关情况。在此基础上分析出贵州境内成片组团少数民族聚居传统村落和散点成线聚居传统村落保护与发展的主要特征。

第二，对贵州境内成片组团和散点串联成线聚居少数民族聚居传统村落保护与发展政策与实践的总结。调查和归纳总结对贵州省传统村落保护与发展颁布了哪些相关政策规章制度，探索出了哪些具有实践效益较好的做法与主要途径，形成了哪些具体可持续开发利用可行性较高的模式等。

第三，对贵州境内成片组团和散点串联成线聚居少数民族聚居传统村落居民需求进行调查。了解和分析贵州省境内成片组团和散点聚居传统村落中居民在目前，以及保护与发展实施过程中生产生活的需求，调查出贵州传统村落村民所盼望、期望的结果。

第四，对贵州境内成片组团少数民族聚居传统村落和散点成线聚居传统村落保护与发展的困难原因、存在的主要问题和影响因素的研究分析。在进行抽样调查的基础上分析贵州省境内散点分布传统村落保护与发展的特点，研究贵州传统村落保护与发展存在的主要问题，归纳和总结出影响贵州省境内散点分布传统村落保护与发展的重要因素。

第五，贵州省境内成片组团少数民族聚居传统村落和散点成线聚居传统村落保护与发展战略思路和对策建议的提出。

第三节 研究思路与概念界定

一、贵州传统村落保护与发展基础调查的思路

研究者、学生和保护开发利用从业人员了解本次对贵州传统村落保护与发展基础调查的思路，具体如下。

第一，本文以贵州境内成片组团少数民族聚居传统村落和散点成线聚居传统村落为研究对象，以把握成片组团少数民族聚居传统村落和散点成线聚居传统村落发展现状和村落环境特征为出发点，选取境内目前已经实施保护与发展开发、正在开发、尚未开发的传统村落进行抽样调查研究。

第二，采取现场访谈及照片采集、访谈相结合的调查方式开展工作。采集到相关州、市、县传统村落现状外，要在抽样调查的传统村落中对一些传统村落进行问卷调查等方式收集农户的一线资料。还有以访谈、交流等方式对调查的传统村落和保护与发展相关不同层度作为调查主体对象进行收集资料。结合调查问卷与访谈资料的方式，收集第一手资料和相关研究已有的其他资料数据，深入了解贵州境内成片组团少数民族聚居传统村落和散点成线聚居传统村落保护与发展的总体现状。通过现状信息采集，可以从客观和理性的角度掌握传统村落当前发展的现状及保护与发展实践相关活动，同时还可以了解传统村落所在当地基础部门及保护与发展工作者，村民等村落主体的感知，如对政策实施的评价以及村民当前现实生活的需求等。

第三，把定量和定性研究的数据分析作为依据，阐述贵州境内成片组团少数民族聚居传统村落和散点成线聚居传统村落保护与发展状况和需求状况，分析其存在的突出问题、主要矛盾、主要原因等，总结归纳出制约贵州省传统村落保护与发展的主要影响因素，总结贵州省境内传统村落保护与发展的基本经验，提出适合贵州境内成片组团少数民族聚居传统村落和散点成线聚居传统村落保护与发展的相关建议。

二、概念界定

我国幅员辽阔，地域差异显著，不同的自然环境、历史文化、社会经济，造就了形式多样、地域特点鲜明的传统村落。尤其是中国南北地域差异，将中国传统村落划分为九大地域类型❶：贵州属湘黔传统村落，主要是指湘西、湘南的一些边远山区和少数民族地区的村镇和贵州的明朝移民古村寨、少数民族古村寨。相关的概念界定有助于研究者、学生对后文的理解。

（一）传统村落

本书中的传统村落所指的是符合国家住房城乡建设部、文化部、财政部颁布的《传统村落评价认定指标体系（试行）》中相关标准的村落，文件中传统村落认定的相关标准为：一是传统村落的传统建筑风貌完整；二是传统村落选址和格局保持传统特色；三是传统村落非物质文化遗产活态传承。根据相关规定内容可看出传统村落的综合资源内涵深厚和覆盖面广，涵盖了传统村落的自然环境资源、物质文化遗产资源、非物质文化遗产资源三大部分，是覆盖历史性、地域性和文化独特性的聚落。

（二）"文旅融合一体化"

"文旅融合一体化"是随着我国社会发展而新提出来的，结合我国乡村实际实践工作的开展。2015 年中央一号文件提出"积极开发农业多种功能，挖掘乡村生态休闲、旅游观光、文化教育价值"。"文旅融合一体化"是乡村旅游和休闲农业发展的新模式，是实现产业融合的新手段。在充分尊重农业产业功能的基础上，合理开发利用农业旅游资源和土地资源，以所开发的农业旅游休闲项目、农业配套商业项目、农业旅游产业项目等为核心功能架构，整体服务品质较高的农业旅游休息集聚区等❷。其模式有家庭农场、现代农（果）场、古村落、古镇、美丽乡村、农业公园等多种模式。

（三）旅游资源

旅游资源的概念是指凡是能吸引人们产生旅游的欲望，自然界和社会环境中一切可以用在旅游开发活动中，并在旅游行业空间中能产生经济效益、社会效益、环境效益的相关因素与事物。早期西方学者将旅游资源称为旅游吸引物

---

❶ 冯淑华：《传统村落文化生态空间演化论》，北京，科学出版社，2011。

❷ 徐兴兰，杨春梅：《贵州省六盘水市农旅一体化发展研究》，北方经贸，2017(3)：3。

（tourist attractions），是指旅游地吸引旅游者的所有因素的总和❶。笔者曾在《传统村落旅游资源开发与保护——以六盘水市为例》一书中写到，对旅游者具有吸引力、激发旅游动机、满足旅游者旅游需求、能够被旅游业所利用、自然性和社会性相统一、客观性和主观性相统一、事物性与过程性相统一、物质性与精神性相统一，即自然界和人类社会；凡是对旅游者有吸引力，在不触碰法律范围内刺激游客产生旅游的欲望和动机，同时能满足游客内心对旅游的需求欲望，同时能为旅游行业开发并利用，且形成良好的经济、环境、社会效益的相关要素都可以认为是旅游资源。

第四节　研究实施与研究方法

一、贵州传统村落保护与发展基础调查的实施

贵州传统村落保护与发展基础调查方法采取五步法进行实施：其一，确定贵州传统村落调查具体的对象；其二，确定调查传统村落所要调查哪些具体的内容；其三，针对贵州传统村落保护与发展设计调查问卷；其四，组织实施针对问题进行实地调查，收集第一手资料；其五，梳理材料，分析数据同时撰写调查报告，让学生了解对传统村落传统文化及传统民居建筑研究的基本方法，有助于其规划设计。

（一）确定调查对象

本书的基础调查是以贵州境内成片组团少数民族聚居传统村落和散点成线聚居传统村落为对象。总体上运用从整体进行随机抽样调查的方式确定所要调查的对象，选取相应传统村落遵循下面五个基本原则：

第一，选取的样本是 2012—2019 年，贵州境内传统村落列入"中国传统村落名录"的 29 个传统村落。

第二，需要考虑所选村落在保护与发展取得三大效益的好与滞后的兼顾原则。从中选定作为调研样本的传统村落考虑到各村落的经济社会发展好、中、

---

❶ 王玺：《明代人文旅游资源初探》，旅游纵览（下半月），2011(6):53。

滞后现象，保护与发展困难级别程度的高、中、低的具体差别情况。从少数民族传统村落、少数民族与汉族融合共建的传统村落、屯堡文化浓郁的传统村落等不同类型的村落选出代表。基于贵州境内传统村落在保护与发展差异上有针对性地选取 29 个村落（表 1-1）。

表 1-1　2012—2019 年贵州境内传统村落列入"中国传统村落名录"的 29 个传统村落

序号	所属地	所属乡镇	村名	分布（成片组团 / 串联 / 散点）
1	贵阳市	高坡苗族乡 / 石板镇	批林村 / 镇山村大寨	散点
2	六盘水市	丹霞镇 / 保田镇 / 石桥镇 / 木岗镇	水塘村 / 鹅毛寨村 / 乐民村 / 戛陇塘村	散点
3	遵义市	茅坪镇	地关村（平顺坝）	散点
4	安顺市	大西桥镇 / 白云镇 / 天龙镇 / 黄果树镇	吉昌村 / 车头村 / 高寨村 / 天龙村 / 石头寨村	串联 / 散点
5	毕节市	龙场镇	阳光村（营上古寨）	散点
6	铜仁市	聚凤仡佬族侗族乡	廖家屯村	散点
7	黔西南州	巴铃镇 / 泥凼镇	百卡村卡嘎布依寨 / 堵德村	散点
8	黔南州	都江镇	坝辉村 / 怎雷村	散点
9	黔东南州	郎德镇 / 西江镇 / 下司古镇 / 肇兴镇 / 高增乡 / 丙妹镇 / 加榜乡 / 隆里乡	郎德下寨村 / 南猛村 / 西江村（千户苗寨）/ 清江村（下司古镇）/ 肇兴上寨村 / 肇兴中寨村 / 肇兴村 / 占里村 / 邑沙村 / 加车村 / 隆里所村（隆里古城）	成片组团 / 串联

　　第三，区域分散与集中兼顾原则，抽样选取的村落考虑区域原则，考虑集中成片和分散在各市县不同环境。同时考虑分布在贵州境内不同的区域和方位，如贵州东部的铜仁及黔东南地区、黔西南地区、六盘水地区、黔北地区、中部贵阳地区均有涉及，以体现贵州境内传统村落的地域性和村落发展独特性。

　　第四，充分考虑各类少数民族择居特性原则。针对成片组团较强村落，选取少数民族聚居区所占比重较大的村落。例如，少数民族与汉族相融合共建的屯堡文化区域，以体现民族团结和少数民族独特性。

　　第五，可操作性原则。抽样选取的样本村量在研究范围内适中，如果将各地州市全部的传统村落都纳入研究中，则不便于操作，反之若选取的村落样本太少则不利于整体观察。

　　基于研究的可实施性，所选的29个传统村落将分别覆盖各地州市，作为实地探勘样本采集基础信息对象。为了便于直观了解村落的名称，后文将简化为地州市和相应村落的名称，如"贵阳市高坡苗族乡批林村"称为"贵阳市的批林村"。

（二）确定调查内容

　　基础调查的大致内容主要包括29个传统村落的人口状况、旅游开发实践情况，以及农业现代化发展的具体原因、影响贫困的因素和需求状况、具有保护利用开发的旅游资源、突出的主要问题和主要矛盾等。主要调查村落保护与发展现状的村落面貌及周边环境、村落选址特点、村落居民生活现状、耕地情况、生存空间的营造、村落空间形态特点、村落与"山、水、林、田"之间的关系、村落生态文明系统、村落传统文化构成及其特征、传统村落历史文化开发利用及创新保护现状，以及传统闲置民居建筑的保护与利用效率等相关情况，在保护与发展实践中的政策制定、政策执行、政策评估、主要做法和主要的经验、可借鉴执行的旅游开发执行模式等。

二、贵州传统村落保护与发展基础调查的方法

　　问卷调查法：是根据研究该项目的需要和当前研究的基本条件，站在实事求是的角度设计出符合该项目的调查问卷，对于抽样选出来的传统村落，到村委会了解全村近年来的保护与发展等情况，获取全村全面的信息定量资料，并开展相应的陈述性解说分析与相关性分析。

　　典型调查法：是主要调查境内成片组团少数民族聚居传统村落和散点成线聚居传统村落保护与发展实践现状。针对该村落旅游资源的挖掘、保护、创新、可持续活态传承等典型的事物、实物、人物、项目、实施政策等，特别是对传统村落实施旅游开发影响着传统村落的生产、生活及生态环境。

　　深度访谈法：该项目主要针对谈话对象采取灵活式的交流方式。首先得设计好与该研究主体相关公开性的问题，再与交流访谈者进行无固定式的当面交流，在交流的过程中根据交流者反映的情况紧紧围绕该主题做出调整。根据该

主题的特殊性需要针对访谈对象进行研究，主要将在传统村落一线的村落管理者、村落中具有代表性或者焦点性较突出的人或物作为交流访谈对象。与传统村落不同性别、不同年龄、不同层次的管理人员和村落建设参与者进行交流，获取不同层面对传统村落保护与发展的相关工作，了解境内成片组团少数民族聚居传统村落和散点成线聚居传统村落的基本情况，发掘境内村落保护与发展成果经验与存在的相关问题，获得定性的宝贵资料。

实地勘察法：是在传统村落实施保护与发展调查过程中，运用非参与式观察法，查看村落保护与发展情况，直观地观察到传统民居建筑等的保护与利用现状，侧面地了解各村落非物质文化遗产当前保护所处的现状，还有基础设施的配置现状、村落整体格局等，获取对传统村落感性的认识，同时收集到相关能够起到定性的材料，起到佐证定量研究材料的作用。

其主要研究方法和技术路线如下（图 1-1）。

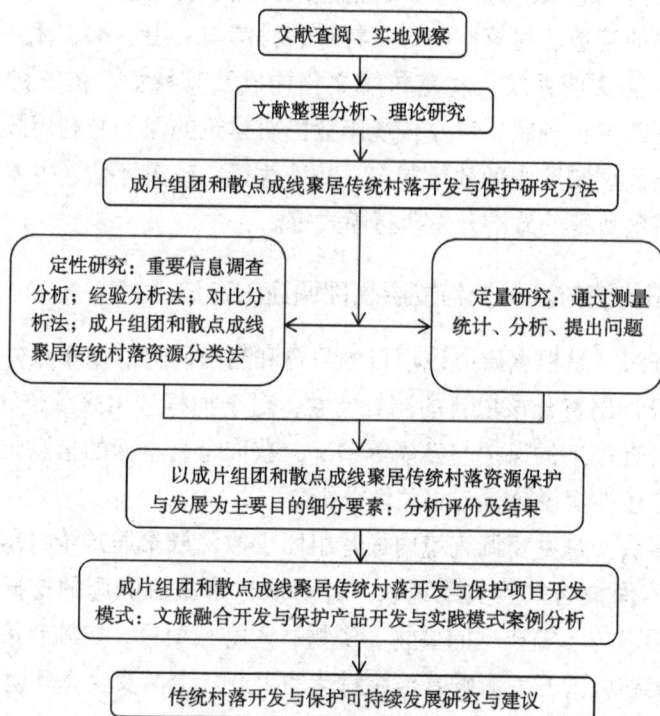

图 1-1　主要研究方法和技术路线示意

三、重点与难点

（一）重点

本书主要研究对象是贵州境内成片组团少数民族聚居传统村落和散点成线聚居传统村落保护与发展现状特征。涉及传统村落的发展历史、村落的自然环境景观、村落空间布局、村落产业发展、村落传统建筑、古老构筑物、民俗民风、传统技艺等方方面面。对传统村落的人文环境资源和自然环境资源进行分析，掌握传统村落与乡村振兴发展之间的关系，收集传统村落相关保护与发展利用的相关材料，从各层进行调研了解传统村落在实施保护与发展过程所面临的不足与困惑。通过分析研究，针对贵州境内成片少数民族聚居传统村落和散点聚居成线传统村落在实施保护和开发利用中进行比较等带来不可或缺的必要性。

（二）难点

贵州传统村落数量多，给对研究带来的难点较多。首先贵州省对传统村落的保护与发展利用的相关措施起步晚，个别传统村落在 20 世纪末以生态博物馆方式进行保护，但社会效益、经济效益、环境效益没有达到理想状态。目前多数传统村落还正处于初步编制状态，传统村落相对集中且影响较大的黔东南地区对传统村落的保护与发展也正处于初步探索阶段，但当下对传统村落的保护与实施保护与发展已是迫在眉睫的事情。从整体分析来说，传统村落实施保护与发展利用，对贵州境内成片组团少数民族聚居传统村落和散点成线聚居传统村落缺乏取得成功特别突出可直接效仿的经验和成果。因贵州所处云贵高原上，境内成片组团传统村落和少数民族聚居传统村落大多坐落在峡谷、深沟、山脊等险要之地，对其实施保护与发展利用所涉及相关困难较多，最为突出的困难是资金的严重短缺、规划方案落地难、现代化农业实施困难、技术性人才紧缺等。由于本文调研所涉及的传统村落分散在贵州境内各县市，村落驻扎地偏远，道路崎岖等各项条件有限和时间紧迫，要全面系统地梳理和反映贵州传统村落的保护与发展的相关情况，还存在着非常多的困难。

四、研究逻辑框架

其研究的逻辑框架如下（图 1-2）。

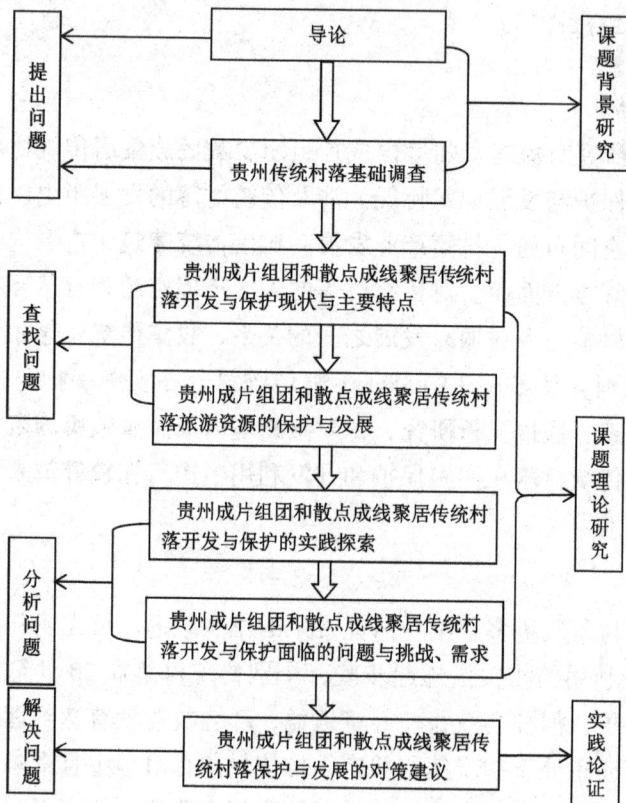

图 1-2　课题研究的逻辑框架

第二章　贵州传统村落分布

第一节　贵州传统村落环境解析

一、贵州省概括

贵州地处我国西南腹地，分布在云贵高原上，北与重庆、四川连接，东接湖南，南抵广西，西靠云南，是西南地区的交通枢纽。因地处云贵高原上的喀斯特地貌，形成世界知名的山地旅游区，是中国生态文明试验区。贵州全省由省会贵阳市、三线建设兴起城市六盘水、与重庆和四川相邻的遵义市、与云南和四川毗邻的毕节市、位于黔中要道核心带的安顺市、与重庆和湖南相伴的铜仁市、与湖南和广西相邻的黔东南州和黔南州、与云南和广西相邻的黔西南州组成。在云贵高原地貌构造中，贵州所处区域地势为西高东低，至地块中部往北方和西南方向倾斜，平均海拔在 1 100m 左右，贵州境内熔岩地貌发育完全，是典型的喀斯特地貌山地，山地、丘陵和大小不一的沟壑彰显其特征，形成全省辖区范围内的面积约 176 000km²。其中丘陵和山地的面积约占全省总面积92.5%，可见省域内地形地貌主要由高原、峡谷、小丘陵、溶洞、小盆地等构成。所处经纬度属亚热带湿润季风气候，春夏秋冬四季分明，古人用"八山一水一分田"对贵州地形地貌进行概括。

贵州历史悠久，是人类的发祥地之一，境内考古发现远古人类化石和远古文化遗产颇多。考古学家考古发现 24 万年前石器时代有人类栖息繁衍的遗址，通过上述的概述让学生和保护开发利用从业人员了解贵州旧石器时代的起源与发展等相关历史文化。

二、贵州传统村落

贵州境内目前列入"中国传统村落名录"的村落有 724 个之多，分散在境内河谷、山谷、山脊、山腰之间。因所处区域位置原因，长期以来贵州省是川、黔、滇、湘交通枢纽，因历史原因境内民族文化丰富，共由 56 个民族组成，其中世居的民族多达 18 个，在社会发展进程的各个阶段有来自各种民族的融合，经过漫长的历史岁月，凝练成为独具区域特征的生活文化组团，形成了当前的"多彩贵州"文化名片。研究者张鹏在《贵州传统村落》一书中，对贵州全省经济发展速度与农村区域经济发展关系进行分析，他认为虽然贵州当前 GDP 为全国第二，但农村区域经济的发展依然是其短板，而在区域社会经济发展中，贵州省境内多数偏远的村落和少数民族地区村落的经济发展滞后，保留了人类早期农耕文化的精髓。

在经济快速发展过程中，传统村落的保护与发展同样重要。国家相关部门颁布相关的政策文件来支持经济、村落开发与保护相关工作，《关于加强传统村落保护发展工作的指导意见》是在专家学者高度关注我国传统村落的保护与发展工作的基础上，而颁布的相应的保护发展相关工作的指导意见。贵州境内的传统村落保护发展工作从 2012—2019 年，列入国家传统村落名录的有 724 个，每个村落的历史文化都得到了评审专家的高度认可。

国家相关传统村落保护发展指导性意见，为贵州境内传统村落的保护与发展指明了方向；为没有系统文字记载的历史文化、民俗特征等非物质文化遗产和历史建筑物质等丰富的传统村落，建立了系统的数字化档案；为村落中非物质文化遗产在今天如何保护与传承指明了活态传承的方向；为传统村落物质文化存在的资源提出保护与利用的措施；为传统村落人居生活环境所需要的道路工程，生命源泉的引水工程、提升文化自信的相关教育与宣传等活动都提出了相应的要求。贵州省在传统村落保护发展同样配套有相应的指导性实施意见，如 2015 年 5 月印发《贵州省人民政府关于加强传统村落保护发展的指导意见》，2021 年 3 月印发《贵州省传统村落高质量发展五年行动计划（2021—2025 年）》等来促进贵州传统村落的高质量发展。

贵州境内因历史原因，境内成片少数民族聚居传统村落和散点聚居传统村落，村民的生存生活一直延续华夏农耕文化的生存方式。传统的农事劳动依旧展现在当前多数偏远的传统村落社区环境中，这些地方依然能看到村民们沿用耕牛和村民的智慧，从事农业和改造自然。当前通过这一改造自然环境而获得物质延续提供基础，自然形成了华夏农耕文化的主要载体。自然在贵州境内成片少数民族聚居传统村落和散点聚居传统村落多民族、多元文化融合发展的今天依然能凸显出其区域文化的独特性，对其进行调查研究梳理成一定成果，也是丰富新时代中国特色社会主义文化和对贵州传统村落高质量发展建设有着极其重要的意义，同时使学生和保护开发利用从业人员了解贵州境内传统村落的概括。

三、贵州传统村落的历史发展

贵州以前因社会经济发展慢等因素，造就了境内成片少数民族聚居传统村落和散点聚居传统村落的形成。历代以来限制贵州社会经济快速发展的主要因素，应该是受限于山地地形地貌，使其境内传统村落主要呈现为成片组团聚居少数民族村落和散点成线聚居两种形式。引导学生和保护开发利用从业人员了解从当前地表成像的视角，可以看出村落的形成与自然环境和各民族历史文化特征密切相关。

（一）贵州传统村落的自然环境

喀斯特地形地貌造就了境内成片少数民族聚居传统村落和散点聚居传统村落选址特征。成片少数民族聚居传统村落和散点聚居在贵州境内这片土地的各个角落。贵州境内整体地势为西高东低，但境内山脉众多、重峦叠嶂、谷岭交错，有地壳板块运动形成的垂直断层裂谷，也有群峰连绵不断的深山，更有高原、台地、山地、丘陵、盆地、峡谷、内陆湖泊、河流、溪流等众多的地貌类型，传统村落坐落在上述地形地貌中。

贵州地区中北部有大娄山山脉，自西向东北倾斜并贯穿贵州北境，川黔要塞之地的娄山关海拔高 1 444m 左右；中南地区由苗岭横亘，主峰雷公山海拔高 2 178m 左右，雷公山脉境内集聚着成片的少数民族传统村落；东部境边有武林山脉，由湖南的湘西延伸入黔，其山脉主峰梵净山海拔高 2 572m 左右；西部地区为境内最高的乌蒙山脉，此山脉的最高海拔为 2 900.6m 左右，形成贵州的屋脊；境内海拔最低约为 147.8m 的地坪乡口河，位于黔东南苗族侗族自治州管辖范围内的黎平县。从海拔最低到最高的垂直间距约为 2 752.8m，西北到东南的垂直高差值较为明显，境内超出 10km 以上长度的河流多达 984 条，长度在 10km 以内的支流无数，同时境内喀斯特（出露）面积 109 084km²，占全省国土总面积的 61.9%，境内岩溶分布范围广泛，形态类型齐全，地域差异明显，构成一种特殊的岩溶生态系统。贵州境内河流数量非常多，水资源丰富，滋养的生物自然较为丰富，而境内传统村落先民在选择村落居住地时非常注重村落的自然环境。村落格局注重背山面水、山环水抱，坐落于群山和水岸能栖息延续之地，但村落选址注重"枕山、环水、面屏"是"前有朝山和案山，后倚来龙山，水口处有两山夹峙把守，夹峙两山多'喝形'为狮山、象山、龟山、蛇山等，河流或者溪水从村基前流过，似金带环抱。"❶

　　贵州境内成片组团少数民族聚居传统村落和散点成线聚居传统村落分布在坝区平地、河谷沿岸、山林腰间、山脊、古驿道旁等地。坐落于坝区平地、山地丘陵的土地肥沃，坐落在山腰、山脊的传统村落，对水源的需求就更加显著，因为受到水源点限制，因而逐渐形成村落小组择水源和耕地而聚居，而河谷两岸靠近水源，坝区平地土地肥沃便于劳作，该区域的地形地貌便于农业生产，河谷因水域中有极其丰富的水生物，坝区和河谷沿岸也极易形成村落的主要聚集点。

（二）贵州传统村落形成的历史原因

　　贵州这片土地上在二十多万年前就有人类为生活而依托和改造自然遗留的遗址。考古学家在多年的考古活动中发现贵州有 24 万年前石器时代有人类栖息繁衍的遗址 80 余处。1964—1973 年，考古队员在黔西沙井观音洞前后四次实施考古活动，据前后四次考察共发现了三千多件石器物，主要有砍斫器、刮削器等器具，还有 20 余种相关动物的化石。还发现在 20 万年前盘州市的"盘县大洞"、古智人（水城人）等早期人类生活的痕迹。从春秋战国至明清各个时期，先民们为了躲避各类争夺战争带来的伤害，从北方或中原不断往云贵高原迁徙，也有因成边战争而留下的屯兵据点，随着社会不断的发展过程，外来民族和土著居民融合共建形成独特的喀斯特山地传统村落文化。

　　据史料记载在贵州境内早期生活着"濮人、氐羌、苗瑶、百越"四大类族群，形成按民族大体分类的四种经济文化类型，如"濮人以种田为业，定居而形成土著居民""氐羌中的彝族，以随畜迁徙，逐步转化为且耕且牧""苗瑶长

---

❶　陆林，凌善金，焦华富：《徽州村落》，合肥，安徽人民出版社，2005：66。

期沿袭，以刀耕火种为生产方式，以山地开垦稻田进行耕种水田，是典型的山地民族"百越民族择居平坝，常住水滨，耕种水田"。早期相应的族群选择在贵州境内繁衍生息后，都以各民族的劳作习性寻找适合生产的环境，然而各民族在历代的变迁和各族群依托早期择地而居，并不断进行繁衍造就境内当前少数民族生活空间的分布格局，如苗瑶相应族系，寻找土地肥沃的山腰进行开垦生活，分布在黔东南地区较为集中，常住水滨的择地势低洼区域；而氐羌相关族系根据民族生活习性，分布在贵州行政版图的西北地区的乌蒙山脉等亚高原区域进行生存。从现在分布在贵州行政版图上各区域的民族，大致体现出不同的民族寻求不同的生计方式，选择不同的自然环境进行定居，同时形成和支撑各族不同的文化类型，在岁月的累积后形成不同文化风貌的传统生活文化，因而形成当前贵州省独特多元化的民族特色文化。较为鲜明的还有明朝洪武年间调北征南军事活动形成了当前独特的贵州境内黔中要道附近浓郁"屯堡文化"的传统村落。

（三）贵州传统村落形成主要社会经济原因

贵州传统村落的形成与发展，与贵州传统村落区域经济结构有着密切的联系。境内成片组团少数民族聚居传统村落和散点成线聚居传统村落，因在漫长的历史社会进程中对外界文化的不接纳，在族群或者家族血缘组建的村落对外界或外来文化难以接受等漫长的社会发展过程中，导致传统村落居民对外来文化吸收难度大，甚至产生对外来文化具有恐惧感等。加上村落坐落于深山山腰山脊或者峡谷沿岸等地，导致交通不便利、长期与外界信息交流少，一直过着日出而作、日落而息的自给自足生活，而正因如此，这些传统村落至今还保留和沿用着华夏民族的农耕文化。近年来，政府、学者以及各界人士对传统村落给予关注，致使传统村落社会经济略有起色。境内各县、市积极落实国家对传统村落的保护发展工作，努力争取各类资金、资源对相应的传统村落开展保护与发展工作。在全面推进乡村振兴建设及贵州传统村落高质量发展的背景下，本文对贵州境内成片少数民族聚居传统村落和散点聚居传统村落保护与发展利用工作中，探索新思路。例如，在六盘水市地区实施"三变"创新改革实践中，传统村落将扶贫的专项资金按股份制投入村落的农业合作社，让合作社有资金促进村落产业发展，村落里将村集体的林地、山地、水塘等闲置资源综合投入农业产业化种植中，把村民闲置的资金、房屋等资源以股份的方式投入村落旅游、现代绿色农业公司、农村合作社等相应单位，获取的红利提取部分用于帮扶村落丧失劳动力需要帮扶的对象，更多的是让村民直接参与管理和生产，并从中获得劳动与股份的双重红利收益。这类的案例还很多，此处不再进行赘述。

第二节　贵州传统村落的总体特征

一、贵州传统村落的选址特征

贵州境内成片少数民族聚居传统村落和散点聚居传统村落在村落选址上注重与大自然形成和谐相处、天人合一的人居环境观。在选址考虑水源、土地、通风、避险难等便于生产生活的基本原则，在满足基本生活的物质基础条件后，更加注重师法自然的思想，在与大自然长期的相伴生活中，祈求远离灾难和野兽的攻击，崇尚人与大自然和谐相处的理念。古人选宅基地所讲究的"风水"，在当下社会是否可以理解为"选址规划"，能否理解为在人们为获得更加理想的人居环境，通过对择居自然环境的地形地貌、通风透气、光效效果等的充分了解，最终选择最为适合人居住的地块及环境。引导学生和保护开发利用从业人员通过境内传统村落中历史年代较长的传统村落及建筑群的选址来看，早期房屋的建造者强调与自然和谐相处、天人合一的理想境界，而在传统村落的实地踏勘中发展当前境内传统村落的选址与房屋建设都遵循着先民实践出来的选址经验。

贵州境内成片少数民族聚居传统村落和散点聚居传统村落在选址方面，同样考虑到地质结构、大气环境、生态植被、气流通风等一系列的村落周边对人产生影响的关系。笔者在 2018 年出版的《传统村落旅游资源开发与保护——以六盘水市为例》一书中描述：这种格局是解决内心的祈盼（也就是希望）之外，更多的是具备实用功能。贵州境内传统村落的选址，多选择具备易守难攻之地作为屏障，如群山环绕之地、河谷狭窄险要之地，同时为考虑生命的延续，族群或者氏族在进行选址时考虑到要具备基本的生存的物质供给基础，多选择具有土地基本能耕种，水源能供给人们及家畜和田地、同时有柴烧以及有利于植物生长繁殖的地方，多数传统村落形成北山面水的村落环境格局。当然，根据各区域山地地形特征还会有更加适宜和理想的村落环境景观，"山有竹木之秀，谷有清净之幽，脉成腾水之势，河有曲折之美，春能赏山花烂漫，夏可避林木之阴，秋可收丰美之食，冬能享闲暇愉悦"❶。从传统村落整体格局特征来看，先民在解决内心的祈盼的同时，更注重的是使用功能。实地调研了解到当前多数偏远的传统村落选址，其主要的原因之一是先民在早期为躲避战争和其他自然灾害，而以族群或者氏族群居的方式寻找或选择以自然环境为抵御功能的区域作为居住地，还有的则为屯兵所致。在第三章中详细分析各类型传统村落选址情况。

二、贵州传统村落布局形态特征

传统村落的选址决定了村落空间的布局形式。传统村落居住地是根据地形地貌而进行分布的，大致形成两种类型，分别为组团聚居型和散点聚居型。贵州境内成片传统村落和少数民族聚居传统村落也大致有两种方式进行择地住宅。

第一，早期少数民族同胞多以族群、氏族、血缘关系等因素进行组团居住，根据村落地形地貌依山而建或者依河谷、溪流、河滩、山腰山脊等地居住，村落区域组成小组团或者带状、放射状聚居和散点等布局模式。

第二，在明朝的戍边屯兵制度以及相应管制等因素影响下，形成屯兵沿道路、山间坝区平地、河溪交汇形成的平地等处安营、屯兵等后续发展而成的传统村落，村落的布局相对少数民族自建区要更加注重防御功能。其屯军地点进行散点分布，如上屯、下屯、左屯、右屯、上营盘、下营盘等形成的传统村落。

先民早期为了使族群或血缘亲信得以继续延续，从安全的角度出发，把村落定居在云贵高原较为偏僻、险要之地，为当前贵州境内成片少数民族聚居传统村落和散点成线聚居传统村落的形成奠定了基础。贵州境内传统村落以云贵高原及贵州境内山地形喀斯特地貌为依托，选取险要河谷、群山深处为聚居之地，同时依靠云贵高原中茂密的森林植被、无数条水系资源为生存的基础条件

---

❶　陆林，凌善金，焦华富：《徽州村落》，合肥，安徽人民出版社，2005：59。

和防御屏障，而这些均为形成当前传统村落奠定了基础；而在洪武年间"调北征南"屯兵的进入，官兵控制了山间坝区平地、河溪交汇形成的平地等利于农业植被生长之地，也为传统村落的聚居与形成提供了物质基础。在贵州境内较多的传统村落均是明清时期屯军之地或者是屯商，还有文、武官告老还乡后，把外来的观念和财产带至村落中，使村落相关构筑物修建得具备多种文化融合特征。

三、贵州传统村落生活空间组织特征

任何一个传统村落的生活空间都由相应基础设施组成。大致由村口、入村道路、传统民居建筑、村民商议民事的集聚空间、水渠、排水沟、耕地、林地、古墓或者溪流、水塘、桥梁等相关要素组成，这组成了传统村落的核心空间。

村口或桥梁一般作为该村对外交流的主要通道，村口一般会设立有牌坊、门楼、桥梁或者山石、古树等相关构筑物。村口或桥梁的形成一般是在自然环境中加上村民对审美认识共同而形成的一个景观节点，同时是识别系统最为重要的因素，也是该村的形象标志。水渠或者溪流、水塘是村落的生命之源。水渠或者溪流一般从村落一侧淌过，也有贯穿村落内部，也有对村落形成环绕等多种形式，是解决人、牲畜、植被不可缺少的重要组成部分。水渠或溪流是村落生产生活灌溉的基础条件，同时能改善村落环境区域小气候，更能为村落的优美环境提供高质量的清新空气。耕地与林地是供给全村人口的最基本物质条件之一，耕地在村民的努力劳作下能给人类提供粮食，林地能给村落带来植被的物质基础，同时能净化空气，给人类提供自然氧吧，林地中还有各种中草药，给人类的病痛带来缓解或者治愈的功效。村内的道路多为石块铺装而成，而这些整齐幽静平躺的石块谱写着村落中先民的智慧，上面记录着村民先祖生活的方方面面。脚下光滑的石块留有先祖的汗水与血液，同时有个别先祖遗留的足迹，村落里的道路是传统村落中相互链接的信息网，是传统村落空间组织中最为重要的因素之一。

传统民居建筑是村落空间组成的主要载体，传统民居的构造、建筑样式等是先祖在漫长人类社会进程中不断积累的结晶。先祖们同样以实用性为主要原则，屋顶的排水、防风，墙体的挡风避雨，屋基的排水避险等，都是为了营造一个冬暖夏凉的室内空间环境，住在里面既能遮风挡雨又能抵御蚊虫兽类的攻

击，是人们生活在传统村落空间中最主要并具有私密性的空间。

村民商议民事的集聚空间是文化精神信仰交集之地。村民商议民事的集聚性空间，其具有复合性功能，为全体村民协调和处理村中一切事务的核心区，也是处理相应事务的公共空间，具有供村民休息、晾衣、晒谷等相应的功能。村民商议民事的集聚空间类型较多，如古井边上的亭子、桥头、专门的晒谷场、大树下、风雨桥、鼓楼、跳花场、斗牛场、篮球场、宗祠庙宇等区域均为村民商议民事的集聚空间。同时这些空间有相应专属的功能用途，如宗祠庙宇或者古树、古井、古桥等专为举办相关民间祭祀活动，鼓楼、风雨桥等专为商讨全村相关事宜等，而这些地方是传统村落空间组成特征较为独特的地方，各民族的信仰不一样，这类相应的空间组成也会随之发生变化，但是这些是当前传统村落保护与发展利用的相关重要旅游资源。本书涉及的 29 个传统村落的空间形态详见第三章。

第三节 贵州传统村落的现状及分布

一、中国传统村落当前的存在现状

中国传统村落的总体数量呈下滑趋势。引导学生和保护开发利用从业人员根据相关数据了解中国传统村落的现状，2015 年住房和城乡建设部的《中国城乡建设统计年鉴》数据显示：2014 年年末中国大陆行政村个数为 54.67 万个，自然村的总数为 270.18 万个，比之前的数据略有上升。据中南大学中国村落文化智库、太和智库等共同主办的《中国传统村落蓝皮书：中国传统村落保护调查报告（2017）》，指出中国行政村和自然村从 20 世纪 80 年代中期就呈现总数下滑，行政村自 1986 年至 2011 年，数量减少约 25.8 万个，大约平均每年减少 1 万个；自然村自 1990 年至 2013 年，数量减少 112 万个左右，平均每年减少 4.8 万个左右。然而，许多具有浓郁民族文化和相应文化遗产的村落更远离人们的视线，根据数据统计显示，中国的自然村从 2000 年到 2010 年这十年间，自然村的总数由 363 万个减少到 271 万个，而这十年间平均每年自然村的消失数量大约为 9 万个，上述这些数据显示，中国的行政村和自然村在迅速锐减，其中这里面涵盖着较多的传统村落。

近 20 年来，我国对传统村落保护的力度逐渐加大。2012—2019 年公布列入国家传统村落名录的共有 6 819 个村落：2012 年的 646 个传统村落、2013 年的 915 个传统村落、2014 年的 994 个传统村落、2016 年的 1 598 个传统村落、2019 年的 2 666 个传统村落。2013 年比 2012 年增加 41.6%；2014 年比 2013 年增加 8.6%；2016 年比 2014 年增加 60.8%；2019 年比 2016 年增加 66.8%。从五批公布的传统村落数量来看呈逐渐上升趋势，详见图 2-1 所示。

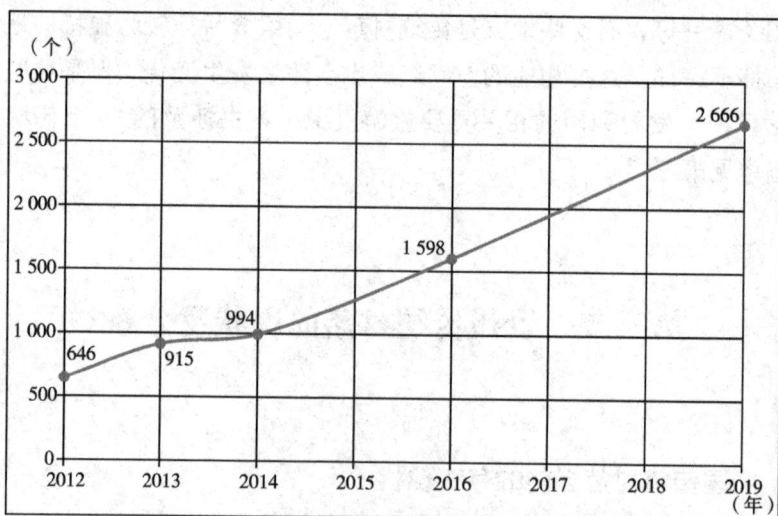

图 2-1 2012—2019 年列入"中国传统村落名录"的传统村落走势
(信息来源：中央政府门户网住房城乡建设部)

从表 2-1 中可看出，2012—2019 年我国对传统村落保护支持单位逐年递增。2012—2013 年主要参与单位为"住房和城乡建设部、文化部、财政部"；2014—2016 年逐渐上升为"住房和城乡建设部、文化部、文物局、财政部、国土资源部、农业部、旅游局"七个国家主要部局对中国传统村落保护发展工作予以监督指导；2018 年则由"住房和城乡建设部、文化和旅游部、文物局、财政部、自然资源部、农业农村部"对国家传统村落保护发展工作进行指导。这足以证明国家对传统村落保护的重视度，目前五批列入的名单数呈逐年递增的现象，国家对传统村落的保护工作一直走在不断努力的路上。从图 2-2 可看出我国传统村落最为集中和量比较大的省份为贵州省和云南省，且贵州省和云南省两省毗邻共同分布在我国西南地区的云贵高原上，该区域相对山地较多、植被较多、少数民族较多、传统村落较多，同时该区域的对外交通困难、经济发展困难、基础设施修建困难，可能导致返贫人口较多。在社会环境中，我国在实施传统村落保护与发展、全面推进乡村振兴建设的同时，该区域成为巩固脱贫攻坚成果的核心区之一，在各界人士的关注与大力支持下，相信中国传统村落的面貌在不久必定绽放光彩。

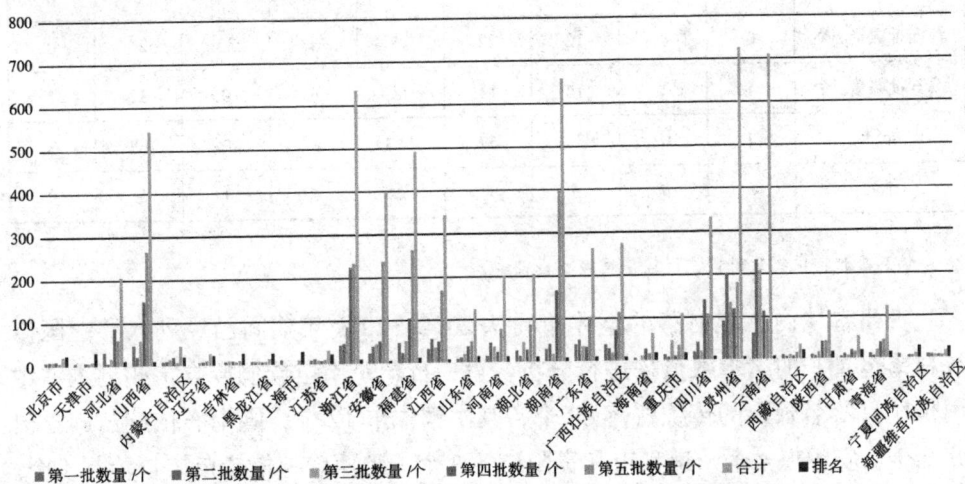

图 2-2 2012—2019 年列入"中国传统村落名录"各省的村落统计

（信息来源：中央政府门户网住房城乡建设部）

二、贵州境内传统村落的存在现状分布

贵州境内传统村落现保存得较多，在 2012—2019 年贵州省列入"中国传统村落名录"的传统村落有 724 个，位居全国第一。境内传统村落的分布准确来说是布局全省所辖范围内都有，但较为成片的传统村落分布，大致集中在黔东南地区、黔东北地区、安顺中部地区。最为密集的是黔东南地区，其次为黔东北地区和安顺中部地区。

从 2012—2019 年贵州省列入"中国传统村落名录"的村落区域统计表中可看出，境内传统村落集聚分布较多的区域为黔东南苗族侗族自治州，其次为铜仁地区再到安顺地区，其他区域均有少量的分布，当然还有到目前尚未列入"中国传统村落名录"的传统村落还有很多，如表 2-1 所示。通过表 2-1 使学生和保护开发利用从业人员了解掌握贵州境内传统村落的现状分布情况。

表2-1　2012—2019 年贵州省列入"中国传统村落名录"的村落区域统计

自治区及批次	贵阳市	六盘水市	遵义市	安顺市	铜仁市	黔西南州	黔东南州	黔南州	毕节市
第一批数量 / 个	3	0	3	4	12	1	60	7	0
第二批数量 / 个	0	0	3	3	29	0	165	1	1
第三批数量 / 个	0	5	7	27	33		51	8	0
第四批数量 / 个	0	4	12	22	25	3	33	20	0
第五批数量 / 个	4	1	14	11	11	4	100	32	2
合计	7	10	39	67	110	11	409	68	3
排名	8	7	5	4	2	6	1	3	9

信息来源：中央政府门户网住房城乡建设部

　　贵州省境内传统村落的整体布局从 2012—2019 年期间已经列入"中国传统村落名录"的名单数量来进行分析。第一批黔东南苗族侗族自治州列入"中国传统村落名录"的传统村落 60 个，其次铜仁市 12 个，黔南布依族苗族自治州 7 个，安顺市 4 个，遵义市和贵阳市各 3 个，黔西南布依族苗族自治州 1 个。第二批黔东南苗族侗族自治州列入"中国传统村落名录"的传统村落 165 个，其次铜仁市 29 个，安顺市和遵义市各 3 个，黔南布依族苗族自治州和毕节市各 1 个。第三批黔东南苗族侗族自治州列入"中国传统村落名录"的传统村落 51 个，其次铜仁市 33 个，安顺市 27 个，黔南布依族苗族自治州 8 个，遵义市 7 个，六盘水市 5 个，黔西南布依族苗族自治州 3 个。第四批黔东南苗族侗族自治州列入"中国传统村落名录"的传统村落 33 个，其次铜仁市 25 个，安顺市 22 个，黔南布依族苗族自治州 20 个，遵义市 12 个，六盘水市 4 个，黔西南布依族苗族自治州 3 个。第五批黔东南苗族侗族自治州列入"中国传统村落名录"的传统村落 100 个，其次黔南布依族苗族自治州 32 个，遵义市 14 个，铜仁市 11 个，安顺市 11 个，贵阳市 4 个，黔西南布依族苗族自治州 4 个，毕节市 2 个，六盘水市 1 个。从上述数据大致得出贵州境内各地州市 2012—2019 年列入"中国传统村落名录"的整体情况。

　　贵州行政地图上按照传统村落所属辖区坐标绘制图可看出传统村落的分布情况。从图 2-3 中整体显示集中成片最密集的区域可以看出，集中在黔东南地区，其次是黔北地区，再到安顺中部地区，其余的散落在境内各地。

贵州境内目前已经列入"中国传统村落名录"的传统村落主要聚居在贵州省域东部。从图 2-4 来看，第一批列入"中国传统村落名录"数量最多的是黔东南苗族侗族自治州，其次为铜仁市（黔东北地区），第二批分布情况与第一批非常相似，但是第二批在数量上黔东南苗族侗族自治州列入"中国传统村落名录"的传统村落数量为 165 个，是第一批的 2.75 倍，铜仁市境内第二批列入"中国传统村落名录"的传统村落数量是第一批的 2.4 倍，第三、第四批黔东南苗族侗族自治州列入"中国传统村落名录"的传统村落数量在递减，而铜仁市、安顺市在第三、第四批列入"中国传统村落名录"的传统村落数量变化较小，其他市域、县域的列入情况也在发生相应变化。在第五批被列入"中国传统村落名录"的传统村落数量多的依然是黔东南苗族侗族自治州地区。

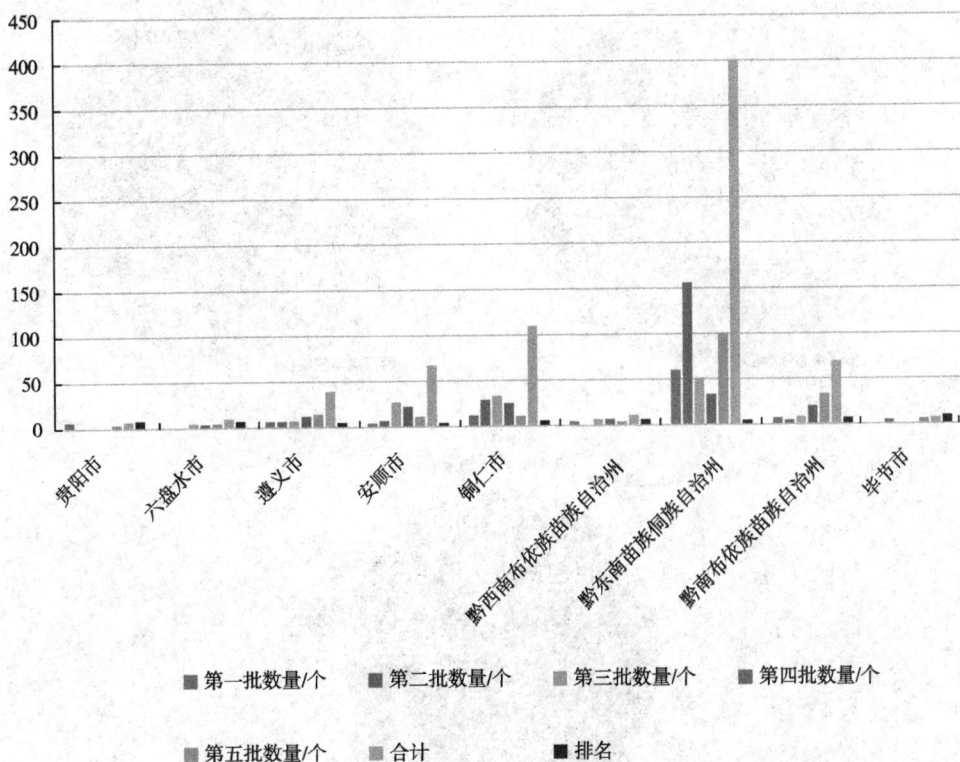

图例：
■第一批数量/个　　■第二批数量/个　　第三批数量/个　　■第四批数量/个

第五批数量/个　　合计　　■排名

图 2-3　2012—2019 年贵州各地级市列入"中国传统村落名录"的村落统计

（信息来源：中央政府门户网住房城乡建设部）

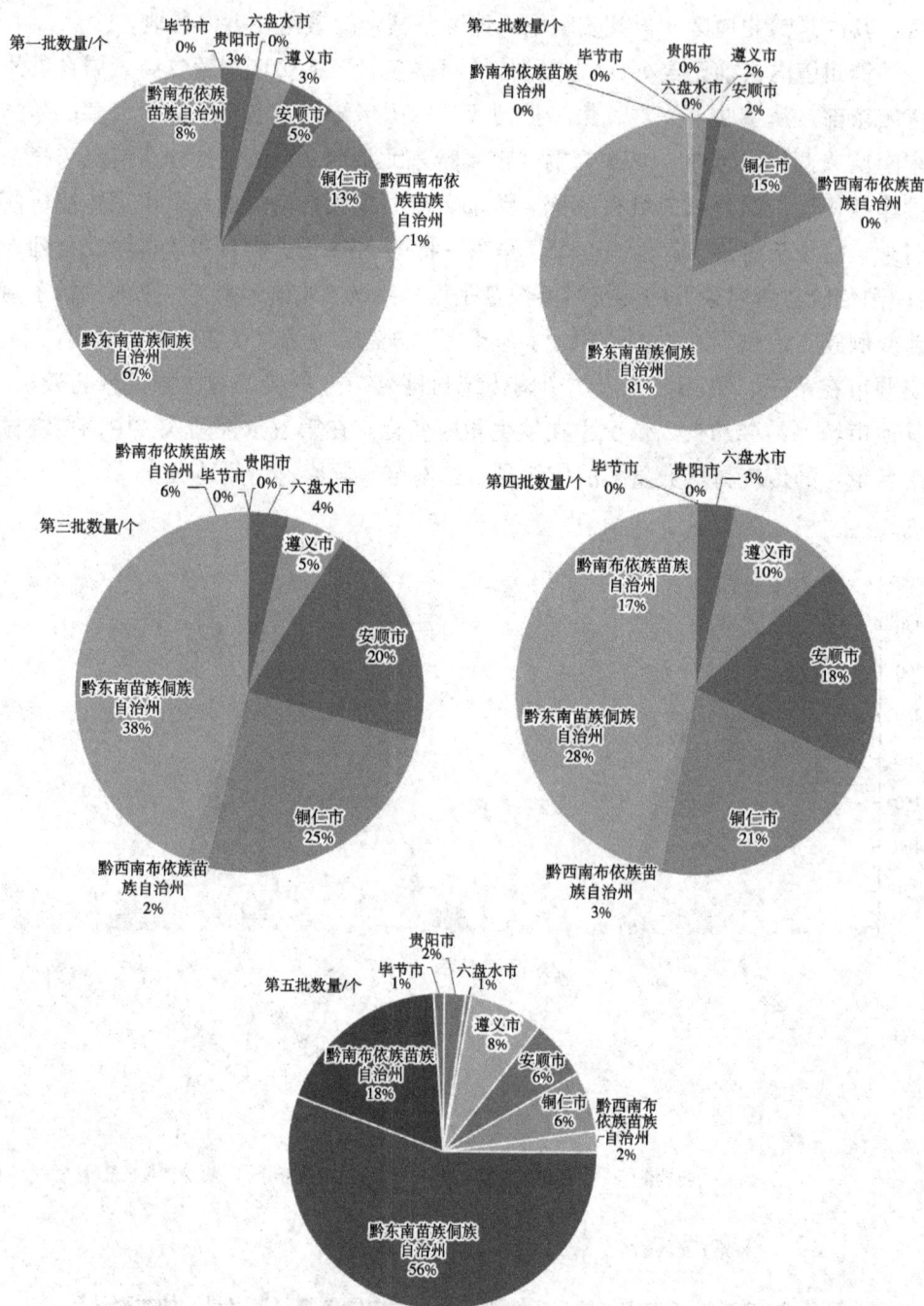

图 2-4　2012—2019 年贵州省各县市列入 "中国传统村落名录" 梳理分析图

（信息来源：中央政府门户网住房城乡建设部）

根据统计贵州境内各地级市列入"中国传统村落名录"的分布图（图2-5）可看出，最为集中成片的是黔东南苗族侗族自治州，2012—2019年全省共计724个列入"中国传统村落名录"，黔东南苗族侗族自治州409个，占全省的56.49%。铜仁市境内110个，占全省的15.19%。黔南布依族苗族自治州68个，占全省的9.53%。安顺市67个，占全省的9.25%。遵义市39个，占全省的5.38%。黔西南布依族苗族自治州11个，占全省的1.51%。六盘水市10个，占全省的1.38%。贵阳市7个，占全省的0.96%。毕节市3个，占全省的0.41%。

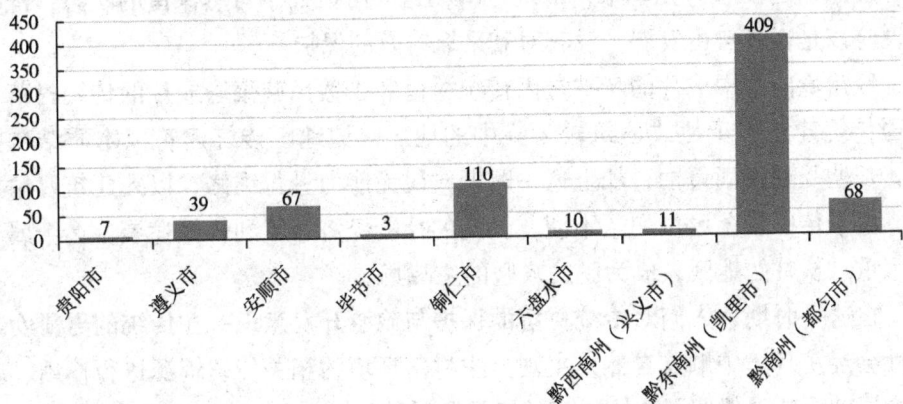

图2-5　2012—2019年贵州各地级市列入"中国传统村落名录"的村落分布

（信息来源：中央政府门户网住房城乡建设部）

第四节　贵州传统村落保护与发展的实践历程

贵州传统村落保护与发展的实践历程和国家顶层扶贫开发规划基本保持一致，当然这个过程有各地方实践不一样之处。中国实施扶贫工作起于改革开放之后，贵州境内对传统村落实施旅游开发，应从20世纪80年代后期开始，这一时期贵州境内一些区位交通条件好的古村落才开始尝试进行旅游开发。对贵州境内传统村落实施保护与发展大致分成三个阶段来分析，以让学生和保护开发利用从业人员了解贵州传统村落保护与发展的大概实践历程。

一、中华人民共和国成立至 20 世纪 90 年代

从中华人民共和国成立至 20 世纪 90 年代，贵州省在传统村落及相关文化遗产保护与发展方面，完全采取由国家财政总体负责的体制和政策，但在这一时期，由于国家经济基础较为薄弱，在传统村落以及相关文化遗产保护方面投入的资金非常有限，同时在这一时期人们对相关文化的保护意识刚处于初始阶段，对传统文物的保护范畴仅限于对文物古迹的保护，对传统村落的保护与旅游开发意识还没有树立起来，传统村落在这一阶段处于自然保留的状态，准确地说应该是任其自由发展，没有对其采取有效的保护。

贵州境内集中成片的特殊贫困传统村落和少数民族聚居成片的传统村落是中国传统建筑中干栏式建筑较为集中的地区，该地区传统建筑以木质结构为主，长期受到风雨侵蚀，加上这一时期村民无能力进行维修，以致建筑腐蚀损毁。由于传统村落区位交通不便，长期的社会经济得不到较好发展，迄今属于国家重点扶贫的地区，成为脱贫攻坚的主战场。

在这一时期，人们对传统村落的保护与旅游开发意识，在传统的男耕女织的社会经济环境中顺其自然，主观自主村落环境的相关传统资源进行修缮，基本上原汁原味地保留了传统村落的格局和风貌。

在 20 世纪 80 年代后期，贵州境内部分区位条件较好的传统村落才开始尝试进行旅游开发的相关活动。这一时期实施的村落旅游活动，立足于村落的本土资源，凸显村落原生态自然环境和相应的民族传统文化自由优势，探索通过发展旅游摆脱贫困现状。

例如，黔东南州雷山县郎德苗寨从 1987 年开始，以苗族独特的建筑风格及村落风貌、民俗风情的歌舞吸引游客，在短时间内取得了较好的效果，当地村落从中得到了收益，从而为传统村落保护与发展奠定基础，同时给人们带来了希望。当然这一时期传统村落的保护与旅游开发的力度不大，既没有相应的编制指导，处于迷茫的状态，村民自我保护传统村落和民居的自觉性不强，也没有形成保护意识和发展方向，所以这一阶段传统村落的保护处于自由发展的阶段（图 2-6）。

图 2-6 郎德下寨村落景观
（图片来源：作者 2019 年拍摄）

二、20 世纪 90 年代至 2012 年

1991 年，贵州省结合自身资源优势提出"以旅游促进对外开放和脱贫致富"的旅游业发展指导思想，并把"旅游扶贫"作为贵州省长期坚持的发展战略。这一时期，传统村落以开发为主进行探索旅游促进村落经济发展，如郎德上寨、高兴村、石板寨、镇山村等，凸显民族特色发展旅游的村落有几十个，而乡村旅游是这些村落中的主要经济支柱。

因贵州传统村落长期处于贫困的困境，在全面小康社会战略布局中成为贵州扶贫的重点对象，引起国家、省市的高度重视。这一时期，一方面在国家、省委、省政府的带领下，积极争取省直相关部门的大力支持和帮助，响应国家和省委的对贫困山区的旅游扶贫政策。贵州省针对传统村落民族文化的开发进行探索，出台了一系列促进经济发展的优惠政策，为资源优势突出的村落提供了良好的经济支撑，产业结构方面在一定程度上得到调整，向利于旅游扶贫的传统村落倾斜；而另一方面对道路、电力、电信等基础设施建设加大资金的投入，对县、乡镇、村公路的建设，加强村落外部环境的改善力度，使传统村落的可达性大幅提升，为境内传统村落保护与旅游开发提供良好的基础。这一时期，主推了雷山县西江村（千户苗寨），从 2008 年 9 月 26 日至 11 月 20 日，进入西江的游客达 49.85 万人次，是 2007 年同一时间段 4.2 万人次的 11.5 倍❶。西江村（千户苗寨）的兴起，带动了一大批村落的发展，乡村民族文化旅游迅速发热。这一时期，传统村落的保护由村落的自由发展转向开发为主的探索阶段，最为凸显的特征是发展村落旅游经济为主要出发点，通过创造经济效益扶持扶植贫困地区的思维模式带动传统村落的发展，很容易忽视传统村落保护❷。这一时期传统村落中的传统文化还没有得到应有的保护，对传统村落开发发展过程如何与村落传统文化保护相互促进，还没有明确思路，所以相对处在粗放型的旅游开发阶段。

三、 2012 年至今

从 2012 年至今，国家、省市、县乡到村落中全域对传统村落采取科学合理的保护与发展并举的阶段。对传统村落的粗放型开发导致村落环境、传统建筑、传统民俗等在不同程度上受到破坏，改变了各传统村落原本从事农耕生活的传统形态，粗放型的开发致使华夏文明的传承走上一条以营利为目的，忽视传统文化的保护与传承而注重经济效益的偏路。2014 年国家主管部门会同国家相关部门开展对传统村落实施保护制度《切实加强中国传统村落保护的指导意见》，该意见的提出，不断加大对传统监管的力度和促进了传统村落的保护与发展（图 2-7）。

贵州省在落实国家关于保护和弘扬中华优秀传统文化精神，2015 年贵州省政府专门印发《省人民政府关于加强传统村落保护发展的指导意见》（黔府发〔2015〕14 号），还专门成立了省内关于传统村落保护发展的工作领导小组，住建相关部门印发了《传统村落保护发展规划编制基本要求（试行）》，组织编制了《贵州省传统村落保护技术指南》，明确要求在传统村落保护发展规划中要建立档案，确定保护内容，规划保护范围等，进一步规范传统村落规划编制方法。

---

❶ 贺能坤：《民族村寨开发的基本要素研究》，贵州民族研究，2010（1）：127-132。
❷ 曹昌智，姜学东，吴春，等：《黔东南州传统村落保护发展战略规划研究》，北京，中国建筑工业出版社，2018：90。

图 2-7 黎平肇兴侗寨历史建筑鼓楼

（图片来源：作者 2019 年拍摄）

　　这一时期，在政府部门的指导下，贵州境内传统村落保护与发展举措在进一步健全。2015 年 11 月 16 日召开了黔东南峰会，此峰会的顺利召开为贵州境内传统村落的保护与发展提供了规范、方向和建议，推进了贵州省传统村落的保护与发展，对全国传统村落的保护与发展也具有深远的意义。2016 年 10 月13 日，召开的第二届"黔东南峰会"及 2017 年 11 月 25 日的第三届"黔东南峰会"进一步把贵州境内传统村落的保护与发展推向了全世界，其间为实现乡村旅游脱贫积累了经验，还专门举办传统村落保护与利用发展论坛、传统村落资源与脱贫攻坚论坛，传统村落发展投资和招商会及传统村落实地考察等，还邀请了国内前沿专家为传统较为集中的黔东南地区"量身打造"10 个传统村落示范村，将这 10 个村串成一条线，形成"十村一线"布局，在全国率先推出首条传统村落旅游精品线路，得到国家住建部、省建设厅的肯定，为黔东南地区传统村落的保护发展开启了新篇章 **❶**。

　　贵州境内传统村落的保护与发展，从中华人民共和国成立时的自主保留阶段发展至今，经历了自然保留到粗放型开发，再到现在正在探索的保护与发展并举的路径。当前对传统村落的保护，采取加强传统村落整体保护、活态传承传统文化、加强乡村建设作为重要工作来抓，对传统村落进行摸底排查、加强申报、服从规划、技术改造、建立制度五项措施指导传统村落的保护与发展工作。

---

❶ 曹昌智，姜学东，吴春，等：《黔东南州传统村落保护发展战略规划研究》，北京，中国建筑工业出版社，2018：92。

第三章　村落空间形态分析

　　根据随机抽样选出调研传统村落进行分析村落空间形态，从地表了解各村落选址特征。本章从选址特点、村落居民生活现状空间的构成要素和三生空间格局分布，空间类型以及村落空间形态特征和村落传统生态系统进行分析，从而让研究者、学生和保护开发利用从业人员了解云贵高原贵州境内喀斯特地貌环境中传统村落的基本空间形态，认识到传统村落传统生态智慧与当前发展的基本特征。

第一节　村落选址特点分析

　　村落的选址是历代村民前辈在历史长河中积淀下来的智慧。贵州境内地势属于新构造运动间歇性上升地区，因为在漫长的自然长环境演变中，受到河流分割、侵蚀、溶蚀等的影响，全省大部分地区形成深山裂谷、地表崎岖的高山、山地、丘陵、盆地❶。据记载"贵州境内有89%属于高原和山地地形，高原山地和丘陵坝子相间分布，形成了跌宕起伏、变化复杂的地貌空间关系"❷。因此造成修路困难，形成交通不畅等现象，在明朝调北征南之前，贵州境内东南西北地区各自封闭形成自给自足生活区，在明朝时期明军进入贵州境内以后，受到中央政权以及军队屯兵制度的影响，由原来大山阻隔的内聚式组团发

---

❶　中华人民共和国住房和城乡建设部编：《中国传统建筑解析与传承（贵州卷）》，北京，中国建筑工业出版社，2016：17。

❷　中华人民共和国住房和城乡建设部编：《中国传统建筑解析与传承（贵州卷）》，北京，中国建筑工业出版社，2016：17。

展慢慢转变为以驿道辐射带动的多元式发展和内聚式组团并存发展的格局。

在调查范围内的村落选址存在有相似性，同时各自具有不同的特点。在没有通信设备、大数据信息化的时代，相隔数百公里之外的村落与村落之间选址空间布局都依然有相似性，而从这些表象相似性来看，大多都源于基本维护生活保障功能。这些选址发展到当下，多数还没有科技的测量和数据分析。传统村落的选址特征与英国著名环境设计师麦克哈格提出的"设计结合自然"观点不谋而合，也更加凸显出中国的"天人合一，道法自然"造园思想。让学生认识到贵州境内传统村落的分布中多数遵循着以族系、姓氏或者血缘等为组团构成，村落的规模涉及的因素较多，如家族、血缘、道路、与城镇之间的距离、经济状况等。

一、村落选址

村落的选址多依赖于满足人类的生存条件。在贵州境内传统村落生活的人们，同样延续着中国传统农耕文化的生活方式，而这自然离不开土地和山水。在贵州这片喀斯特地貌高原上，各族人民因地制宜修筑形态各异的山地生活聚落，这些都与山区山地的山水地理环境有十分密切的关联。

贵州明朝屯兵制度以前，境内大致分布有百濮、百越、氐羌、南蛮四大族群择地而居。境内的百濮族系大部分生活在地势和海拔较高与滇、川、桂等交接的区域，据《史记·西南夷列传》中记载的以"耕田，有邑聚"为特征的夜郎、滇、邛都等部族，均是百濮族系生活的区域；氐羌族系是由春秋以后从西北迁入西南一带的古羌人构成，战国以来已经从羌人中逐步分化出来，被称为夷人；南蛮族系也称苗瑶族系，生活于西南的蛮系民族，主要与"廪君蛮""板楯蛮"和"盘瓠蛮"有关。百越族系在今贵州南面的两广地区，先秦时期是百越族系中的南越、西瓯和骆越的聚居区域，而在今贵州世居少数民族中的壮侗语族自然延续了百越族系的血脉。而在迁徙过程中，各民族为了生命得以继续延续，居住在不同山脊、山腰、河谷、溪流、坝子（坝子：即山与山之间、溪流与山之间形成的肥沃易于耕种的平地）等有水源和土地耕种的区域，在时间空间中贵州境内村落选址因历史战争和民族文化变迁逐渐趋筑于形，形成当下俗称的世居空间布局。

明朝在贵州境内开展屯兵制度后打破了传统氏族世居的格局。汉族移民进入贵州境内后对山地间的"坝子"作为农耕劳作的社会生产资源空间进行控制，对通往广西和云南的黔中通道，转化为中央集权的政治、军事、经济控制区。原来生活在"坝子"和沿黔中通道的苗族、布依族、仡佬族、彝族让出"坝子"和"通道"，转移到远离"坝子"和"通道"的溪谷、半山台地、深山山脊等其他空间进行生存。随着村落一代又一代的延续，即呈现出今天这些村落格局独特的空间形态，而本文以村落现有村民生活空间地表成像特征，结合村落所在具体区位空间，将其村落分为依环锥峰型、依山傍水型、半山盘踞型、沿脊聚居型、支流小盆地型。

各村落居住类型是根据村落现状居住环境而进行分析归纳。汉族现居的"坝子"将平地作为生产空间，将"坝子"边缘的锥峰脚下、两山之间等空间作为生活居住空间，逐渐形成了环锥峰而生存延续下来的村落生活区，具备这种特征的传统村落称为环锥峰型；依山傍水型村落主要坐落在溪流、河谷两岸或者一岸，建筑随着溪流、河谷两岸及两岸山体等高线逐渐修筑，面向溪流、河谷两岸相互对视。这类村落拥有丰富的水源，耕地多处于建筑附近，视野较好，溪流、河谷和周围的山林是村落的防御屏障；半山盘踞型村落坐落在大型山脉的半山处，周围有繁茂的森林，村落整体面向山谷、深沟，半山盘踞型村落依靠半山斜坡（坡度相对小一些的区域）或者半山台地上的土地进行自给自足的劳作生存。这类村落选址在偏远僻静的大山腰间，这是其族群为求生存而确定的住所。大山深处有各种野生动植物的补给，同时远离早期战争的硝烟；沿脊聚居型是指坐落在河谷两侧的大山连绵的山脊的村落，面向山脊两侧，视野广阔。山脊上或者山脊两侧或者一侧修筑建筑，建筑周围是茂密的森林，这类村落的耕地多在村落附近的山岭具有水源的地方，他们以大山以及森林作为防御系统；支流小盆地型往往是两山或者多山围合的空间中形成小盆地，小盆地有小溪流穿行而过，居住的建筑在山脚下，与溪流有一定的安全间距。小盆地及小溪流是这类村落生存的源泉，这类村落环境相对封闭，小盆地周围的山林形成了自然的防御体系。表3-1是抽样调查的29个村落基本聚落空间地表成像特征和所属分类。

通过对抽样调查的29个村落空间地表成像特征的分析，揭示了每个村落空间选址的差异性和相似性。差异性在于每个村落选址的海拔、居住人群、村落组合空间形态、村落空间环境资源等都存在迥异的差别；相似性是每个村落在选址时必须考虑的环境资源问题，如耕地、水源、阳光等，这些是能延续中国传统农耕文化的必备条件。

表 3-1　村落选址信息汇总

村落名称	海拔/m	民族	河湖、水库	图像形式样式	村落空间布局形式、村落空间地表成像
贵阳市花溪区高坡乡批林村苗族村	1 195～1 500	苗族	坝王河旁	支流小盆地型	村落沿着自北向南流的坝王河左右岸,村落坐落在"官兵坡"与"三头坡"两座山脉之间形成的坝王河两岸,并依山而建
贵阳市花溪区石板镇镇山村大寨	1 135～1 230	布依族、苗族、汉族	花溪水库中段	依山傍水型	镇山村大寨三面环水,北面、东面、南都是花溪水库,村落地块从西北面的"上坎坡"向东南方向延伸形成的三角形台地上,早期村落主要坐落在三角形台地交角与花溪水库相连的区域,形成码头,建筑从水域随台地海拔高度逐层递增修建
湄潭县茅坪镇地关村(平顺坝)	1 106～1 218	苗族	茅河、坝子	支流小盆地型	地关村(平顺坝)地处茅坪镇中心,属于小盆地型空间,四周山脉环绕,茅河从村落北面横穿而过,传统建筑沿镇的东面依山而建,新秀建筑穿捕在农田河道路两侧
安顺市西秀区大西桥镇吉昌村	1 316～1 504	汉族	坝子、锥峰脚	环锥峰型	吉昌村位于安顺地区坝区,地势较为平坦,在居住区南面为锥形山体,眺望北面也为锥形山体,这是明朝初期洪武年间朝南征屯兵所建,该村选址遵循依山不靠山,南北为锥形山体以作烽火台的防御功能
安顺市平坝区天龙镇天龙村	1 316～1 411	汉族、仡佬族	两山之间、坝子、锥峰脚	环锥峰型	天龙村坐落在平坝县西南面,村落西南面向为锥形山脚,西北与东南方向为带状坝区耕地。东面 1.6 km 处为五台山,西北和西南方向较好的屯堡村落。东南面的建筑群依山而建不靠山,村落中保留有大量的古建筑群
安顺市平坝区白云镇高寨村	1 305～1 479	汉族、布依族、苗族、白族	锥峰脚	环锥峰型	高寨村坐落在多座锥形山体脚下,两两锥形山体相对均衡横的排列组合,山体从西北向东南方向均衡排列成,是比较好的屯堡住所,每一个锥形山体都是相应方向的烽火台,村落的选址充分考虑了军事防御格局

续表

村落名称	海拔/m	民族	河湖、水库	图像形式样式	村落空间布局形式、村落空间地表成像
安顺市平坝区白云镇车头村	1 258～1 323	汉族	堡白河旁坝区、锥峰脚	环锥峰型	车头村的选址在环锥峰山体脚下，在堡白河旁坝区旁。村落北面、西面、南面、东面都是坝区耕地，东北面为锥形山体，堡白河形成隔断保护，后靠锥形山体形成庇护，将村形成成"弓"字型，村落前有堡白河形成较强的易守难攻的优势
安顺市镇宁县黄果树镇石头寨村	1 043～1 144	汉族、依族	坝子、锥峰脚	环锥峰型	石头寨位于黄果树村落的北面往南流，从桂家河村落在锥形山体脚下，横穿在村落建筑群与北面、西面的耕地间。锥形山体山头现在在德置有古城墙，四周围为坝区耕地，可以眺望东西南北四个方向，南门有一锥形山体高度低于村落所能眺的山体，同样在选址角度上充分考虑到了防御功能
六盘水市盘州市丹霞镇水塘村	1 430～1 630	汉族、彝族	乌都河畔	依山傍水型	水塘村东接邻园村，西邻塘子口村，黄泥田村、北靠大山、南抵杨旗村、核桃园村。村落地处黄黔中要道上，村落设施有上午屯、中午屯、下午屯等明朝时期市营防御功能。村落中目前尚存有清代木制建筑群，有十一个四合院组成的李氏古建筑群
盘州市保田镇鹅毛寨村	1 635～1 685	汉族、回族、苗族	两山之间沟谷劳	支流小盆地型	鹅毛寨沿高山围绕，为高山围绕。居民沿稻田两边山而建，锥形山体依山而建，居民沿稻田两边长丘陵带居住，兼前平坦为稻田耕地，在稻田周边的丘陵地带建房居住，传统建筑群沿山头上层层修建。村落建筑沿山头山头层层修建。山体与小盆地有接处有一水渠
六盘水市盘州市石桥镇乐民村	1 545～1 880	汉族、回族	缓坡山腰盘踞	半山盆腰型	乐民村坐落在乐民镇以西丘陵山脉的半山腰同一处台地上，山体在西海拔逐渐增高，在东海拔渐渐降低。村落最早为明朝屯兵所在的户所，千户所在村落中的正中台地上，站在千户所，整个乐民镇集镇都在眼前

续表

村落名称	海拔/m	民族	河湖、水库	图像形式样式	村落空间布局形式、村落空间地表成像
六枝特区木岗镇夏陇塘村	1 251~1 380	汉族、苗族、仡佬族、黎族	坝子、锥峰脚	环锥峰型	夏陇塘村坐落在多座锥峰围合的洼地间，在锥峰西面，西北面为坝区耕地。村落中心区域有一圆心水塘，早期村落建筑主要集中在水塘以西的多座锥峰山体之间，整体呈东依西高南高的沟谷地带，在锥峰外沿南北均为农田耕地
黔西南兴仁市巴铃镇百卡村卡嘎布依寨	1 339~1 692	汉族、苗族、布依族	山腰、盘踞，山脚有巴领河经过	半山盘踞型	百卡村卡嘎布依寨盘踞在大山的半山腰的山脊上。村落建筑整体朝向为背靠西北，面向西南方向，巴领河从村落前面的山脚下经过，从古建筑群到河流的垂直高差约183m
兴义市泥凼镇堵德村	820~1 120	苗族、壮族、布依族、汉族	河谷两岸山腰盘踞，山脚有下坝力河经过	半山盘踞型	堵德村坐落在下坝力河两岸的半山腰间，下坝力河从西向东南方向流经，河谷水流湍急，该村正处于天生桥一级水电站的其中一支流域的沿岸，河谷两岸没有较为平坦的耕地，村落所坐落的坡度较大，建筑群同样是依山而建在半山腰间，周围是人工开垦的梯田
黔东南州从江县丙妹镇岜沙村	189~638	苗族	沿脊分聚点聚居	沿脊聚居型	岜沙村分别散落在山脊两侧，村落东面有从西南往东北方向流经的举戈河，汇合东面南面的都柳江，北面山谷有五导溪自西向东流进都柳江。从岜沙村古建筑群到最近的宰割河垂直高差约396m，到北面的五导溪基面直高差约328m。该村是沿着山脊在南北两个方向基而住
黔东南凯里市从江县加榜乡加车村	510~1 150	苗族	山腰、盘踞，山脚有加车河经过	半山盘踞型、沿脊聚居型	加车村坐落在加车河西面山坡的半山腰间。加车河从西南方向往东北方向流经，从加车河河谷到加车村呈陡坡上升，在陡坡的山体同村民人工沿山体自然抬升形态开垦式的无数的梯田，形成在国内外略有声誉的"加榜梯田"
黔东南凯里市雷山县西江镇西江村	839~1 200	苗族、侗族	朗利河、依山傍水、依山而建	依山傍水型、半山盘踞型、沿脊聚居型	西江村"千户苗族"是第四届全国文明村，也是西江镇政府驻地。村落选址坐落在朗利河河畔，沿着河畔两岸村落山脊依山而建。朗利河从村落的东南方向穿过村落所在位置的西北方向流出。河流在村落呈弓箭的"弓"弯曲，早期建筑在"弓"弯曲处半包围的两座山体上，房屋依山体的等高线而建。村落周围都是层层叠叠的梯田

续表

村落名称	海拔/m	民族	河湖、水库	图像形式样式	村落空间布局形式、村落空间地表成像
黔东南凯里市雷山县郎德镇郎德南孟村	820~1 221	苗族	望丰河、而棚河，依山而建	半山盘踞型、沿脊聚居型	郎德镇南孟村坐落在望丰河畔两岸陡峭的半山山脊上。村落东面为南面方向往东北流经的而棚河，南面有从西南方向往东北往大山脉的三处凸起在村口处汇入望丰河，建筑依山体等高线逐层修建，村落周围是人工开垦的梯田山丘上
黔东南凯里市雷山县郎德镇郎德乡下寨（下郎德村）	750~960	苗族	巴拉河、望丰河、依山傍水，依山而建	半山盘踞型、沿脊聚居型	下郎德村是郎德镇政府所在地，坐落在巴拉河与望丰河交汇处，村落在河畔西北往东南延伸的山脊上，河畔旁。巴拉河将村落半包围着，呈向两南方向张拉的弓弩状，望丰河往村落南面。村落呈利剑状伴在村落南面的梯田排地
黔东南凯里市锦屏县隆里乡隆里所村	439~580	汉族、苗族、侗族	钟灵河以南的坝区修建城池	支流小盆地型	隆里所村四面环山，钟灵河从村落的西南角往北流经。隆里古城城池位于四周围绕的小盆地中，城池四周设有水域，城端作为军事功能的防御系统。整个城池的空间布局采取以山为刚，以水为柔的布局形式，城池临水在两侧修建，西北临水空间形态整体朝向为西北向东南方向以中轴线往中轴线在两侧修建
黔东南下司古镇清江村	598~760	苗族、汉族、仡佬族、畲族	沅江（清水江）以西北，依山傍水	依山傍水型	清江村是下司镇政府所在地，早期是以码头而兴起的村寨，坐落在沅江的西南岸，东南岸也有少量的居民居住，早期该村两岸的联系靠水上渡船。沅江从村落的西南方向往东北方向往东北流入即进入清江村寨，在该地修建了下司水电站
黔东南黎平县肇兴镇肇兴上寨村	412~560	侗族	独洞河，依山而建	依山傍水型	肇兴上寨位于独洞河（肇兴河）两岸的肇兴镇上游，在集镇中心范围内合居，的"仁、义、礼、智、信"五座鼓楼以"仁团、义团"民组成。独洞河（肇兴河）从村落东面流入较多的河谷农田
黔东南黎平县肇兴镇肇兴中寨村	412~560	侗族	独洞河，依山而建	依山傍水型	肇兴镇的中寨位于镇集镇中间部位，坐落于独洞河（肇兴河）两岸的山谷内，全寨沿河两岸修筑建筑。独洞河（肇兴河）鼓楼群周围居住居民组成，礼团鼓楼旁边专属的萨坛（肇兴最早始祖开坛之地）

续表

村落名称	海拔/m	民族	河湖、水库	图像形式样式	村落空间布局形式、村落空间地表成像
黔东南黎平县肇兴镇肇兴村	412~560	侗族	独洞河，依山而建	依山傍水型	肇兴镇肇兴村位于镇域空间的西侧，独洞河（肇兴河）从村落穿过。肇兴是"仁、义、礼、智、信"五个鼓楼组团中上寨以"智团、信团"鼓楼群周围围合居民组成。村落西侧沿河两侧分散有农田耕地
黔东南凯里市从江县高增乡占里村	390~785	侗族	占里溪，两山之间溪流两岸	依山傍水型	高增乡占里村的选址坐落在两山间的占里溪两岸。村落四周被山面为西向西包围着，村落的山体起伏较大，村落四周穿越村落，村落主体建筑在溪流回凹地上修筑。村落溪流两岸北向南穿越村落，安置有较多的禾晾，村落西北溪流北向东置有合仓，村落南面也修建安置有合仓
黔南都匀市三都县都江镇怎雷村	394~1 126	水族	大山半山腰同山坳缓坡地段	半山盘踞型、沿脊聚居型	都江镇怎雷村选址于大山半山腰间山坳缓坡地段，村落背靠青山，前为人工开筑的梯田并沿至茶谷时的排场河。村落建筑群顺着山势起伏修建，巧妙地将建筑融入山体中，形成"天人合一"人居环境，组成了"入村不见山，出村不见寨"的优美画卷
黔南都匀市三都县都江镇现辉村	317~1 440	水族	都柳江，坝辉河河岸	依山傍水型	都江镇现辉村坐落在国家森林公园端人山脚下的都柳江及坝辉河交汇的台地上。因两河河岸坡度较大，村落选址在都与水域保持一定安全距离。都柳江由北向南流经，坝辉河从村落面至西向东向东汇入都柳江
毕节市龙场镇阳光村（营上古寨）	1 142~1 403	苗族、汉族	石干河，干河坝子	支流小盆地型	营上古寨位于龙场镇阳光村干河中段的河坝边绝壁凸起的台地上，建造在三面悬崖绝壁之上，该地区喀斯特地貌的独特优势，往村落的东面、南面是河谷寨长金地耕地，耕地间有石干河自南向间向北流经，在西北是绝壁与青山
铜仁市石阡县聚风乡廖家屯村	865~1 050	侗族、仡佬族、汉族	大龙河，微坡丘陵	环绕峰型	聚风乡廖家屯村所处地形地貌为丘陵平地，村落地势平坦，村落开阔，明亮，四周为丘陵起伏山体，古建筑群坐落于东北面丘陵地段，大龙河在东北面的山体依山而建，村落整体环境宜人。大龙河至北向南流经村落的田间

二、村落空间分布

根据这次抽样调查的村落数据统计，在 29 个传统村落的研究区域涵盖贵州各个地州市。根据区位、经济等相关的综合因素，其相应村落经济发展不一样，本小节按本次抽样选定的村落分布，按单一坐落的村落和成片相连村落对其空间分布分析，让学生和研究者了解贵州境内传统村落空间布局，如表 3-2 所示。

从相应村落归属地的坐标进行斑块化成像可以直观地看到村落分布显著的区别，村落大致分布在贵州境内区域的西南、以安顺为中心的区域、黔东南片区的雷山县附近、黎平县、从江县、三都县与散落在铜仁、遵义地区。

村落的分布显著受到历史文化与少数民族文化的影响，遵义地区地处贵州北面，与四川、重庆相连，早期受巴蜀文化影响，村落整体发展优于黔东南片区。

贵阳、安顺、盘州市片区地处滇黔古驿道附近，村落中保留有明朝洪武年间的屯军文化与少数民族融合的文化。

黔东南片区、黔南三都县片区地处大山深处，为少数民族聚居区，这些片区相对交通条件差，与外界联系少，以致形成的传统村落成片较多。

在全省范围本次抽样调查的村落在贵州省版图上呈东西横向分布，形成显著的特征，从贵阳以西主要为屯堡文化型传统村落；贵阳以东为少数民族聚落型传统村落。

从村落空间基本分布在贵州境内喀斯特地貌的山脉、河谷、坝区区域中，以贵阳、安顺、盘州市地区传统村落的分布坐标斑块成像来看，村落成像在空间分布呈线性特征或带状特征明显，在地形地貌较为平坦、平缓的坝区呈点状串联式组成，在安顺地区的车头村至天龙村与吉昌村和高寨村村落空间地表呈现特征来分都属于"坝区锥峰型"，村落周围都是大片坝区耕地。

天龙村、吉昌村、高寨村呈南北纵向串联，都大约分布在东经 106° 15′ 附近发展，因为村落所选址的地方地势平坦，耕地、水源资源等充沛，加上阳光充足以及交通便利，形成的村落聚落空间更加有助于村民的劳作生活。

表3-2 研究区域2019—2021年传统村落规模等级结构分析

村名	村域土地规模/万m²	村域土地规模分级	村落耕地面积/万m²	村落耕地面积规模分级	户数/户	村落人口规模等级/人	村落人口规模等级	平均每户耕地面积/万m²	人均耕地面积/万m²	人均耕地面积等级
贵阳市(批林村)	700	15	48.3	22	262	1 084	24	0.184	0.045	18
贵阳市(镇山村大寨)	318.2	25	47.13	23	110	750	28	0.428	0.063	9
遵义市(地关村的平顺坝)	2 650	3	283.73	5	1 097	4 250	4	0.259	0.067	7
安顺市(吉昌村)	350	24	142.67	11	1 061	3 920	5	0.134	0.036	22
安顺市(天龙村)	677	17	150	9	2 830	8 811	1	0.053	0.017	27
安顺市(高寨村)	392	23	83.8	14	386	1 520	16	0.217	0.055	12
安顺市(车头村)	200	28	64.73	19	321	1 246	19	0.202	0.052	13
安顺市(石头寨村)	300	26	39.67	25	248	1 580	15	0.156	0.025	25
六盘水市(水塘村)	540	20	143.33	10	921	2 942	7	0.156	0.049	15
六盘水市(鹅毛寨村)	550	19	520	1	1 013	3 320	6	0.513	0.157	2
六盘水市(乐民村)	150	29	53.8	20	865	2 510	12	0.062	0.021	26
六枝特区(夏陇塆村)	400	22	36	26	657	2 750	11	0.055	0.013	29
黔西南州(百卡村卡爬布依寨)	1 289	10	462.26	2	370	2 315	13	1.249	0.199	1
黔西南州(堵德村)	1 990	5	160	8	695	2 860	9	0.230	0.056	11
黔东南州(邑沙村)	1 828	6	106.83	12	545	2 758	10	0.196	0.039	20

续表

村名	村域土地规模/万㎡	村域土地规模分级	村落耕地面积/万㎡	村落耕地面积规模分级	户数/户	村落人口规模等级/人	村落人口规模等级	平均每户耕地面积/万㎡	人均耕地面积/万㎡	人均耕地面积等级
黔东南州（加车村）	1 080	11	64.99	18	262	1 160	22	0.248	0.056	10
黔东南州（西江村）	3 859	1	384.77	3	1 285	5 450	2	0.299	0.071	6
黔东南州（南猛村）	500	21	28.9	27	170	850	26	0.170	0.034	23
黔东南州（下郎德村）	780	13	20	29	241	1 200	20	0.083	0.017	28
黔东南州（隆里所村）	2 841.8	2	352.93	4	730	2 937	8	0.483	0.120	4
黔东南州（清江村）	1 434.7	8	189	6	1 088	4 670	3	0.174	0.040	19
黔东南州（肇兴上寨村）	725	14	39.87	24	272	1 180	21	0.147	0.034	24
黔东南州（肇兴中寨村）	242	27	26.4	28	158	700	29	0.167	0.038	21
黔东南州（肇兴村）	665	18	70.6	16	380	1 510	17	0.186	0.047	16
黔东南州（占里村）	1 597	7	68.36	17	192	817	27	0.356	0.084	5
黔南州（怎雷村）	680	16	52	21	228	1 055	25	0.228	0.049	14
黔南州（坝辉村）	1 360	9	93.97	13	421	2 045	14	0.223	0.046	17
毕节市（阳光村营上古寨）	2 330	4	186.67	7	405	1 402	18	0.461	0.133	3
铜仁市（廖家屯村）	800	12	72.87	15	226	1 140	23	0.322	0.064	8

盘州市的丹霞镇水塘村—石桥镇乐民村—保田镇鹅毛寨村都分布在东经 104° 50 ~ 104° 61′ 附近，呈纵向分布乌蒙山脉的缓坡地带发展，同样因为有缓坡丘陵耕地和丰富的水资源以及充足的阳光与滇黔古驿道，有助于村民的耕作生产生活发展。

贵阳以东的黔东南片区多受河谷、山脉的影响，分布在山腰、山脊、河谷等区域，如雷山县西江镇西江村—郎德镇南猛村—郎德镇郎德下寨（下郎德村）—隆里乡隆里所村（山脉坝区为明朝洪武年间衙府之一）—下司古镇清江村—肇兴镇肇兴上寨村、肇兴中寨村—肇兴村—高增乡占里村—从江县县城附近的岜沙村—加帮乡加车村—都江镇怎雷村—都江镇坝辉村都分布在雷公山脉、月亮山的河谷与山腰和山脊之间。该区域以大山、森林为庇护屏障，在河谷、山腰、山脊依山而修筑生活空间，虽说没有平坦坝区耕地丰富与充足的阳光和水源，但依靠村民勤劳的双手开辟了人与自然相和谐"天人合一"的传统村落生活空间。村落空间的分析揭示了村落生活空间分布带有浓郁的文化特质，也揭示了少数民族村寨聚落生活空间资源环境的优劣情况，为了解传统村落空间分布提供间接性的信息。

三、村落规模

村落的规模主要以长期居住在一个聚落空间人口数和居住者对村落聚落用地占有量所反映出来。通过实地调查得出的村落人口数量、村域面积和耕地面积能反映出相应一个村在一定时期内的普遍规模，而这一规模随着人口的增减、国家行政村域的调控存在一定变量，但一个传统村落的形成是历代长期居住在这一特定环境空间内营造出来相对稳定的聚落空间地表成像，这一成像能在一定程度上折射出当下该传统村落环境中自然环境资源的承载力。从表 3-2 中可见本次调研的各传统村落面积大小之比，差距是非常大的。村域土地规模分级排名第一的 3 859 万 m² 到排名最后的 150 万 m²，相差 3 709 万 m²，第一名是最后一名大约 25.73 倍的村域面积；第一名的 3 859 万 m² 到居中第十五名的 700 万 m²，相差 3 159 万 m²，第一名是第十五名的 5.51 倍；第十五名 700 万 m² 到最后一名 150 万 m²，相差 550 万 m²，第十五名是最后一名的 4.67 倍。从上述数据表明 29 个村域土地面积规模存在巨大的差距，排在第一名的是黔东南州实施保护开发较早的西江村（千户苗寨）。该村在贵州省行政村域调整时将原来的羊排村、东引村、贵南村、平寨村四村合并而成西江村。排在第二的黔东南州锦屏县隆里乡隆里所村，在多村合并的行政管控下 31 个村民小组纳入隆里所管辖范围之内，所以呈现出在少数民族地区有这样规模的村落聚落。

村落规模的大小因素涉及村域土地规模、村落耕地面积、村落居民户数、村落常住村民人口数、人均耕地面积等。根据研究区域内村域土地规模、村落耕地面积、村落居民户数、人均耕地面积 4 个因素的排名等级来看，将从 1～10、11～20、21～30 这 3 个等级，分析其之间的相互关系。村域面积的大小在一定程度上显示出村落城区居住人口数的比值关系，如黔东南州凯里市西江村、遵义市的地关村（平顺坝）、黔东南州隆里所村这三个村的村域土地规模、村落耕地面积、村落居民户数、人均耕地面积 4 个因素的排名在等级 1～10 以内，四个因素排在 21～30 等级的有黔东南凯里市雷山县郎德镇南猛村、黔东南州黎平县肇兴镇的肇兴中寨村，在 11～20 等级的是肇兴村，其余的村落四个因素的等级排名存在差异。从上表的四个因素排名等级呈现出综合等级在 11～20 等级村落较少，村落规模从表 3-2 内容显示出村域面积较大的村落占有优势。

从村域土地规模、村落耕地面积的等级值来分析其变化。根据图 3-1 中村域土地面积与耕地面积比值来看，可以将比值分为 4 个阶段：0～5、6～15、16～25、26～30 四个阶段。根据表 3-3 来看，最大比值为黔东南凯里市雷山县郎德镇郎德下寨（下郎德村），村域土地面积为 780 万 m²，耕地面积为 20 万 m²，在 26～30 比值阶段内的只有 1 个，村域土地面积是耕地面积的 39 倍，可以看出该村的耕地面积少，折射出人均耕地面积少，比值越大说明村落自然环境受陡峭山体、水域、荒山等的严重影响；在 16～25 阶段比值的村落有 5 个，分别是黔东南州的芭沙村比值为 17.11、黔东南州的加车村比值为 16.62、黔东南州的南猛村比值为 17.30、黔东南州的肇兴上寨村比值为 18.18、黔东南州的占里村比值为 23.36。从这一阶段的村落土地面积与耕地面积比值来看，村落土地面积是耕地面积的 15～23 倍以上，反映出该阶段村落同样受陡峭山体、荒山等影响较大；在 6～15 阶段比值的村落有 15 个，分别是贵阳市的批林村比值为 14.49、贵阳市的镇山村大寨比值为 6.75、遵义市的地关村（平顺坝）比值为 9.34、安顺市的石头寨村比值为 7.56、六盘水市的戛陇塘村比值为 11.11、黔西南州的堵德村比值为 12.44、黔东南州的西江村比值为 10.03、黔东南州的隆里所村比值为 8.05、黔东南州的清江村比值为 7.59、黔东南州的肇兴中寨村比值为 9.17、黔东南州的肇兴村比值为 9.42、黔南州的怎雷村比值为 13.08、黔南州的坝辉村比值为 14.47、毕节市的阳光村营上古寨比值为 12.48、铜仁市的廖家屯村比值为 10.98。这个阶段值的村落在这次研究区域中比重较大，这一阶段反映村落的耕地与村域土地总比值凸显出村落在山地、山脊、河谷等综合环境相互牵制，这一比值与贵州省整体山地、河谷较多的特征相吻合。在 0～5 阶段比值的村落有 8 个，分别是黔西南州的百卡村卡嘎布依寨比值为 2.79、六盘水市的乐民村比值为 2.79、六盘水市的鹅毛寨村比值为 1.06、六盘水市的水塘村比值为 3.77、安顺市的车头村比值为 3.09、安顺市的高寨村比值为 4.68、安顺市的天龙村比值为 4.51、安顺市的吉昌村比值为 2.45。这一阶段凸显出该区耕地面积较多，村落耕地面积与村域土地比值偏差不是特别突出，反映出在该区域的村落选址分布在平坝区域、缓坡丘陵地带，因坡度不大，耕地自然相对就占据优势。

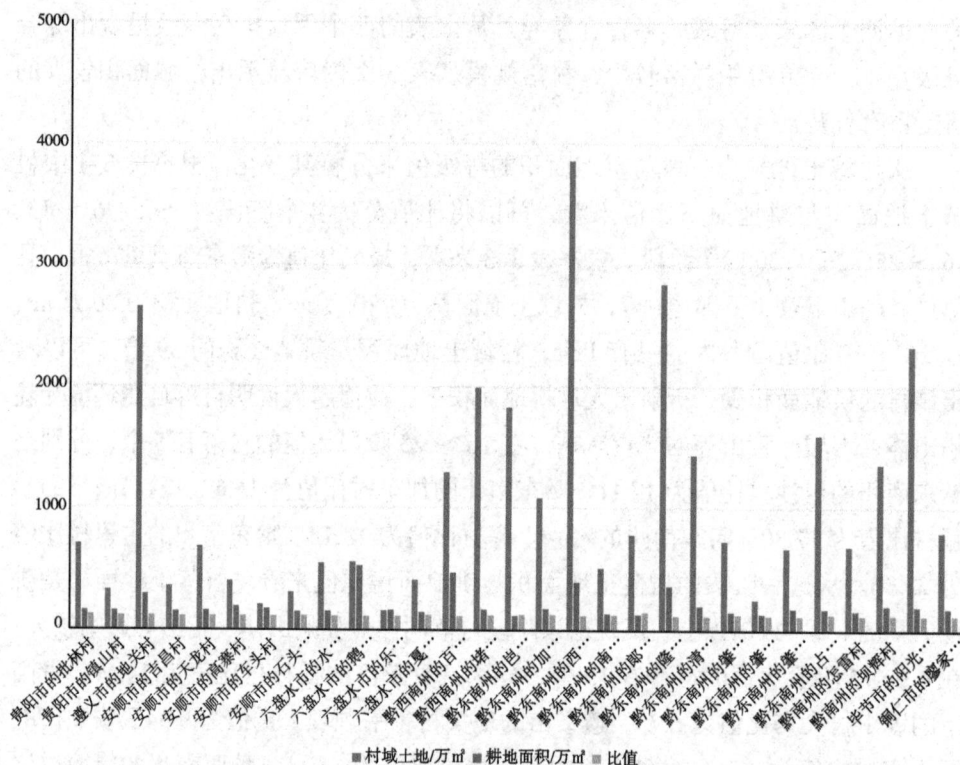

图 3-1　研究区域 2019—2021 年传统村落村域土地、耕地面积结构分析

表3-3　研究区域29个村落2019—2021年传统村落村域土地、耕地面积结构分析

村名	村域土地 / 万 m²	耕地面积 / 万 m²	比值
贵阳市的批林村	700	48.3	14.49
贵阳市的镇山村大寨	318.2	47.13	6.75
遵义市的地关村（平顺坝）	2 650	283.73	9.34
安顺市的吉昌村	350	142.67	2.45
安顺市的天龙村	677	150	4.51
安顺市的高寨村	392	83.8	4.68
安顺市的车头村	200	64.73	3.09
安顺市的石头寨村	300	39.67	7.56
六盘水市的水塘村	540	143.33	3.77
六盘水市的鹅毛寨村	550	520	1.06
六盘水市的乐民村	150	53.8	2.79
六盘水市的戛陇塘村	400	36	11.11
黔西南州的百卡村卡嘎布依寨	1 289	462.26	2.79
黔西南州的堵德村	1 990	160	12.44
黔东南州的岜沙村	1 828	106.83	17.11
黔东南州的加车村	1 080	64.99	16.62
黔东南州的西江村	3 859	384.77	10.03
黔东南州的南猛村	500	28.9	17.30
黔东南州的郎德下寨村	780	20	39
黔东南州的隆里所村	2 841.8	352.93	8.05
黔东南州的清江村	1 434.66	189	7.59
黔东南州的肇兴上寨村	725	39.87	18.18
黔东南州的肇兴中寨村	242	26.4	9.17
黔东南州的肇兴村	665	70.6	9.42
黔东南州的占里村	1 597	68.36	23.36
黔南州的怎雷村	680	52	13.08
黔南州的坝辉村	1 360	93.97	14.47
毕节市的阳光村营上古寨	2 330	186.67	12.48
铜仁市的廖家屯村	800	72.87	10.98

第二节　生活空间格局

生活空间是人类活动在相对固定环境中拥有可持续延续生命的基础条件。在大自然中人们生活的基础条件依然依靠大自然，在人们生活空间中选择在山脚下的地、山涧的水源、林间的树、农耕文明的田地。以这一人类生存逻辑关系，择地将前面与生活相关的要素赋予人工二次营造，最终逐渐形成当下的传统村落空间格局，本节让学生和保护开发利用从业人员了解贵州境内传统村落空间构成要素、传统生存空间的营造、"三生空间"格局等内容。

一、村落空间的构成要素

村落空间的构成要素涵盖了山、水、林、田、聚落。吴良镛在《广义建筑学》中对聚落的范畴这样写道，"一个聚落的组成，固然要有人工的构筑物"，还包括"构筑物之间的组合的内部空间，以及它的外围经过改造的自然环境"[1]。"山"是在贵州境内独特的地貌之一，同时是构成早期人类选择居住据点的庇护所。贵州地处云贵高原的喀斯特地貌地段，而本次研究的传统村落坐落在贵州境内的各类地形地貌中，村落形成初期村民依托山脉、山体的山脚、山腰、山脊为聚居地。依托山脉山脚、山腰、山脊的森林、土地作为生存再生能源的基本保障。"水"是生命之源，村落选址时水源是首要条件。因为水源能够供给人与牲畜的生活用水，给庄稼灌溉，是村民利用、依靠大自然最为重要的基本生活要素。在地球表面上有人类居住的空间，折射出在该区域附近必定有一定的水源存在，这也体现出先民的智慧。不管村落在河谷、山腰、山脊等相应的地方，都能合理利用自然环境产生的水资源。"林"是水源的源头，对生态环境的改善具有重要作用。山林在人类迁移过程中提供了全面的资源补给，但也对山林自然环境给予崇敬。历代村民也体验到山林这一关键核心要素带来的恶果与给养，山林早期是村落的猎场和采集野生食材的仓库，但随着人们对山林的乱砍滥伐，导致大自然因生态环境自身无法正常循环运作后，产生

---

[1] 吴良镛：《广义建筑学》，北京，清华大学出版社，2011。

水土流失以及自然界钟演变等的现象。

在还没有国家相关法律法规时村民早就意识到对山林保护的重要性，在调查中发现各个传统村落都有各自的"村规民约""家族祖训"等不同的方式指导村民的爱护山林等行为。"田"是村民为生存人工开凿的重要关键。从"聚落"的角度来说，传统村落是指农业社会中人们进行劳动生产、居住、生活、休息以及进行各种社会活动的场所❶。村落的形成离不开"山、水、林、田"，是村民在一定时期依托自然资源而进行人工赋予加工而形成的生活圈，在劳作以后休息生活的空间即是聚落空间。

二、传统生存空间的营造

传统生存空间的营造是村民延续发展的保障。先祖开天辟地并营建聚落的古歌《造万物歌》，在很大程度上体现了民族空间营造的整体认识。其中，圣人"翁杰"，在"造天造地"之后，依次"造泥土""造山坡""造田地""造房屋""造路""造场"等❷。从中我们得知传统生存空间的营造明确导出"生存空间"相关要素。通过实地踏勘，我们发现每一个传统的聚落空间都蕴藏着严密的生存规则。

首先，在传统生存空间的营造上特别注重组分团组建。在村落与相邻村落之间保持一定的空间距离，早期村落选址没有如今的科学规划，是随族群或者血液或是屯军等模式进行选址，而族群和血液选址更是具有自由性，屯军选址则具有一定的等级制度限定，而不管哪一种村落的选址都与各地区的"山、水、林、田"离不开，会根据"山、水、林、田"实际情况的量来决定生存空间的间距，无形中遵从相应的自然生存法则，而逐步形成今天传统村落的生存空间分布。

通过村域土地面积与耕地面积对比揭示出村落环境的耕地面积与村域面积一定资源的比值。

其次，传统生存空间对"山、水、林、田"的合理布局。在踏勘的每一个传统村落，村落早期的空间布局凸显出"山、水、林、田"的各自功能。例

---

❶ 任越：《基于文化自觉的我国传统村落文化建档理论探究》，兰台世界，2017（7）：10-13。

❷ 贵州省社会科学院文学研究所，黔南布依族苗族自治州文艺研究室：《布依族古歌叙事歌选》，贵阳，贵州人民出版社，1982。

如，"水""田"在村民心目中是核心部分，生存空间的营造首选是"水源"和"田"，村民深知二者缺一不可，只有同时拥有了二者才能进行开垦耕作。在生存空间民居建筑呈现出"占山不占田"文明生态建设，各村还对生存空间、居住空间进行一定的防御功能营建，如村落有依山制高点建设"圯"、村落的防御墙、寨门、村落互通巷道，还有居住空间的吊脚楼、枪眼等，预防野兽、土匪等的攻击。

另外，传统生存空间对"山、水、林、田"的整体效应。村落中都有相应的村规民约、祖训等对"山、水、林、田"空间的指导，如水域、田地上游的山林砍伐制定相应间隔一定年限才可进行砍伐，这可能是村民祖先认识到乱砍滥伐造成的洪涝、泥石流、干旱等灾害给村民的生存空间带来教训。村民的生存空间在一定时期内遵守村规民约以及祖训，按照相应的约定与祖训经营者村民的传统生存空间，并不断成长逐渐发展为目前的传统村落。

上述的分析，结合研究区域村落的传统生存空间在相应空间与自然环境共同发展，与社会政治经济、文化的发展过程中自我调适，在传统生存空间中遵循人与自然和谐共处的生存逻辑。

三、"三生空间"格局

村落中的"山、水、林、田"支撑着整个生存空间的发展。"三生空间"是在国土空间规划的大背景下，党的十八大报告提出"促进生产空间集约高效、生活空间宜居适度、生态空间山清水秀"的要求。"三生空间"是对生产、生活、生态三类空间的总称，这三类空间构成了不同空间尺度的主体要素。具体含义如下。

"生产空间"是指为人类提供物质产品的生产、运输、商贸、公共服务等生产经营活动的国土空间；"生活空间"是指供人们居住、消费、休闲和娱乐等的国土空间；"生态空间"是指宏观状态稳定的物种生存繁衍所需的环境空间。

"三生空间"既相互独立，又相互关联，具有共生融合、制约效应（图 3-2）。生产空间的集约高效发展，为生活质量和生态服务功能的提升提供了更多的发展空间和发展模式的选择，是实现生活空间宜居和生态空间山清水秀的经济保障支持。舒适宜居的生活空间既需要足够的生产空间为其提供就业场所和经济产出支持，又需要山清水秀的生态空间提供丰富多彩的生态产品来满足人们对物质和精神生活的要求。生态空间提供的生态服务自我调节能力约束了生产、生活空间的发展规模和方向。生产空间集约高效是"三生空间"的根本力量，生活空间宜居适度是"三生空间"协调发展的重要纽带。生态空间山清水秀是"三生空间"协调发展的先决条件。人类必须依靠自然产品存活，空气、水源、矿物产品等必定以某种空间形式表达出来，生态空间直接参与人与自然的物质代谢过程，同时是生产、生活的初始源泉。

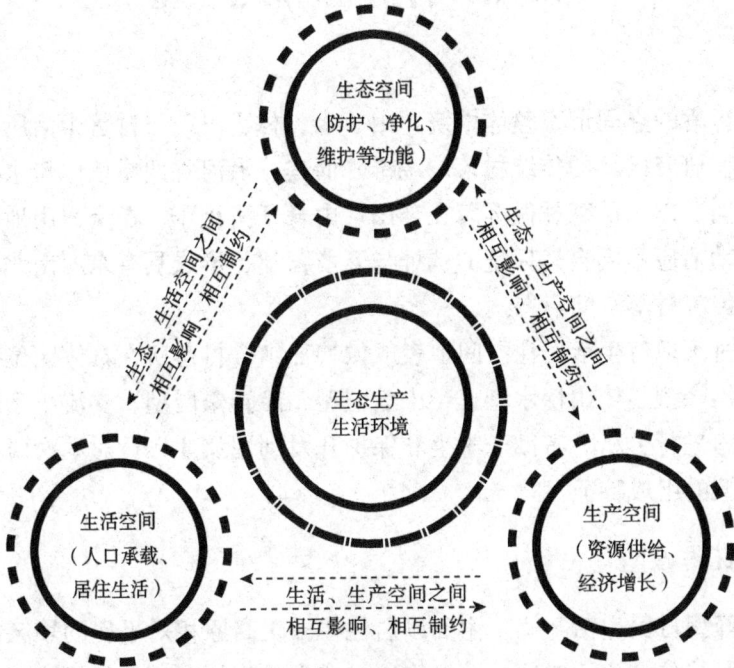

图 3-2 "三生空间"格局

（图片来源：作者自绘）

每一个村落的"三生空间"始终与村民有着密切的关系。村民在村落的"生产空间""生活空间""生态空间"扮演主导者，而整个村落的"三生空间"格局同样由村民建造。根据研究区域踏勘从现状特征显示部分村落的"三生空间"营造整体表象效果较好，如黔东南州组团的西江村、岜沙村、加车村、肇兴上寨村、肇兴中寨村、肇兴村、占里村、清江村、隆里所村，还有散点串联成线的贵阳市的镇山村大寨，安顺市的天龙村、石头寨村、黔南州的怎雷村；营造效果一般的村落，如黔东南州成片组团的下郎德村、南猛村和散点聚居贵阳市的批林村、遵义市的地关村（平顺坝）、毕节市的阳光村营上古寨、铜仁市的廖家屯村、六盘水市的乐民村；迫切需要加快速度实施保护的有安顺市串联成线分布的吉昌村、高寨村、车头村和散点分布六盘水市的水塘村、鹅毛寨村、戛陇塘村以及黔西南州的百卡村卡嘎布依寨、堵德村，还有黔南州的坝辉村。

第三节　村落空间形态类型

传统村落的空间形态整体围绕"山、水、林、田"与村落生活所居的建筑及环境。在研究区域的传统村落围绕锥峰而建、沿河谷两岸依山傍水和支流小盆地型而居、以山脉森林做屏障在半山、山脊开凿盘踞，在贵州山地特征环境下不断主动适应不同自然环境的选址与开凿营建，形成具有东西南北不同的地域性特色传统村落空间形态。

根据村落现有生活居住空间地表成像特征结合村落所在具体区位空间，将从所属环锥峰型、依山傍水型、半山盘踞型、沿脊聚居型、支流小盆地型五种代表型村落进行分析，有助于学生和保护开发利用从业人员对本次研究村落空间形态类型的组成特征。

一、环锥峰型

环锥峰型村民生活空间，主要以居住在云贵高原相对平坦的坝区中，呈锥形独立山脚居住的生活空间。踏勘中得知这类的生活空间的传统建筑，不占农田或者是少占农田，都是沿着锥形山体的等高线和围绕山体营建，供给村民基本生活物质的农田和菜地则布置在建筑的前方、建筑群间有河流或者溪流给村民的生命和农作物提供水源保障。这类村落在安顺市地区石头寨村、吉昌村、车头村、天龙村、高寨村，六枝特区的戛陇塘村，铜仁的廖家屯村。较为典型的如石头寨村、吉昌村、车头村。

石头寨位于黄果树大瀑布上游的坝区，属黄果树镇。从整体空间来看，石头寨村正处于六枝河与桂家河交汇地段，桂家河将村落东北面、北面、西面地段分岔环绕，形成若干个环岛湿地和多个独立小岛，拥有丰富的水资源，村落境内因河水长期冲洗形成若干的小瀑布。村落东面是骆驼山脚下的高速路口，与大三新村相连，具有优越的交通条件；南面抵达黄果树镇，距离黄果树景区直线距离仅 3km，依托黄果树景区具有优越的旅游配套资源；西面紧挨翁寨村和碉口村,西北是六枝河沿岸的平坦耕地;北面是宽阔的耕地,与北面云午山下的偏坡村遥遥相望(图3-3～图3-5)。

图3-3 石头寨村实景

(图片来源:作者2019年拍摄)

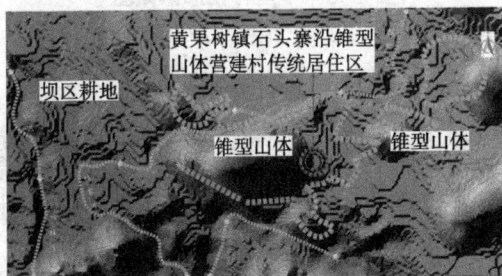

图3-4 山、水、林、田、生活空间

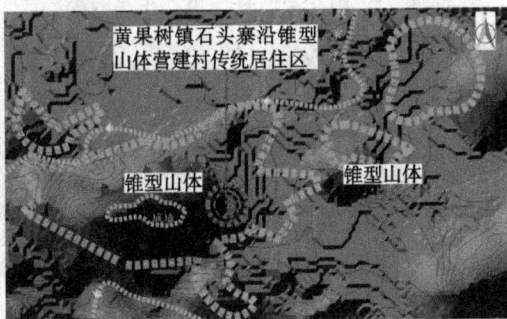

图3-5 锥峰与居住空间的关系

(图3-4、图3-5来源:Arc gis绘制)

吉昌村位于滇黔古驿道中段的坝区内,村落位于大西镇政府驻地。从整体空间来看，村落修筑在东面向西逐渐拓宽的带状平地中段，村落生活空间背靠南面吉昌村大箐坡，西北面是平坦宽阔的坝区耕地，北面与著名的天龙古镇、天台山相接，村落有一条河从西南方向流经村落北面，向西北方向坝区耕地流出（图 3-6～图 3-8）。

图 3-6　吉昌村锥形山体图

（图片来源：作者 2019 年拍摄）

图 3-7　山、水、林、田、生活空间

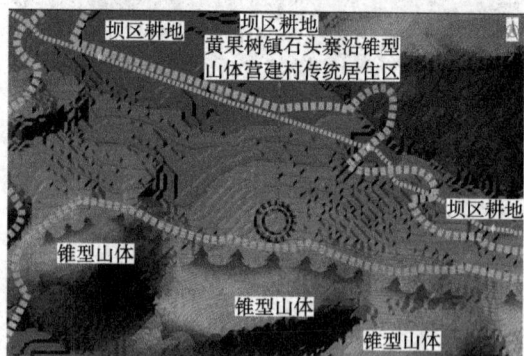

图 3-8　锥峰与居住空间的关系

（图 3-7、图 3-8 来源：Arc gis 绘制）

　　车头村位于平坝区南面白云镇的搓白河右岸。从整体来看，村落坐落在南北方向的带状坝区中段，村落北靠新场村，南抵王下村，西与白云村隔田坝相望，东靠众多锥形山体。村落北面、西面、南面、东面都是坝区耕地，东北面为锥形山体，搓白河从北面往西流再转向东面，将村落形成"弓"字形，村落前有搓白河形成隔断保护，后靠锥形山体形成庇护，选址具有较强的易守难攻的优势（图3-9～图3-11）。

图3-9　车头村实景

（图片来源：作者2019年拍摄）

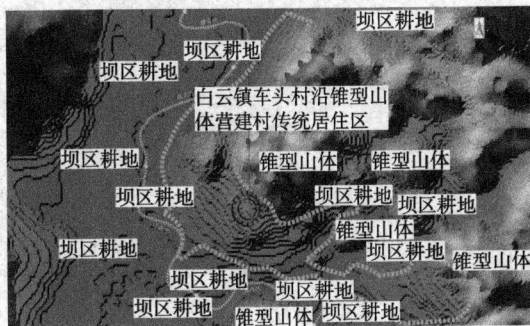

图3-10　山、水、林、田、生活空间　　**图3-11　锥峰与居住空间的关系**

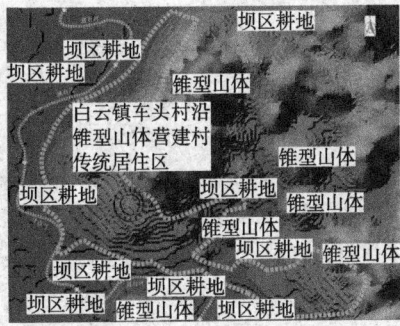

（图3-10、图3-11来源：Arc gis 绘制）

二、依山傍水型

　　依山傍水型村落主要居住在河谷、溪谷岸的山岭、低谷地段，村民生活空间面向河谷、溪谷两岸，视野开阔。大部分村民生活空间建筑从河谷、溪谷低段或者山岭低段开展修筑，各村落会根据各地实际地形地貌与大自然融合。这类的村落根据实地探勘，结合村落实际地形将贵阳市花溪区石板镇镇山村大寨、六盘水市盘州市丹霞镇水塘村、黔东南州凯里市雷山县西江镇西江村、黔东南州凯里市下司古镇清江村、黔东南州黎平县肇兴镇成片组团的肇兴上寨村和肇兴中寨村以及肇兴村、黔东南州凯里市从江县高增乡占里村、黔南都匀市三都县都江镇坝辉村属依山傍水型。较为典型突出的有贵阳市花溪区石板镇镇山村大寨、凯里市雷山县西江镇西江村、凯里市下司古镇清江村。

镇山村大寨坐落在花溪水库中段，村寨区位条件优越，周围交通便利。镇山村大寨三面环水，一面环山，村落地块在从西北面的"上坎坡"向东南方向延伸的形成的三角形台地上，早期村落主要坐落在三角形台地交角与花溪水库相连的区域，形成码头，建筑从水域随台地海拔高度逐层递增修建。镇山村大寨的石板建筑按山体等高线逐层从花溪水库往山顶修建，从现场看到的城墙、寨门和路基与路面都离不开石头，而它们的功能无处不透露着军事防御相关气息。通过访问了解到该村早期大致是明朝屯军，军民与当地少数民族联姻后逐渐兴起的典型民族融合村落（图 3-12 ～图 3-14）。

图 3-12　镇山村大寨实景

（图片来源：作者 2019 年拍摄）

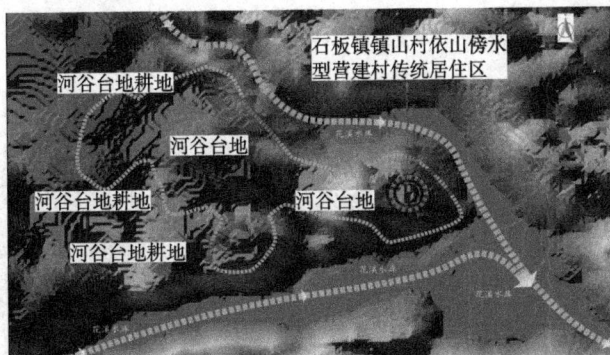

图 3-13　山、水、林、田、生活空间

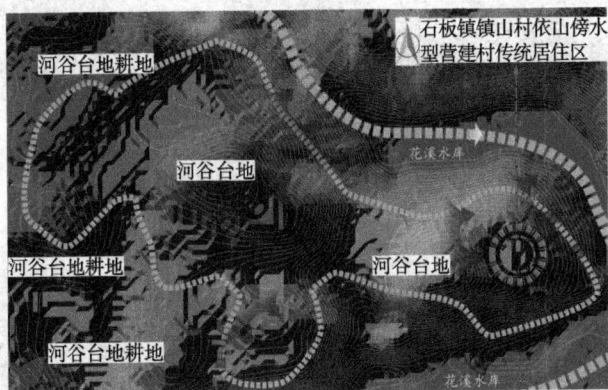

图 3-14　山脉与居住空间的关系

（图 3-13、图 3-14 来源：Arc gis 绘制）

西江村即"千户苗族"，是第四届全国文明村，也是西江镇镇政府驻地。村落选址坐落在雷公山脉大山深处的朗利河畔，沿着河畔两岸山脊依山而建。村落北面、东面、东北面都是村民依靠山脊开垦梯田，依托两两山间的深沟引水耕种；西面、南面和西南面为一座座青山，村民巧妙地运用观察自然得出东北面阳光充足，西南面阳光受限，在阳光充足的山脊进行居住和开垦农田，在阳光受限的西南面耕种林木，确保村落极地小气候的良性发展。村落在两座山脉夹缝的朗利河畔，朗利河从村落的东南方向穿过村落所在位置的两山峡谷往西北方向流出。河流在村落呈弓箭的"弓"弯曲处，早期建筑在"弓"弯曲处半包围的两座山体上，房屋依两座山脊的等高线而修建，呈现出一个"M"状（图 3-15～图 3-17）。

图 3-15　西江村实景

（图片来源：作者 2021 年拍摄）

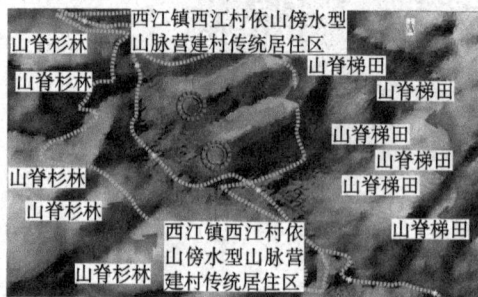

图 3-16　山、水、林、田、生活空间　　**图 3-17　山脉与居住空间的关系**

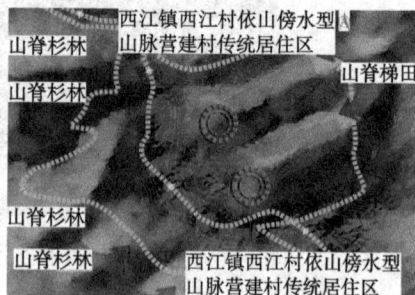

（图 3-16、图 3-17 来源：Arc gis 绘制）

清江村是下司镇镇政府所在地，村落因早期水上交通，河道运输码头而兴起的村落。早期该村在河两岸台地上，古建筑群坐落在沅江的西北岸，村落北面有一锥形山体。东南岸也有少量的居民居住，跨江大桥修通以前，两岸村民的联系主要靠水上渡船。沅江从村落的西南方向往东北方向流经，在该处修建了下司水电站。该村周围都为山地，稻田耕地面积紧缺，但具有浓郁的码头古镇文化，并且交通较为便利，旅游趋势较好（图 3-18 ～图 3-20）。

图 3-18　清江村实景

（图片来源：作者 2021 年拍摄）

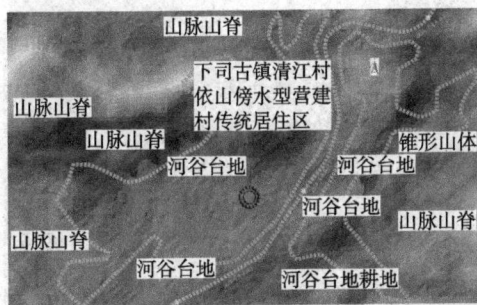

图 3-19　山、水、林、田、生活空间

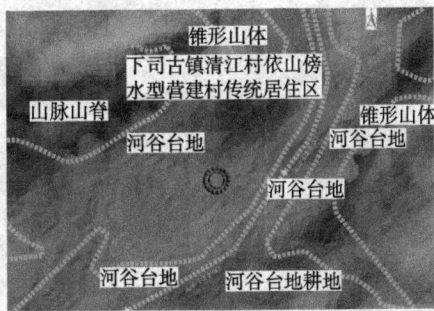

图 3-20　山脉与居住空间的关系

（图 3-19、图 3-20 来源：Arc gis 绘制）

三、半山盘踞型、沿脊聚居型

半山盘踞型、沿脊聚居型多为村落选址居住在深山山脉的腰间、山脊上。这类村落周围有茂密的山林、充足的阳光、清甜的水源、易于开垦的土地等自然资源。村落以大山以及山林的树木作为防御的屏障，繁茂的树林为村落水资源提供保障，水资源又为开垦的梯田提供涵养，梯田又为村民提供给养，村落又进一步维护村落周围的山林，从以上的相互循环可以看出形成一个极地范围内的"生产、生活、生态"的生存空间。在研究范围具备这类特征的传统村落有黔南都匀市三都县都江镇怎雷村、黔东南凯里市雷山县郎德镇郎德下寨（下郎德村）、郎德镇南猛村、黔东南州西江村、黔东南州加车村、黔东南州岜沙村、黔西南州堵德村和百卡村卡嘎布依寨、六盘水市盘州市石桥镇乐民村。比较典型的有三都县都江镇怎雷村、从江县加帮乡加车村、从江县丙妹镇岜沙村。

怎雷村在都柳江和都柳江支流（龙江）交汇的山脉半山腰间，由四个自然小组组团成片而成。怎雷村全村房屋以组团方式分散在缓坡开垦的梯田之间，从全村生活空间的视角来看，民居建筑呈现统一的特征，就是在梯田的上方，但各组团之间分别由林木隔离带和带状梯田分割开来，这具有鲜明的防火功能。梯田的下方为陡坡构成的深谷，谷底为狭窄的溪谷，民居建筑群上方以及左右都是浓密的生态林，全村构成"入村不见山、进山不见寨"的画卷（图 3-21～图 3-23）。

图 3-21　怎雷村实景

（图片来源：作者 2021 年拍摄）

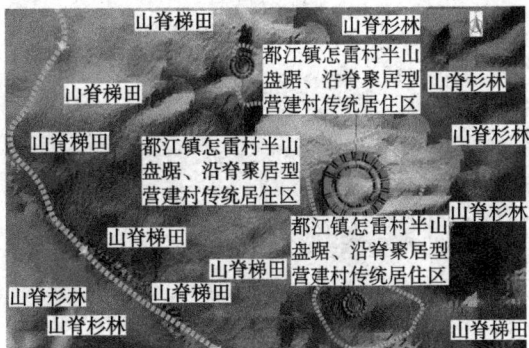

| 图 3-22　山、水、林、田、生活空间 | 图 3-23　山脊与居住空间的关系 |

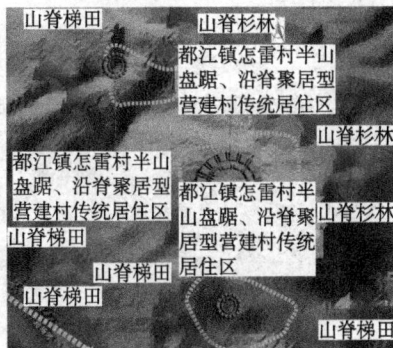

（图 3-22、图 3-23 图片来源：Arc gis 绘制）

　　加车村因住地坐落在苗语叫"党机"的山半山腰凸起的山脊上，后人转译为汉语近音"加车"而取名。加车村沿整座大山脉的分支山脊不断修筑，村落由党扭、加页、加车组合而成，村落分别纵向分布在加车河西岸的半山腰间，各建筑群分布在山涧引水到山脊上开垦梯田附近，吊脚楼在大面积梯田的衬托下显得更加凸显苗族民居建筑适应性，而大面积的梯田与分散聚居的民居建筑构成影响中外的"加榜梯田"优美画卷（图 3-24 ～图 3-26）。

图 3-24　加车村实景

（图片来源：作者 2021 年拍摄）

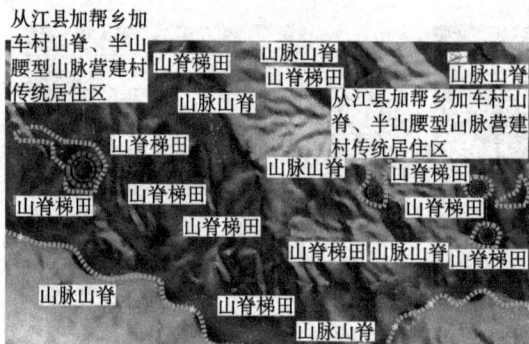

图 3-25 山、水、林、田、生活空间

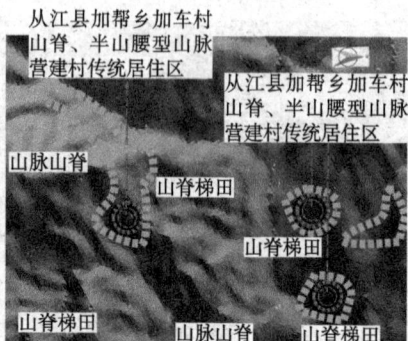

图 3-26 山脊与居住空间的关系

（图 3-25、图 3-26 图片来源：Arc gis 绘制）

岜沙村以山脊成带状串联自然村组团呈细胞结构状分布。在都柳江以南的大山东麓山脊上，在山脊开凿的道路串联左右两侧五个自然寨组成。王家寨、大寨还有大榕坡新寨和宰戈新寨以及宰庄寨的民居建筑都为干栏式吊脚楼，每两个组团寨之间都由种植的竹林或者杉木林隔开，同样具有一定的防火功能，更加凸显防火功能的是每个自然寨生活起居的建筑与储藏粮食的建筑群保持一定的安全间距，这样对粮食起到有效的保护作用。岜沙村的民居建筑与农田之间的分布组织关系和前面的怎雷村民居建筑与农田之间的分布组织形式相同，建筑都是分布在梯田的上方。村民在自己居住的房屋内就可以观察到自家农田，具有较好的视线，可以看到更远的山谷以及山谷对面山间的风景（图 3-27 ～ 图 3-29）。

图 3-27 岜沙村实景

（图片来源：作者 2019 年拍摄）

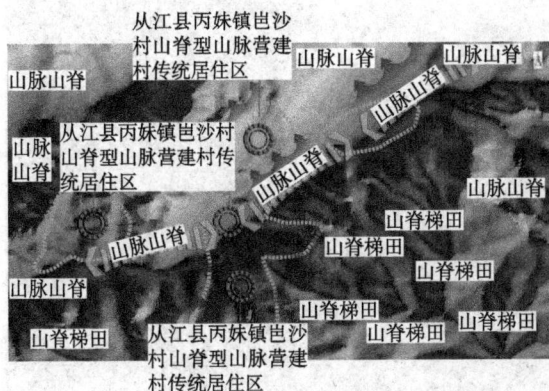

图3-28　山、水、林、田、生活空间

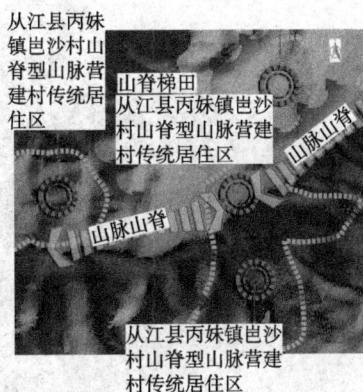

图3-29　山脊与居住空间的关系

（图3-28、图3-29图片来源：Arc gis绘制）

四、支流小盆地型

支流小盆地型村落往往坐落在水系支流山间盆地之间。通常山谷为耕地，村落在盆地两侧或盆地耕地附近。耕地往往处于洼地之中，这类村落的防御性功能较强，都有成体系的防御设施。

例如，贵阳市的批林村、毕节市的阳光村营上古寨、黔东南州的隆里所村、六盘水市的鹅毛寨村、遵义市的地关村（平顺坝），其中比较具有代表性的有阳光村营上古寨、隆里所村、批林村。

阳光村营上古寨位于织金县的东北部，北靠新华村，东临寨脚村与乌江东风水库，南接偏坡村，西邻坪寨村。

阳光村早期村民在独特的地形地貌上进行改造，依托大自然赋予在河床形成的干河坝子边缘，由凸起形成一台地，台地三面是悬崖绝壁自然环境空间，当时居住者巧妙地改造大自然。

在三面绝壁形成的台地空间环境，犹如大象的形象，早期居住者在大象的背部修建居住城堡，在大象的东北面以后山相连，在相连处修筑有城墙和两座碉楼及进出的通道。在城墙内分布有保存较好的民居建筑群，生活在邻近绝壁边缘的建筑居民，可以直接瞭望绝壁下干河坝子形成的耕地空间（图3-30～图3-32）。

图 3-30　阳光村营上古寨实景

（图片来源：作者 2019 年拍摄）

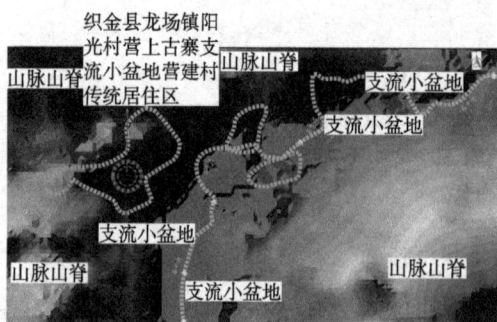

图 3-31　山、水、林、田、生活空间　　**图 3-32　小盆地与居住空间的关系**

（图 3-31、图 3-32 图片来源：Arc gis 绘制）

　　隆里所村（隆里古城）位于锦屏县境内的南边，坐落在钟灵河支流小盆地中。隆里所村有丰富的林业资源，凸显出具有良好的生态环境，村落四面环山，峰峦起伏，山林地土壤肥沃，是杉、松树和毛竹生长的理想场所，有着良好的生态环境和丰富的林业资源。由于地势开阔平坦，雨水充沛，无霜期较长，阳光充足，适用于发展粮油生产。境内为岩溶地质，地下水十分丰富，水资源好。山中储藏特质的青石，境内主要河流为钟灵河，河水从古镇西部蜿蜒向北流去，清澈见底。独特的城防和空间环境，促进隆里古城得以建成，古城以军事防御理论及传统环境理论指导选址布局，依山傍水，将山川地貌与城堡融为一体，以山为刚，以水为柔，形成了东南据山、西北临水的空间形态（图 3-33～图 3-35）。

图 3-33　隆里所村实景

（图片来源：作者 2019 年拍摄）

图 3-34　山、水、林、田、生活空间　　　**图 3-35　小盆地与居住空间的关系**

（图 3-34、图 3-35 图片来源：Arc gis 绘制）

　　批林村位于贵阳市花溪区高坡苗族乡西南部。在选址上继承中国传统村落选址方式的延续，即背山面水、左右维护的格局，同时注重于自然景观以及景观视线的通透，达到"天人合一"的理想居住环境。村落四面环山围合形成狭长带状的小盆地中，稻田耕地分布在坝王河两岸。民居建筑沿山间河流随山势布局，村落内建筑形式丰富，既有年代久远的木构民居，也有近几年修建的砖混结构建筑。木构民居布局较灵活，民居建筑依山而建，均不在一个平面上，形成立体的建筑空间（图 3-36 ～图 3-38）。

图 3-36　批林村实景

（图片来源：作者 2019 年拍摄）

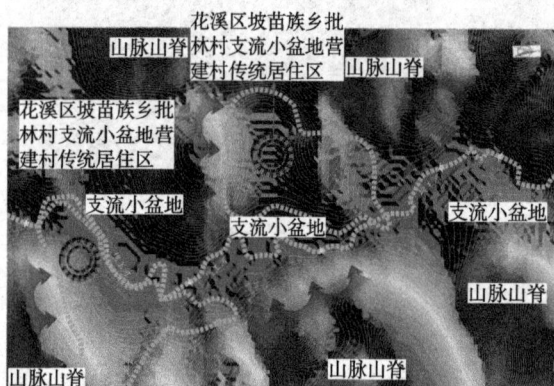

图 3-37　山、水、林、田、生活空间　　**图 3-38　小盆地与居住空间的关系**

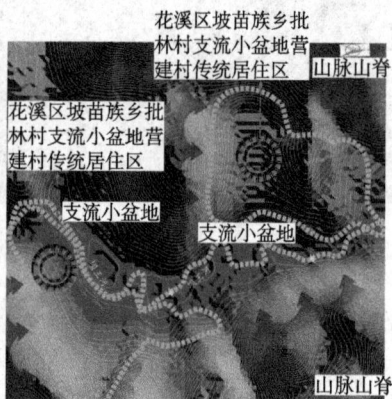

（图 3-37、图 3-38 图片来源：Arc gis 绘制）

第四节　各类村落空间形态特点

　　每一个村落空间的形成都拥护"山、水、林、田"与村落生活所居的建筑及环境，各类型的村落空间在地表上都呈现出各自的特征。在对各类村落的"山、水、林、田"与村落生活所居的建筑及环境进行分析的基础上，通过图像化分析各类型村落的"山、水、林、田"与村落生活所居的建筑及环境进行分析，让学生和保护开发利用从业人员更直观地了解上述几种类型村落的"山、水、林、田"与村落生活所居的建筑及环境之间的关系（图3-39）。

　　本书利用 ArcScene 10.2 生成了几种类型村落所处的自然环境图像，让读者能直观地看到各类村落的"山、水、林、田"与村落生活所居的建筑及环境之间的关系。

　　环锥峰型村落的特点是建筑群择居在大小不一的锥峰型山脚，其围绕山体呈带状、点状串联分布。建筑群至锥峰山体耕地面积较少，也没有茂密的森林植被，多为自然杂草及灌木，在建筑群前方有河流或水渠，两岸为耕地，建筑群将山、水、林、田有机地镶嵌在一起，形成这一独特的村落空间．

　　依山傍水型村落的居民都临水而居，建筑群从江河水域向两岸的山脉依次蔓延，这类村落空间水资源丰富，有些水域则将村落隔开，像一条彩带穿梭在村落空间中。

　　半山盘踞型和沿脊聚居型村落的居民将建筑群修建在大山山脉的山脊或者半山坡度相对较小的空间中，这类型村落被大山所包围，而其耕地因为山体坡度较大分布在建筑群周围陡峭的山地之间。这类村落相比其他三种村落，山、水、林、田资源中水资源较为匮乏，耕地难以开垦，最为丰富的是茂密的山林；支流小盆地型村落与依山傍水型有相似之处，建筑群都聚居于耕地边缘的山脚下，从图3-39中可以看出它们的水资源相似，但是也有差异，主要突出的是溪流的水源得不到保障，不能确保长年都有水流资源。

　　总之，从图3-39中能很好地了解相应类型村落建筑群与"山、水、林、田"之间相互嵌融的自然环境。

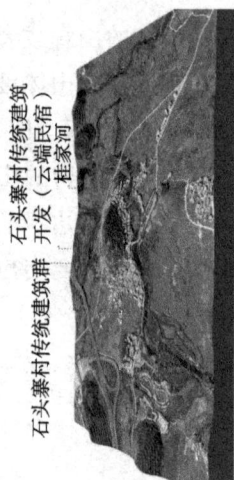

车头村古建群
遥白河

（3）车头村（环锥峰型）

水塘 夏陇塘村传统建筑群
夏陇塘村传统建筑群

（6）夏陇塘村（环锥峰型）

水塘村传统建筑群
水塘村传统建筑群

水塘村传统建筑群
水塘村乌都河

（9）水塘村（依山傍水型）

吉昌村传统建筑群
吉昌村传统建筑群

（2）吉昌村（环锥峰型）

高寨村传统建筑群
高寨村传统建筑群

（5）高寨村（环锥峰型）

镇山村古建群
镇山村生态博
物馆资料中心
花溪水库

（8）镇山村大寨（依山傍水型）

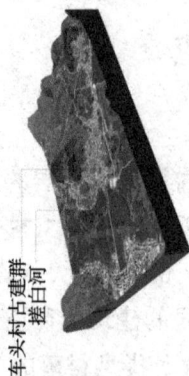

石头寨村传统建筑
开发（云端民宿）
桂家河

石头寨村传统建筑群

（1）石头寨村（环锥峰型）

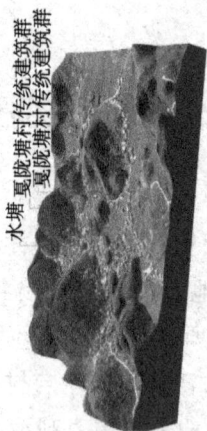

天龙村仿古建群 天龙村古建群

（4）天龙村（环锥峰型）

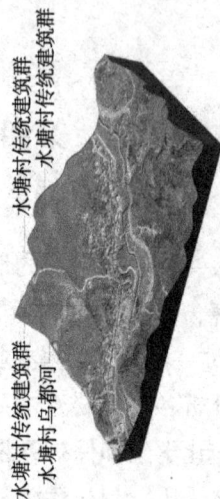

大龙河
廖家屯村传统建筑群
廖家屯村传统建筑群

（7）廖家屯村（环锥峰型）

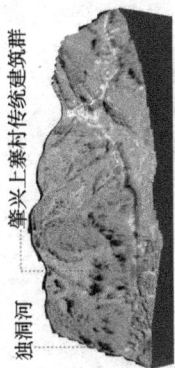

（12）肇兴上寨村（依山傍水型）
肇兴上寨村传统建筑群
独洞河

（15）占里村（依山傍水型）
占里村传统建筑群
占里溪

（18）加车村（半山盘踞型和沿脊聚居型）
加车村传统建筑群 加车村 加旁梯田
加车村传统建筑群

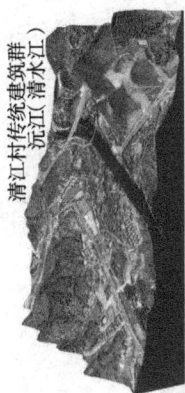

（11）清江村（依山傍水型）
清江村传统建筑群
沅江 清水江

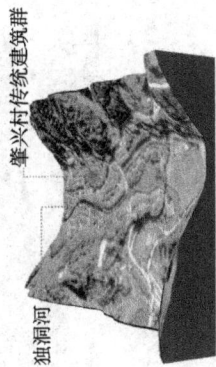

（14）肇兴村（依山傍水型）
肇兴村传统建筑群
独洞河

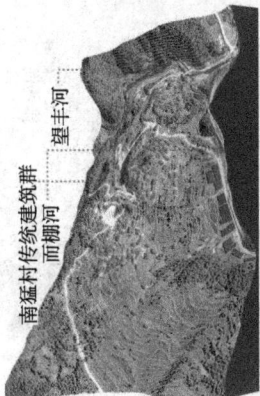

（17）南猛村（半山盘踞型和沿脊聚居型）
南猛村传统建筑群
雨棚河 望丰河

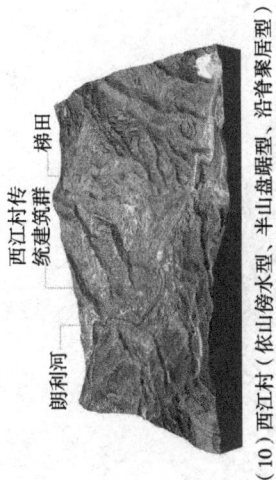

（10）西江村（依山傍水型、半山盘踞型、沿脊聚居型）
西江村传统建筑群
朗利河 梯田

（13）肇兴中寨村（依山傍水型）
肇兴中寨村传统建筑群
独洞河

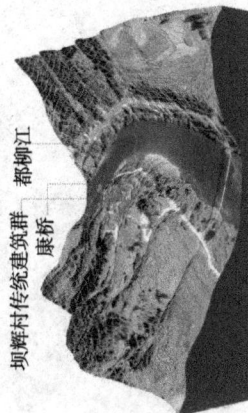

（16）坝辉村（依山傍水型）
坝辉村传统建筑群
康桥 都柳江

图 3-39

白卡村卡嘎布依
寨村传统建筑群

（21）百卡村（半山盘踞型沿脊聚居型）

朗德下寨村传统建筑群
望丰河
巴拉河

（24）朗德下寨（下郎德村）（半山盘踞型和沿脊聚居型）

隆里所村传统建筑群
隆里所村村古城大门

钟灵河

（27）隆里所村（支流小盆地型）

堵德村传统建筑群

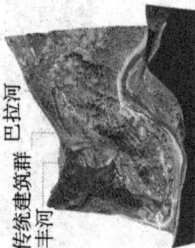

（20）堵德村（半山盘踞型和沿脊聚居型）

怎雷村传统建筑群
排场河
怎雷村传统建筑群
怎雷村传统建筑群

（23）怎雷村（半山盘踞型和沿脊聚居型）

阳光村（营上古寨）传统建筑群
阳光村（营上古寨）耕地
石干河

（26）阳光村营上古寨（支流小盆地型）

岜沙村传统建筑群 岜沙村传统建筑群

（19）岜沙村（半山盘踞型和沿脊聚居型）

乐民村传统建筑群

（22）乐民村（半山盘踞型和沿脊聚居型）

鹅毛寨村传统建筑群
鹅毛寨村传统四合院

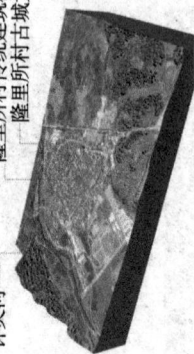

（25）鹅毛寨村（支流小盆地型）

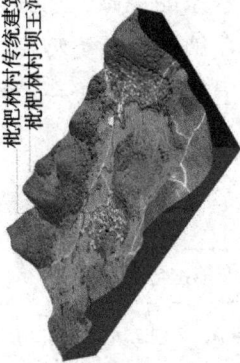

枇杷林村传统建筑群
枇杷林村坝王河

（29）枇杷林村（支流小盆地型）

平顺坝（地关村）古建群
茅河
新建筑群

（28）地关村（平顺坝）（支流小盆地型）

图 3-39 研究区域内 29 个村落环境与地形关系分析图

（图片来源：作者用 Arc gis 绘制）

通过对不同类型的村落空间特征进行比较研究发现，在"山、水、林、田"与村落的总体分布格局下，不同的村落根据各自坐落的空间的地形地貌特征演化出各具特色的空间形态。根据村落与地形地貌中山体、水系的关系，划分为环锥峰型、依山傍水型、半山盘踞与沿脊聚居型、支流小盆地型四种类型，各种类型具体在大自然的"山、水、林、田"各要素的关系上体现出非统一的特征，归纳如表 3-4 所示。

表 3-4　各种类型村落空间形态特点

形态类型	代表村落	"山、水、林、田"与村落形态特点
环锥峰型	安顺市（石头寨村、吉昌村、车头村、天龙村、高寨村）、六盘水市（夏陇塘村）、铜仁市（廖家屯村）	（1）村落几乎坐落于两山围合的开阔谷地、平坝区域围绕呈圆形的山峰脚； （2）河流或者溪流往往距离村落不远，从村落附近穿流而过； （3）锥峰顶有遗留的防御城坦，现在山顶被茂林覆盖； （4）村落布局具有严格的军事防御攻势，现存有寨墙和"坉"；寨墙把村民建筑外墙连在一起，形成连续的防御壁垒；"坉"位于村民居住的山顶上
依山傍水型	贵阳市（镇山村大寨）、六盘水市（水塘村）、黔东南州（西江村、清江村、肇兴上寨村、肇兴中寨村、肇兴村、占里村）、黔南州（坝辉村）	（1）村落位于大山脉夹击形成的河谷、溪流两岸； （2）距离水源较近，依托丰富的资源生存； （3）居民建筑从水域两岸沿山体等高线进行修筑，整个水域从两岸到山谷的山脚逐渐形成村落，在村落往山脊逐渐延伸至茂密的山林； （4）通常以水域作为村落保护的第一道天然庇护，起到一定的防御功能，同样还以村落往山脊延伸的山林作为生活补给与战争藏身之地
半山盘踞与沿脊聚居型	黔南州（怎雷村）、黔东南州（下郎德村、南猛村、加车村、岜沙村）、兴义市（堵德村、百卡村卡嘎布依寨）、六盘水市（乐民村）	（1）村落往往位于河谷两侧绝壁的台地上或在连绵不断的大山脉的半山、山脊； （2）距离河谷、溪流较远，水资源较为匮乏； （3）居民建筑与耕地融为一体，在耕地下方多为坡度较大，难以攀爬的陡坡或绝壁，这一地段拥有茂密的森林； （4）村落依托村落耕地低处的陡坡或绝壁作为第一道天然防御堡垒，再以大山连绵不断的森林、山洞作为第二道防御攻势

续表

形态类型	代表村落	"山、水、林、田"与村落形态特点
支流小盆地型	毕节市（阳光村营上古寨）、黔东南州（隆里所村）、六盘水市（鹅毛寨村）、遵义市[地关村（平顺坝）]、贵阳市（批林村）	（1）村落通常位于四周群山环绕围合而成的小盆地中； （2）贵州河流较多，有山就有水，自然形成的支流同样丰富，在群山环绕的小盆地就有水源或者小溪流经过； （3）四周的山林围绕着小盆地； （4）小盆地被四周山林覆盖，形成环状保护城墙

一、村落居住空间与山林的关系

村落居住空间的后山或是耕地周围都是连绵不断的山脉、山脊中的山林。山林中有村民耕种的林木还有野生的其他树木、植被，村民耕种的树木多为经济林，这类树木相对单一成片，村民会根据需要砍伐后进行补给再次耕种，进行循环补充；而自然界自然生长的树木多为多种混杂的多样性物种共生，这类树木多分布在山崖陡峭无法进行耕种的地段。

村落林间区域的树种既有单一的经济林又有混合的多样性物种，确保大自然物种生态的基本保障，也体现了村民对大自然的敬畏。

正是这些山林的存在，才不断地为这一区域的水源提供涵养，让该空间的水土得以保持稳固，防止村落居住空间、耕地等的泥石流、滑坡等的发生，减少了自然灾害产生。

植树造林给村落居住空间环境空气进行净化，同时不断改变极地小气候、改变土壤、改变水环境。因大量树木的落叶在经过氧化后易培育出地表适宜植被生长的养分，并具有一定的保湿、保水功能，山林间植被的根系对土壤有防滑固土的能力。然而不同村落所坐落的自然地理空间不同，相应不同的海拔会导致村落的气候、气温、土壤、水源、坡向、坡度等因素都存在不同。

根据研究区域内的环锥峰型、依山傍水型、半山盘踞型、沿脊聚居型、支流小盆地型村落海拔及各村落区域内的海拔数据，通过地理空间数据云下载公开的地理数据，再结合 ArcScene10.2 进行根据地表等高线执行"表面上浮动"大致可看出各村与空间的海拔地形（图 3-40）。

（3）天龙村　环锥峰型

（6）廖家屯村　环锥峰型

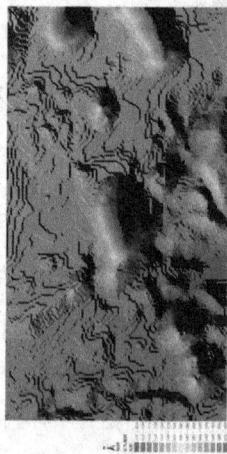

（9）水塘村　依山傍水型

（2）车头村　环锥峰型

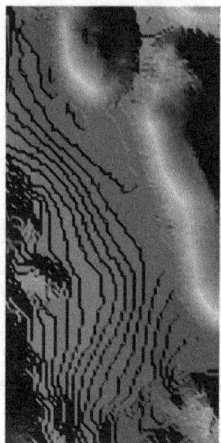

（5）夏胧塘村　环锥峰型

（8）镇山村大寨　依山傍水型

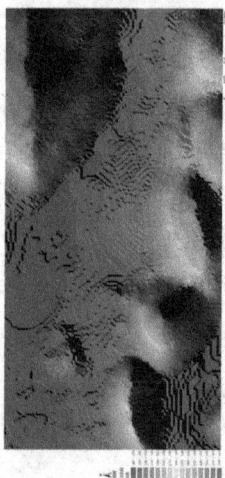

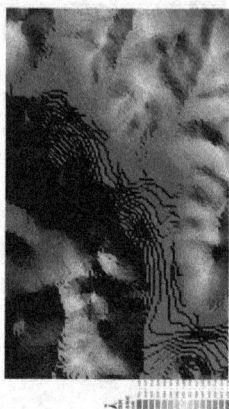

（1）吉昌村　环锥峰型

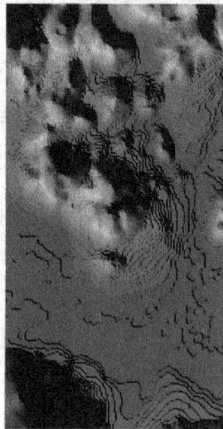

（4）高寨村　环锥峰型

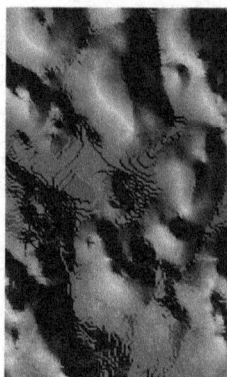

（7）石头寨村　环锥峰型

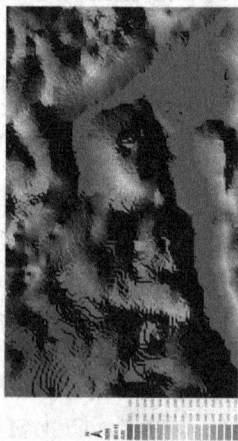

（12）肇兴上寨村　依山傍水型

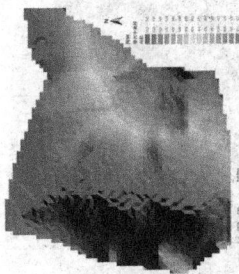

（11）清江村　依山傍水型

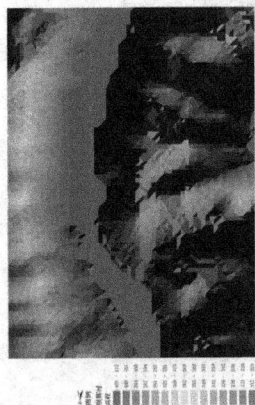

（10）坝辉村　依山傍水型

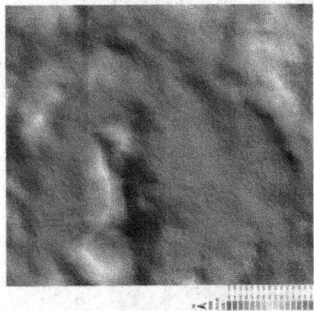

（15）占里村　依山傍水型

（14）肇兴村　依山傍水型

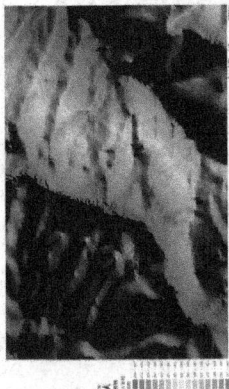

（13）肇兴中寨村　依山傍水型

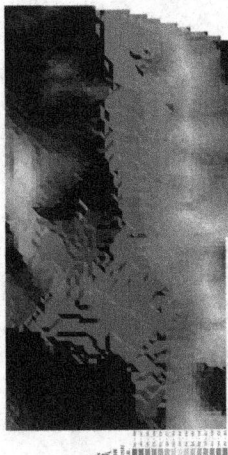

（18）百卡村卡嘎布依寨　半山盘踞和沿脊寨居型

（17）乐民村　半山盘踞和沿脊寨居型

（16）西江村　依山傍水型

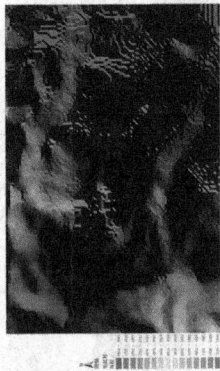

图3-40

（21）南猛村 依山傍水型

（24）怎雷村 依山傍水型

（27）鹅毛寨村 支流小盆地型

（20）邑沙村 依山傍水型

（23）郎德下寨 依山傍水型

（26）地关村（平顺坝）支流小盆地型

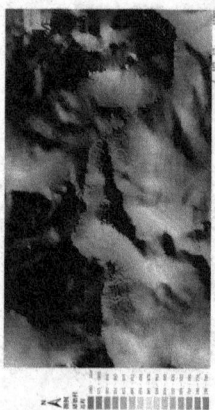

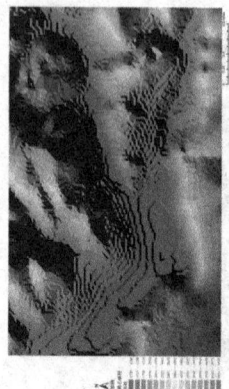

（19）堵德村 依山傍水型

（22）加车村 依山傍水型

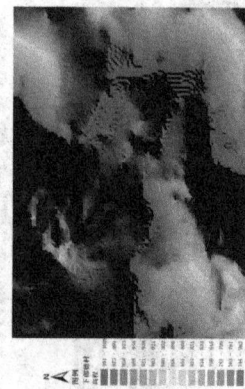

（25）批林村 支流小盆地型

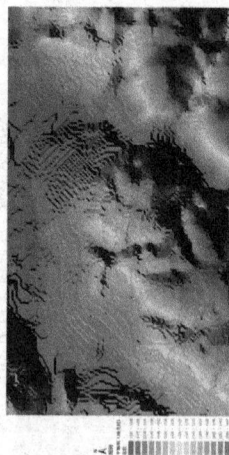

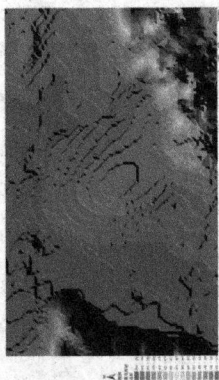

（29）隆里所村　支流小盆地型

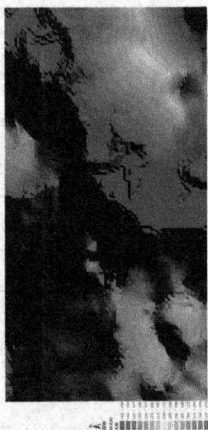

（28）阳光村菅上古寨　支流小盆地型

图 3-40　传统村落高程图像特征汇总

（图片来源：作者用 Arc gis 绘制）

下面应用 Arc gis 对村落环境进行概述性分析，通过地理空间数据信息化处理，我们可以更加直观地了解各类型传统村落的高程及海拔、海拔垂直剖面、坡度、坡向等大致空间形态。

（一）高程及海拔分布

海拔是呈现地理空间的核心要素，通过海拔的参数值体现出海拔的高低和地形的起伏。在研究区域所选的村落海拔与分布的关系表（表 3-5）显示，可以从海拔的最低与最高以及同一村落海拔高差值来看。有 8 个村落的最低海拔在 500m 以下，占 29 个传统村落总数的 27.59%；传统村落海拔最低在 500 ～ 1 000m 以内的有 7 个，占总数的 24.14%；最低海拔在 1 000 ～ 1 500m 以内的村落有 12 个，占总数的 41.38%；最低海拔在 1 500m 以上的村落有 2 个，占总数的 6.89%；最高海拔在 500m 以下的村落有 0 个；有 8 个传统村落最高海拔在 500 ～ 1 000m 以内，占总数的 27.59%；有 16 个传统村落最高海拔在 1 000 ～ 1 500m 以内，占总数的 55.17%；最高海拔在 1 500m 以上的村落有 5 个，占总数的 17.24%；海拔高差分四个阶段来看：0 ～ 100m，101 ～ 200m，201 ～ 300m，301m 以上。海拔高差在 0 ～ 50m 的村落有 4 个，占总数的 13.79%；海拔高差在 101 ～ 200m 的村落有 12 个，占总数的 41.38%；海拔高差在 201 ～ 300m 的村落有 3 个，占总数的 10.34%；海拔高差在 301m 以上的村落有 10 个，占总数的 34.49%；从表和上述分析中得出环锥峰型村落的海拔整体较高，海拔的高差值在 0 ～ 100m，印证了该区域地势较为平坦，同时折射出土地资源丰富；海拔的高差值在 101 ～ 200m 的这类村落分布较广，但主要为环锥峰型、依山傍水型两种村落，从海拔高程高差折射出坡度较小，反映出这里村落土地和水资源比较丰富；海拔的高差值在 201 ～ 300m 的村落多为两山夹击的台地、山脊上的村落，这类村落水资源和土地资源丰富，与前两者比较稍微显弱；海拔的高差值在 301m 以上的村落，主要分布在黔东南地区的山脉半山或者山脊地段，其他区域零星有些许，从海拔高差折射出这类村落坡度起伏较大，反映出这类村落的农田和水资源较其他类型的村落要匮乏得多，但这类村落山林面积和山林资源比较优越。这里利用 Arc gis 对天地图获得的地理数据进行处理后的高程分析图来看（图 3-40），可以更为直观地了解各类型村落环境的地理空间关系。

最低海拔在 1 000m 以上的村落主要分布在贵州境内安顺及安顺以西、西北、北方几个地区。本文通过以地理空间数据云公开的地理信息，用地形剖面图中以5m的采样间距图，可以看到村落的海拔与村落剖面图。例如，通过对安顺市的天龙村、高寨村、车头村、石头寨村、吉昌村还有六盘水市的水塘村、鹅毛寨村、乐民村、戛陇塘村，毕节市阳光村营上古寨，黔西南州的百卡村卡嘎布依寨、遵义市的地关村（平顺坝），贵阳市的批林村、镇山村大寨的海拔高程（图3-41）。

表3-5 研究区域内29个村落经纬度与海拔分布关系分析

村名	海拔 /m		海拔高差 /m
贵阳市的批林村	1 500	1 195	305
贵阳市的镇山村大寨	1 230	1 135	95
遵义市的地关村（平顺坝）	1 218	1 106	112
安顺市的吉昌村	1 504	1 316	188
安顺市的天龙村	1 411	1 316	95
安顺市的高寨村	1 479	1 305	174
安顺市的车头村	1 323	1 258	65
安顺市的石头寨村	1 144	1 043	101
六盘水市的水塘村	1 630	1 430	200
六盘水市的鹅毛寨村	1 685	1 635	50
六盘水市的乐民村	1 880	1 545	335
六盘水市的戛陇塘村	1 380	1 251	129
黔西南州的百卡村卡嘎布依寨	1 692	1 339	353
黔西南州的堵德村	1 120	820	300
黔东南州的岜沙村	638	189	449
黔东南州的加车村	1 150	510	640
黔东南州的西江村	1 200	839	361

续表

村名	海拔 /m		海拔高差 /m
黔东南州的南猛村	1 221	820	401
黔东南州的郎德下寨村	960	750	210
黔东南州的隆里所村	580	439	141
黔东南州的清江村	760	598	162
黔东南州的肇兴上寨村	560	412	148
黔东南州的肇兴中寨村	560	412	148
黔东南州的肇兴村	560	412	148
黔东南州的占里村	785	390	395
黔南州的怎雷村	1 126	394	732
黔南州的坝辉村	1 440	317	1 123
毕节市的阳光村营上古寨	1 403	1 142	261
铜仁市的廖家屯村	1 050	865	185

　　海拔低于 1 000m 的村落主要分布在贵阳以东、以南地区，这也印证了整个贵州境内海拔的高度由西北方向至东南方向逐渐降低的地理空间环境。通过村落的海拔与村落剖面图可以看出这类村落的高程及剖面形成特征，如黔东南州的邑沙村、加车村、西江村、南猛村、下郎德村、隆里所村、清江村、肇兴上寨村、肇兴中寨村、肇兴村、乡占里村以及黔南州的怎雷村、坝辉村和铜仁市的廖家屯村、黔西南州的堵德村（图 3-42）。

　　传统村落坡度图像特征如图 3-43 所示。

（1）安顺市的天龙村

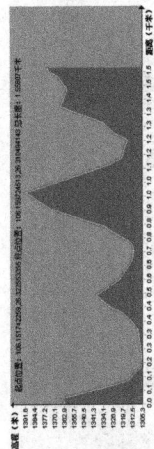

（2）安顺市的高寨村

（3）安顺市的车头村

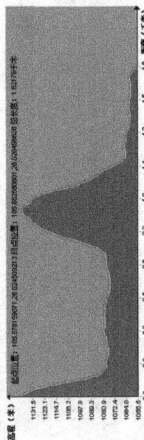

（4）安顺市的石头寨村

（5）六盘水市的水塘村

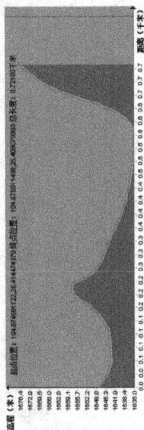

（6）六盘水市的鹅毛寨村

（7）毕节市的阳光村营上古寨

（8）六盘水市的乐民村

（9）六盘水市的夏陇塘村

图 3-41

（12）安顺市的吉昌村

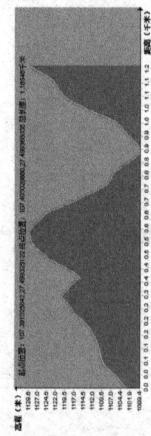

（3）黔东南州的西江村

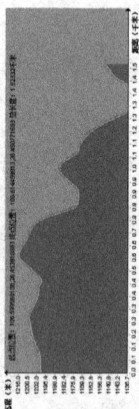

（11）遵义市的地夫村（平顺坝）

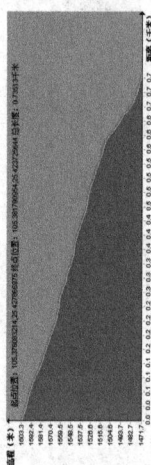

（14）贵阳市的镇山村大寨

（2）黔东南州的加车村

（10）黔西南州的百卡村卡嘎布依寨

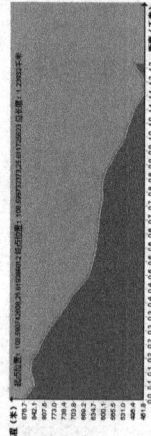

（13）贵阳市的扎林村

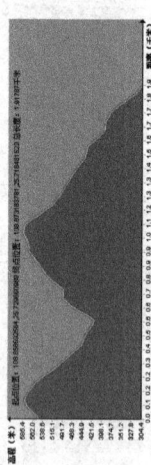

（1）黔东南州的邑沙村

图 3-41　最低海拔在 1 000m 以上的村落海拔及剖面

（图片来源：作者用 Arc gis 绘制）

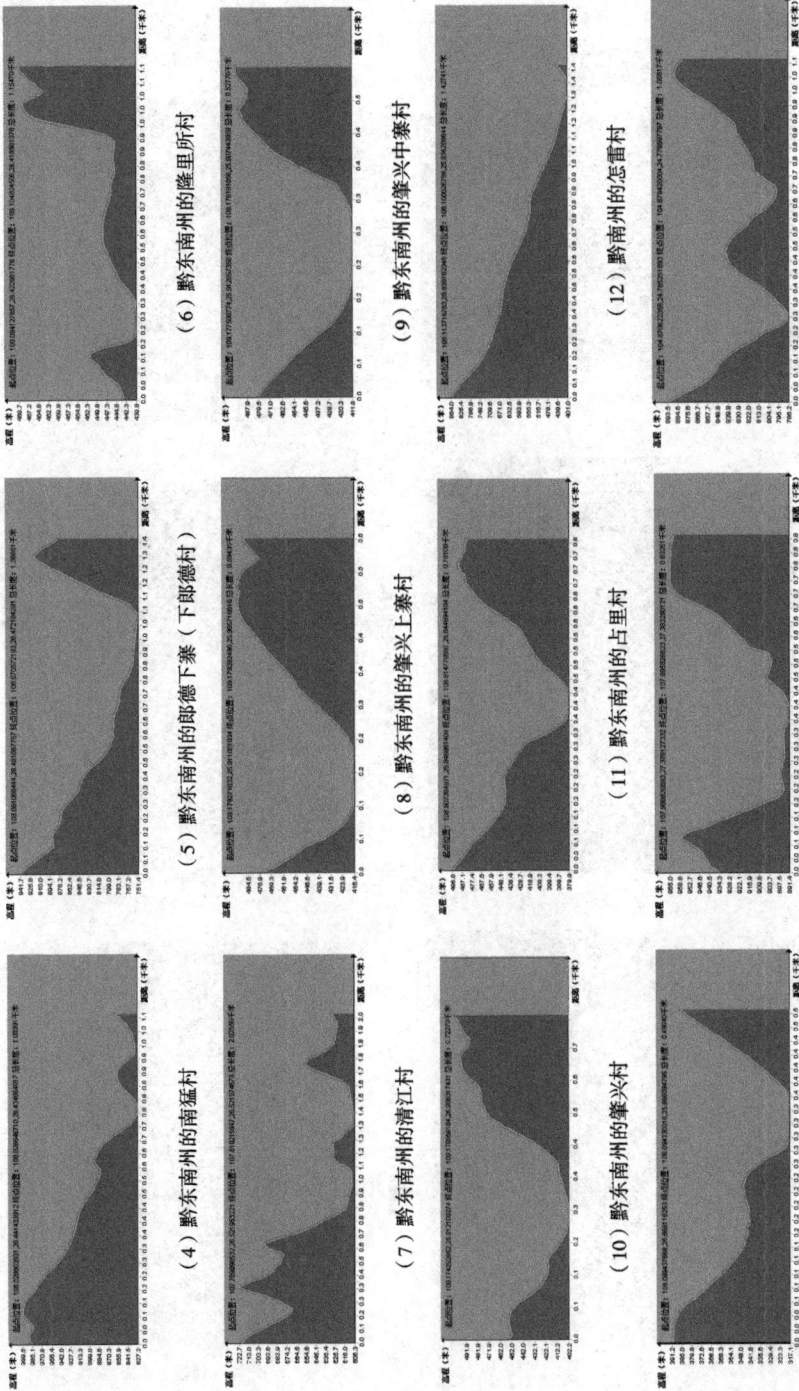

（4）黔南州的南猛村　　（5）黔东南州的郎德下寨（下郎德村）　　（6）黔东南州的隆里所村

（7）黔东南州的清江村　　（8）黔东南州的肇兴上寨村　　（9）黔东南州的肇兴中寨村

（10）黔东南州的肇兴村　　（11）黔东南州的占里村　　（12）黔南州的怎雷村

（13）黔南州的坝辉村　　（14）铜仁市的廖家屯村　　（15）黔西南州的堵德村

图3-42　最低海拔在1 000m以下的村落海拔及剖面

（图片来源：作者用 Arc gis 绘制）

（3）天龙村　环锥峰型

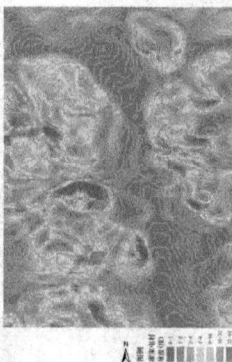

（6）廖家屯村　环锥峰型

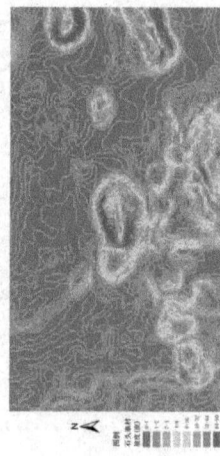

（9）水塘村　依山傍水型

（2）车头村　环锥峰型

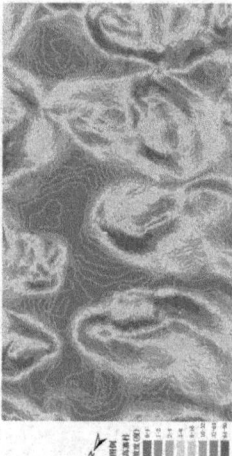

（5）高寨村　环锥峰型

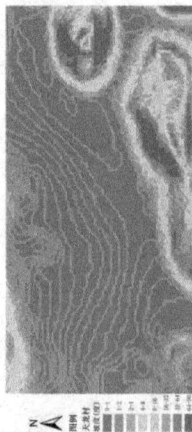

（8）镇山村大寨　依山傍水型

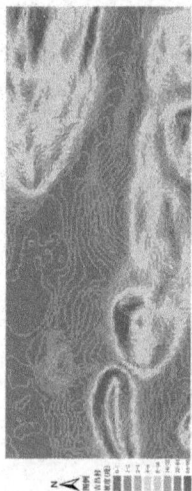

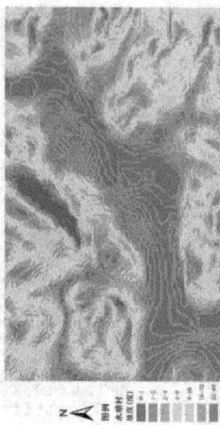

（1）吉昌村　环锥峰型

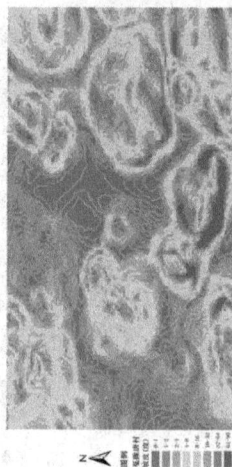

（4）戛陇塘村　环锥峰型

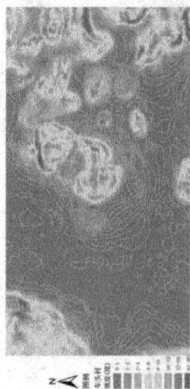

（7）石头寨村　环锥峰型

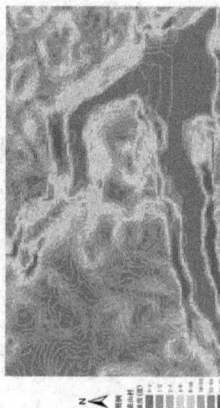

（12）肇兴上寨村　依山傍水型

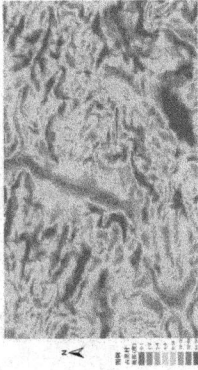

（15）占里村　依山傍水型

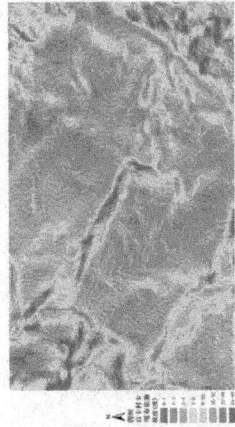

（18）百卡卡村卡嘎布依寨　半山盘踞和沿脊聚居型

（11）清江村　依山傍水型

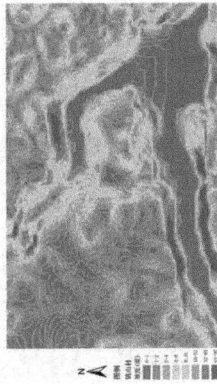

（14）肇兴村　依山傍水型

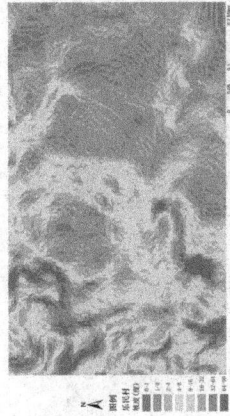

（17）乐民村　半山盘踞和沿脊聚居型

图3-43

（10）坝辉村　依山傍水型

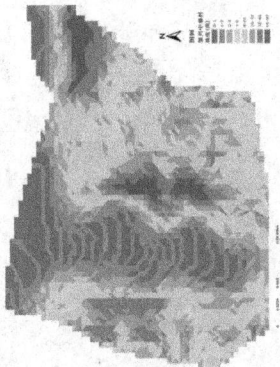

（13）肇兴中寨村　依山傍水型

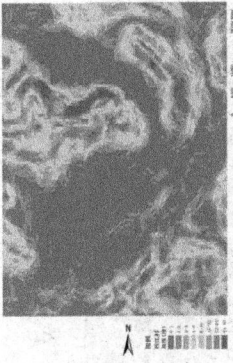

（16）西江村　依山傍水型

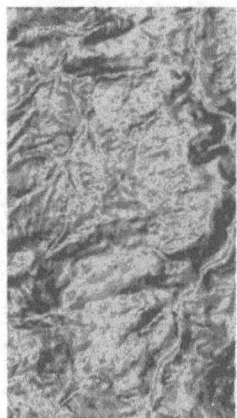

（21）加车村 半山盘踞和沿脊聚居型

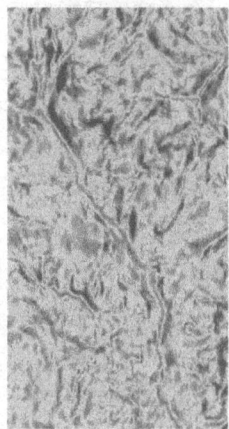

（24）怎雷村 半山盘踞和沿脊聚居型

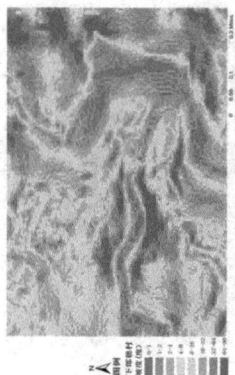

（27）鹅毛寨村 支流小盆地型

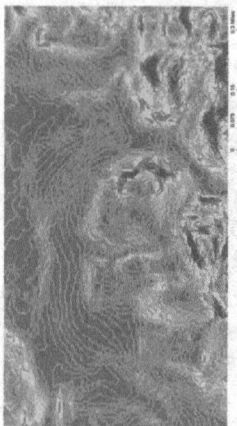

（20）岜沙村 半山盘踞和沿脊聚居型

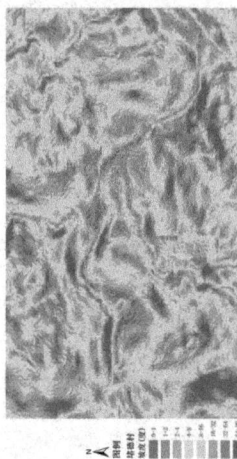

（23）郎德下寨 半山盘踞和沿脊聚居型

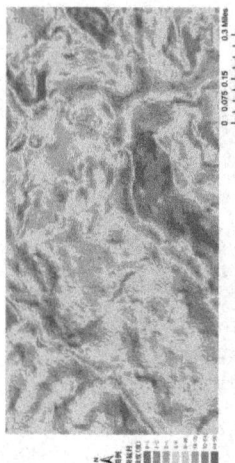

（26）地关村（平顺坝）支流小盆地型

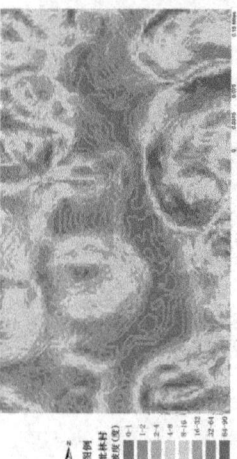

（19）堵德村 半山盘踞和沿脊聚居型

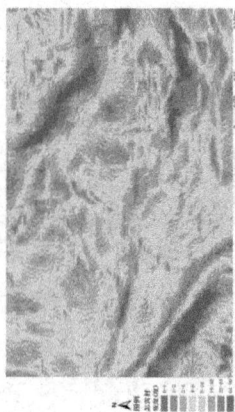

（22）南猛村 半山盘踞和沿脊聚居型

（25）扎林村 支流小盆地型

（28）阳光村普上古寨　支流小盆地型

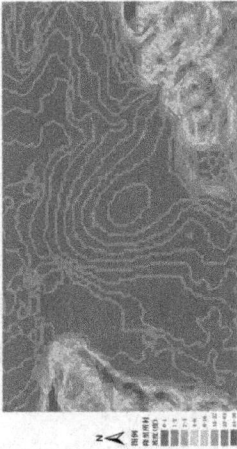

（29）隆里所村　支流小盆地型

图 3-43　传统村落坡度图像特征汇总

（图片来源：作者用 Arc gis 绘制）

（二）坡度分析

坡度是地球表面在地壳运动后留下起伏变化的一种现象，这也是村落建设需要思考的重要因素之一。

本文根据研究区域村落所处环境空间特征，按建设难度对应的地形坡度，将研究区坡度分为 5 级，分别为 0°～5° 平坡、5°～15° 缓坡、15°～25° 陡坡、25°～45° 急陡坡、大于 45° 险坡❶。应用 Arc gis 对研究区域内各村落的坡度进行研究，因贵州属复杂型山地，坡度变化型强，所以对所有村落坡度设置值域为（0°～1°、1°～2°、2°～4°、4°～8°、8°～16°、16°～32°、32°～64°、64°～90°）8 级观察村落的坡度，从图 3-44 可发现支流小盆地型、半山盘踞型、环锥峰型、沿脊聚居型、依山傍水型各自坡度的特征与相同之处。

环锥峰型村落在山与山之间存在一定宽度的间距，并且在这类的村落耕地在多河谷两侧的平缓坡度上，部分锥形山峰同样分散在平缓坡度中，呈现相同的是环锥峰型村落的锥峰，从山脚到山顶的坡度变化加急，多为险坡地段，这类村落居住的建筑多建设在 25°～45° 急陡坡地段，坡度参数值符合贵州境内喀斯特地貌特征。

根据研究区域内环锥峰型村落的坡度并结合前面分析的高程、海拔高差值的综合分析可知，环锥峰型村落总体坡度呈现在 0°～5° 地表面积斑块较多、5°～15° 的缓坡次之、15°～25° 陡坡仅次于缓坡、25°～45° 等级划分为"急陡坡"、数据显示大于 45° 险坡呈现最少的现象；支流小盆地型村落与环锥峰型村落的村落环境空间相似之处在于都处于山与山围合的空间中，但是支流小盆地型村落往往坐落在连绵不断较大的山脉与山脉之间的支流盆地中，支流小盆地中的耕地面积没有环锥峰型的丰富。

支流小盆地型村落总体坡度呈现与环锥峰型村落相似；依山傍水型村落临近水域，村落在水域附近的台地或者斜坡上，依山傍水型村落总体坡度呈现在 15°～25° 陡坡地表面积斑块较多、25°～45° 急陡坡面积同样跟随着陡坡、大于 45° 划分为险坡的比缓坡靠前、5°～15° 的缓坡第四、0°～5° 最少的现象，这类型村落与环锥峰型、依山傍水型的相同之处在于村落建筑

---

❶ 周政旭，封基铖，等：《贵州扁担山—白水河地区布依族聚落调查研究》，北京，中国建筑工业出版社，2018：94。

以水域附近山体依山而建；半山盘踞型、沿脊聚居型村落因选址在山脉的山脊或者分支山体的半山腰间，这类村落的坡度往往与环锥峰型相反，从总体坡度呈现来看，在大于 45° 险坡地表面积斑块较多、25° ～ 45° 急陡坡次之、15° ～ 25° 陡坡第三、5° ～ 15° 的缓坡第四、0° ～ 5° 最少的现象，与前面三种类型村落的相同之处依然是生活空间中建筑物的构筑方式，都有依山而建的共同法则。

（三）坡向分析

坡向在地表相应空间在东西南北方向中具有不同的影响因素，对于各类山地生态有着极其重要的作用。坐落在山地各处村落受日照时数和太阳辐射强度影响密切，研究区域内各类型村落的生产综合要素与其有着紧密联系。这里应用 Arc gis 对研究区域内各村落的坡向进行分析研究，用色彩的颜色代表相应的方向。

灰色代表平面、红色代表北、橙色代表东北、柠檬黄代表东、翠绿代表东南、天蓝代表南、湖蓝代表西南、群青代表西、玫瑰红代表西北。从图 3-44 可发现支流小盆地型、半山盘踞型、沿脊聚居型、环锥峰型、依山傍水型各自的坡向特征与相同之处。

通过应用 Arc gis 对研究区域内各村落的坡向图像化处理显示出各村落坡向特征。环锥峰型村整体显示灰色面积最多，其次为支流小盆地型村落，显示出这两种类型村落耕地受到较好的阳光照射，折射出这些区域耕种的农作物具有充足的光照条件。

在坡度逐渐增大的各方向山体呈现各方向的朝向，分别获得不同程度的日照数；依山傍水型村落呈现大面积灰色色块的区域为水域空间，更多的是各类朝向的山体，整体显示出村落居住空间和耕地均分布在山体受日照充足的方向，其他的方向为自然山林，这类具有丰富的山林与水系资源；半山盘踞型、沿脊聚居型村落的坡向特征与峰型村整坡度一特征相同。通过图像显示半山盘踞型、沿脊聚居型村落与前几种类型的村落不同之处在于这两种类型村落灰色面积最少甚至没有，具有大面积红色、橙色、柠檬黄、翠绿、天蓝、湖蓝、群青、玫瑰红等颜色，佐证了半山盘踞型、沿脊聚居型村落平坦耕地缺少的同时空坡度具有较强的复杂性，也体现出这类山体类型具有多元性，具有多元化的山体景观资源。

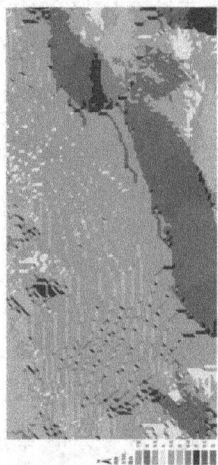

（3）天龙村　环锥峰型

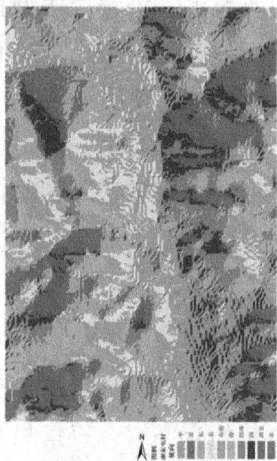

（6）廖家屯村　环锥峰型

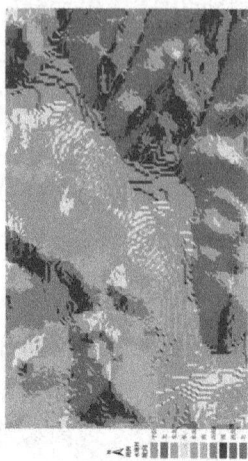

（9）水塘村　依山傍水型

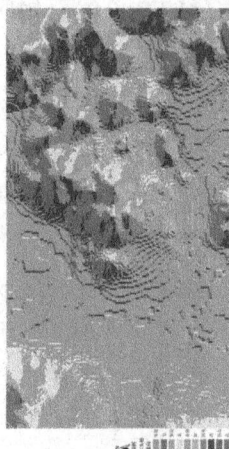

（2）车头村　环锥峰型

（5）高寨村　环锥峰型

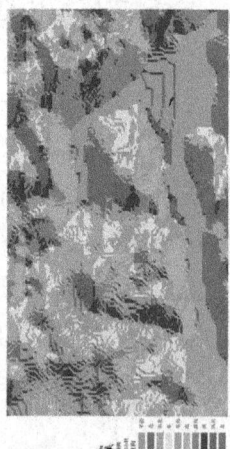

（8）镇山村大寨　依山傍水型

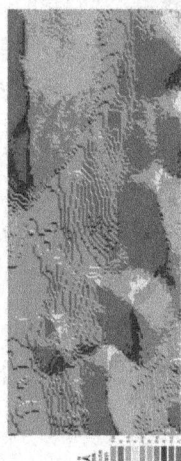

（1）吉昌村　环锥峰型

（4）夏陇堡村　环锥峰型

（7）石头寨村　环锥峰型

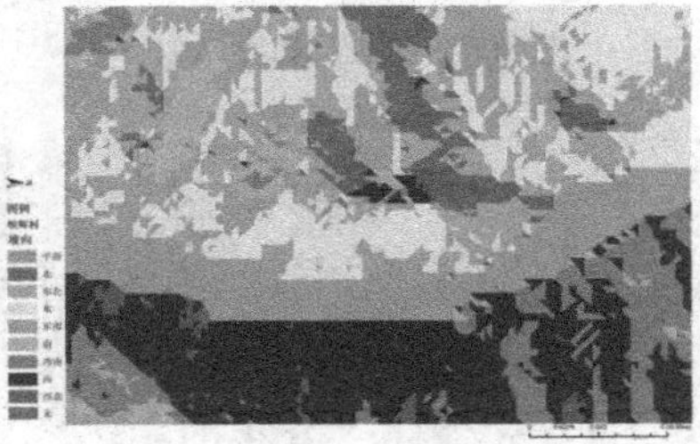
（10）坝辉村　依山傍水型

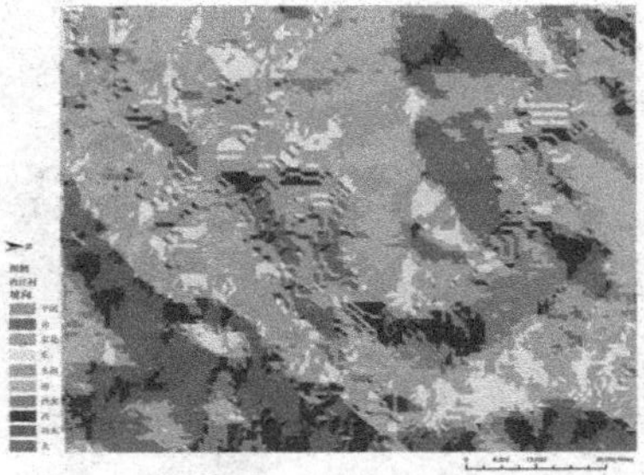
（11）清江村　依山傍水型

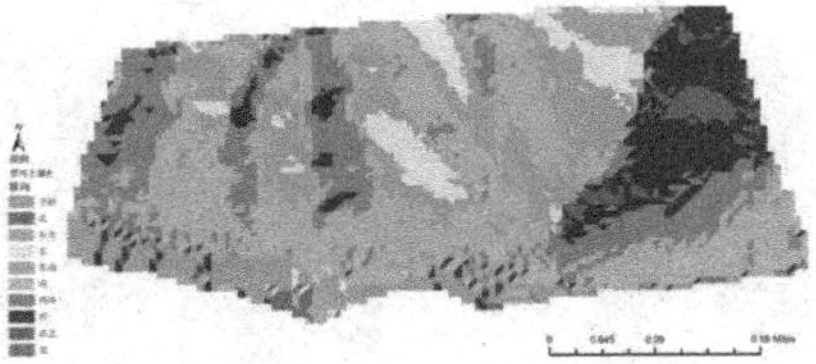
（12）肇兴上寨村　依山傍水型

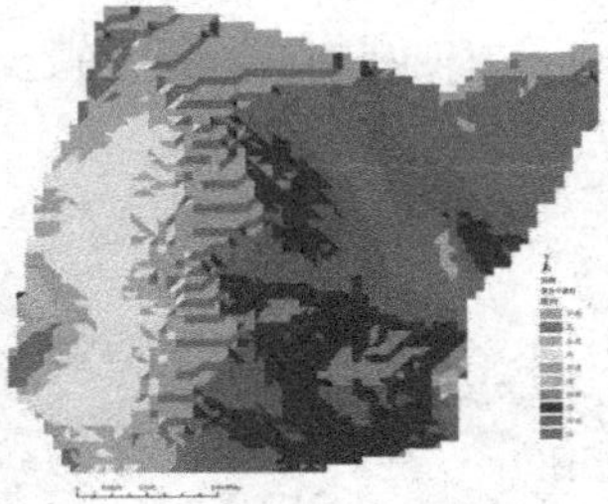
（13）肇兴中寨村　依山傍水型

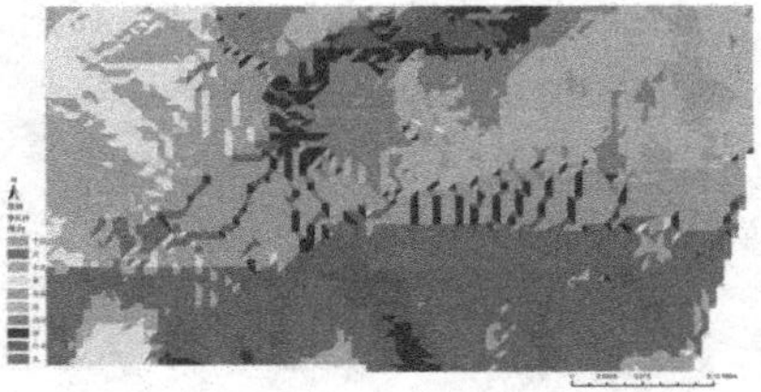
（14）肇兴村　依山傍水型

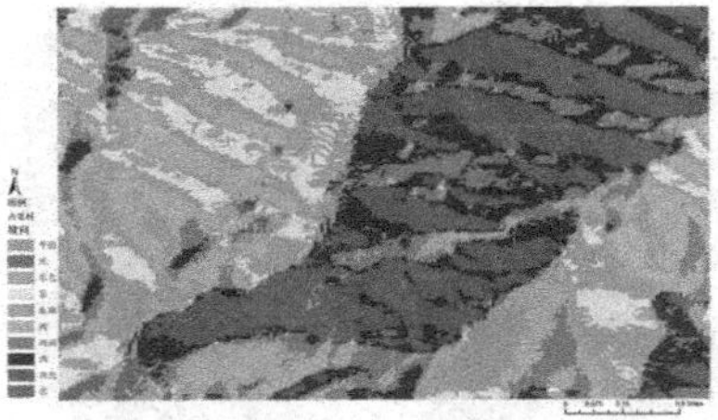
（15）占里村　依山傍水型

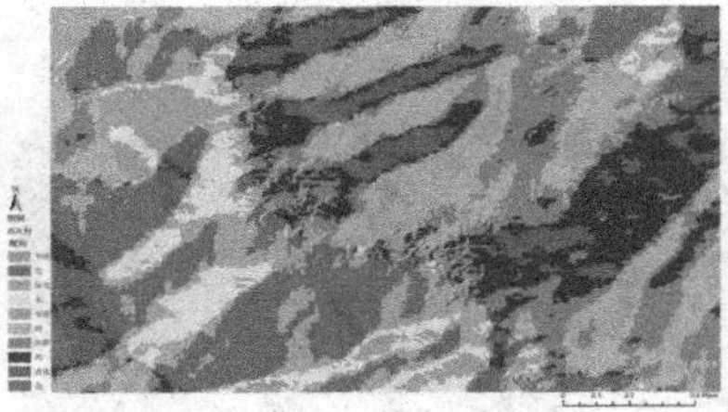
（16）西江村　依山傍水型

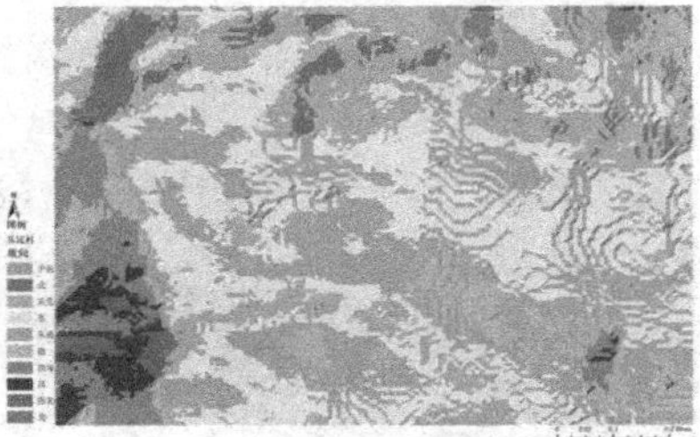
（17）乐民村　半山盘踞和沿脊聚居型

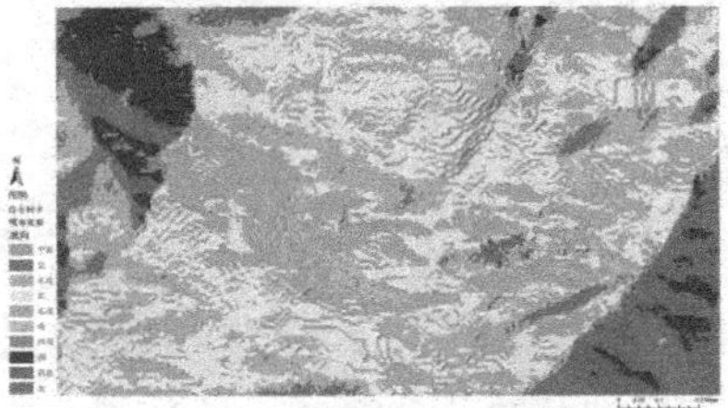
（18）百卡村卡嘎布依寨　半山盘踞和沿脊聚居型

图 3–44

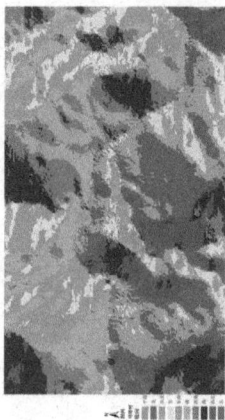

（21）加车村　半山盘踞和沿脊聚居型

（24）怎雷村　半山盘踞和沿脊聚居型

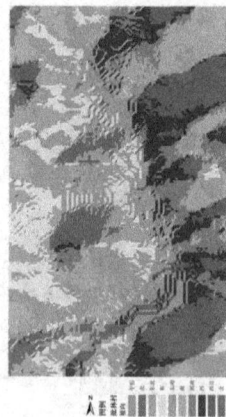

（27）鹅毛寨村　支流小盆地型

（20）岜沙村　半山盘踞和沿脊聚居型

（23）郎德下寨　半山盘踞和沿脊聚居型

（26）地关村（平顺坝）支流小盆地型

（19）堵襦村　半山盘踞和沿脊聚居型

（22）南猛村　半山盘踞和沿脊聚居型

（25）批林村　支流小盆地型

（28）阳光村营上古寨　支流小盆地型

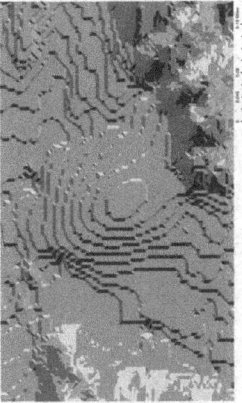

（29）隆里所村　支流小盆地型

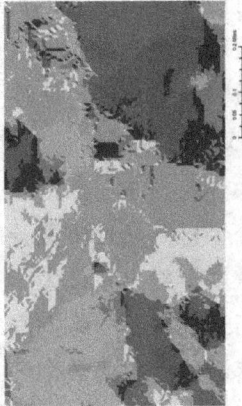

图 3-44　传统村落坡度图像特征汇总

（图片来源：作者用 Arc gis 绘制）

二、村落居住空间与水源的关系

山林是水源的命脉，水又是村落居住空间的灵魂。地表水在慢慢转化为地下水，土壤对地表水进行过滤形成地下水，地下水给村民提供饮用水源以及居住空间附近农田的灌溉。依山傍水型村落更大程度上村落居住空间与水之间紧密相连，水资源非常丰富。环锥峰型村落多以河溪作为一定的防御的同时与河溪保持一定的距离，能确保村落居住空间的生活用水，水资源较为丰富。半山盘踞型、沿脊聚居型村落居住空间与水源关系相似，水资源与其他几种类型村落相比较为匮乏，更多的是依靠较大山脉分支两山之间的沟渠中的水源，一般这类村落居住空间对水更为迫切，往往与水源有一定的距离，多靠管道等引入居住空间供村民使用。支流小盆地型的水源与环锥峰型村落相似，都居住在溪河两岸附近，但是又有不同之处，因为支流小盆地型居住空间的平地受环绕的山体限制，在近年来洪汛时期给居住空间带来一定的威胁和危害。

三、村落居住空间与田地的关系

田地是村落居住空间存在的先决条件。一个村落的形成，在选址时就已经考虑到田地对聚居人群生活的延续性问题，有没有利于村民开凿田地的大自然环境对村落的形成很重要。人类先辈在历代改造自然的活动经验告诉人们，在以农业生产为主的社会团体、族群，首先要考虑基本生活物质粮食的再造性和可持续性、延续性的问题。那么在农业纯天然生产基本依靠的载体就是田地，而研究区域内村落田地的开凿与村落居住空间之间存在某种便利性功能因素在里面。通过踏勘表明村落与村落之间保持一定的间距，一个村落附近所覆盖的田地、山林等自然资源相对归属于这一个村落所经营。这就折射出村民为了便于耕种、添加肥料、看管经营以及粮食的回收等而造就田地与村落居住空间相对独立成片所存在。例如，从江县加帮乡的加车村，村落沿着山脉的数个分支山脊的半山腰间开垦梯田，由"党扭"组团—"加页"组团—"加车"组团组成。在通过道路的测量"党扭"组团—"加页"组团大约 5.8km，"加页"组团—"加车"组团组成大约 6.3km，而每一个组团在各自相应的山脊开凿农田进行生活，而农田紧邻村落居住空间，完美地体现了中国古代传统文化中关于适应性学说的哲理思辨"天人合一""天人感应"人与自然的关系论（图 3-45）。

图3-45　从江县加帮乡加车村航拍实景

（图片来源：作者2021年拍摄）

四、村落居住空间与道路的关系

村落中道路是居住空间相互联系互通的经脉。村落居住空间中道路既是整个空间的骨架，也是村民日常生产生活的核心交通因素。道路在村落居住空间对内起到互通关系，对外起到连接外界的作用。在本次研究的传统村落中村落居住空间与道路之间，同样因为历史文化的变迁而发生过较大的变化。

从明朝（1371年）开始，据记载，明代先后进入贵州的卫所官兵总数在20万人以上，这20多万卫所军人按明制实际上就是20多万个家庭，明朝时到贵州的军事移民就有80多万人[●]。明朝在贵州境内执行屯军移民制度实施后，在黔中古驿道通往云南和广西沿通道被占据建设卫所，沿通道的坝子被征用为就地养兵，呈现为今天沿黔中古驿道沿线的传统村落；明清在贵州境内建设卫所后，原生活在土地相对肥沃空间的居民逐渐迁往险要河谷、溪流旁，大山围合的台地、森林覆盖的半山腰、山脊间。由于历史文化的变迁，屯兵制度的实施对原人地居住空间与道路的关系发生了重新布局，逐渐形成了当下少数民族

[●] 中华人民共和国住房和城乡建设部：《中华传统建筑解析与传承（贵州卷）》，北京，中国建筑工业出版社，2016：29。

传统村落居住空间与道路的布局关系。

在研究中发现因明清时期在贵州实施"改土归流"的影响因素，以汉族为主的传统村落主要出现黔中古驿道为中心轴线所辐射的屯兵居住空间。以贵阳为中心通往云南的古驿道贵州境内路段，入选国家传统村落名录的村落较多，本次选取贵阳市花溪区石板镇镇山村大寨，往西古驿道沿线的安顺市的车头村、高寨村、天龙村、吉昌村，六盘水市戛陇塘村、水塘村、鹅毛寨村、乐民村，往东的黔东南凯里市下司古镇清江村、凯里市锦屏县隆里乡隆里所村。以上列入国家传统村落名录的是沿黔中古驿道辐射屯兵居住空间而形成，这类村落居住空间与外界道路紧连黔中古驿道，村与村之间形成串联式和组团式衍生，具有极强的战争防御布局特征。实地调查中发现这类村落居住空间与道路的关系同样具有战争防御较强的布局形式，如贵阳市花溪区石板镇镇山村大寨依托于三面环水的防御屏障，古城墙进行空间划分，城墙上半为上寨反之为下寨，上寨与下寨由古城门（南寨门）进行连通，从南寨门往北寨门与上寨的制高点的主道路呈"Y"状分布，寨内其他小路串联、并联到各家各户。还有以主路从南寨门往下寨沿至镇山村大寨码头，整体道路上下寨贯通，形成单独的一套备战防御系统。这类其他的村落居住空间与道路的关系根据各村落所选址处的地形地貌，严格按照备战防御进行布局城墙与路网，都相对形成一套单独的防御系统。

五六百年前在贵州的"改土归流"过程中对少数民族原人地居住空间与道路的影响因素，以少数民族现居的空间折射出内部空间道路环绕互通，外部道路险要封闭。依山傍水型、半山盘踞型、沿脊聚居型、支流小盆地型这几类的村落中居住的多为少数民族居民；而少数民族在明清的屯兵、屯民、屯商和"改土归流"过程中不断迁往险要的河谷、大山山脊和半山以及山与山之间围合而成的支流小盆地等区域。在这些村落居住空间内部道路形成户户相通，内部道路系统相互连通，在村落居住空间有特定的出入口，在出入口设定拥有相应的防御性设施，而这些村落早期与外界道路相对封闭，村落与外界联系相对甚少，而且道路的分支较多，同时没有道路标识系统，一般情况下外界人员在没有熟悉路网系统的人引导时无法到达这些村落的，如黔东南州的岜沙村就坐落在都柳江与宰戈河相间的大山山脊上，早期没有公路抵达该村，外出通行均是步行，从村落居住空间到大山两侧河谷垂直高差约 281m（图 3-46）。

高程（米）　起点位置：108.858592564,25.729660969　终点位置：108.876183781,25.718481522　总长度：1.91787千米

```
686.4
682.0
638.6
616.1
401.7
408.3
444.0
421.0
398.1
374.7
351.2
327.8
304.9
    0.0 0.1 0.2 0.2 0.3 0.4 0.5 0.6 0.6 0.7 0.8 0.9 0.9 1.0 1.1 1.2 1.3 1.3 1.4 1.5 1.6 1.7 1.7 1.8 1.9    距离（千米）
```

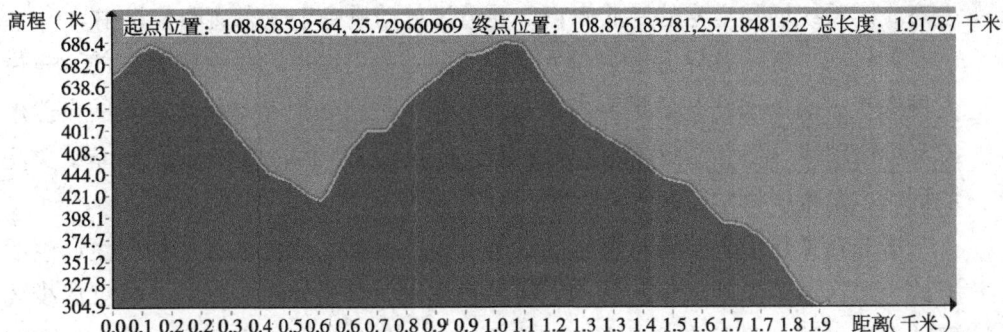

图 3-46　岜沙村地形剖面

（图片来源：作者绘制）

第五节　村落生态文明系统

　　贵州是一个喀斯特地貌广泛发育的内陆山区省份，其碳酸盐岩出露面积占全省总面积的73.8%，山地丘陵面积占全省总面积的92.5%[1]。与其他地区相比，不仅具有山地面积大、山体坡度陡的山地特征，还具备覆土层浅薄、成土速率缓慢、保水能力弱、水土易流失等喀斯特地貌特征，属非地带性的脆弱生态带[2]；生活在喀斯特地带的居民依托传统的生产方式以及近年来的城镇建设，进一步对该区域脆弱的生态系统造成影响。党的十八大报告提出，全民都要树立"切实保护好森林、保护生物多样性，善待自然生态、珍惜自然资源，转变经济发展方式"的发展观念，这样才能既建设山清水秀、和谐美好、生态优良的人类家园，又实现富裕、民主、文明、和谐的社会发展要求。唯有允许并且倡导民间力量参与环保事业，唯有放开社会及民众的舆论监督，生态文明的观念才能真正在全党领导干部和全国老百姓的心目中树立起来。通过梳理传统村落

---

[1]　熊康宁，杜芳娟，廖静琳：《喀斯特文化与生态建筑艺术》，贵阳，贵州人民出版社，2005：2-30。

[2]　李阳兵，王世杰，容丽：《西南岩溶山地石漠化及生态恢复研究展望》，生态学杂志，2004（6）：84-88。

生态文明系统增强学生的专业知识，并通过行动投身于生态文明建设中。

近年来，贵州各界人士为深入贯彻落实习近平总书记对贵州提出的"守住发展和生态两条底线"的重要指示要求，积极关注如何在贵州这脆弱的自然生态环境中创建一个良性循环的生态系统，实现人与自然的和谐相处❶，备受关注的同时也是贵州科学研究的热点。

居住在贵州境内传统村落里的汉族及少数民族，依然依靠传统的生产生活方式与该区域生态环境相互影响。生活在滇黔古驿道辐射的汉族或者汉族少数民族混居村落，居民将自然山水和传统的生产生活方式与屯军、屯民、屯商等社会文化，融合成为该地区独特的屯堡人居环境生态系统。少数民族所生活的河谷、深沟、半山或山脊的村落，该区域的居民同样将传统的生存劳作方式和民族传统文化融入生存居住环境中，形成多元化的人居环境生态系统。不管是哪一种人居环境生态，人类在顺应自然、改造自然过程中，折射出喀斯特山地的自然环境，同样存在影响着人类相关的活动，也反映出人类传统的生产生活方式对自然环境的主动适应，这一互动的关系在村落生态环境的垂直结构中凸显出来。下面结合环锥峰型、依山傍水型、半山盘踞和沿脊聚居型、支流小盆地型四种类型村落为对象，尝试从系统的垂直特性上分析人居生态环境系统的结构特征和生态的价值。该分析有助于了解贵州喀斯特地貌山地传统村落的整体生态过程，从而了解贵州喀斯特山地村落在自然生态环境形成的内在机制。

一、村落地形地貌与生态系统

人与自然和谐相处是历代人类遵循的自然法则。当下地球村的生态格局理念下，对传统村落各类村落地形地貌与生态系统进行梳理，探明各种类型传统村落地形地貌与生态系统的关系，进一步了解历史文化中生态智慧的伟大，传播其生态智慧价值理念，共同助推生态文明的观念的普及。

（一）环锥峰型村落地形地貌与生态系统

环锥峰型村落多分布在海拔 1 160 ～ 1 880m，耕地肥沃而相对平坦，水源丰富，土层较厚。建筑分布在锥形山体脚下，各村都有水系经过耕地周围，地下水系发育较好，地下水埋藏浅易于开挖利用。环锥峰型村落坐落在喀斯特地

---

❶ 周政旭，封基铖：《贵州扁担山—白水河地区布依族聚落调查研究》，北京，中国建筑工业出版社，2018:133。

貌特征突出的地段，村落周围锥形山体形成单体与多体在深土层串联，呈组团或凹凸起伏，参差不一，山体在常年的雨水冲刷后形成大小不一的溶岩洞。与广西桂林市七星区的"桂林山水甲天下"景区喀斯特地貌相似，该区域自然山林的常绿阔叶林将村落空间覆盖，植被具有嗜钙性、石生性等特点，适生树种少、生长慢，植被覆盖率低，生态系统对外界变化的响应程度高，敏感性强❶。喀斯特河谷流域特殊的山水基底结合当地布依族的传统农耕的生活生产方式及社会文化传统，形成了典型的"山—水—林—田—村"的基本空间格局❷。喀斯特地貌区域的锥形山体土层较浅，肉眼可见裸露石头较多，土壤保水性弱，山体上不利于农作物生长，长年处于自然生长的状态，生长的常绿阔叶在村落环境生态系统形成天然屏障。村落的传统建筑群从山与山之间平坝边缘的锥形山脚向山顶"垴"蔓延修筑，遵循传统的占山不占田的选址自然法则，村落面向平坝、河流、溪流，与周围的山体、山林交相呼应，互融一体，而近年来村民自发修筑的砖房逐渐占用了平坝耕地，耕地面积在减少。两山之间的河流、溪流两侧的平坝具有丰富的水源和肥厚的土壤，该区域适合农作物生长，适宜农业耕作，平坝区域在人工的开凿下形成大片稻田，该区域形成人工稻作湿地生态系统。相应的环锥峰型村落环境中的水域、坝区农田、村落建筑群、山体相融一体，呈现独特的屯堡人居环境生态格局。

（二）依山傍水型村落地形地貌与生态系统

依山傍水型村落主要依靠山脉夹击的河谷、溪流水系两岸进行生存，海拔相对较低，水资源比较丰富且视野开阔。建筑分布在河谷、溪流两岸亲临水域，山脉的其他分支山脊与山脊之间，形成溪流，整体水资源利于利用。村落居住空间以上的山脉被阔叶林包围，植被较为茂盛，与环锥峰型相比平坦的土地资源减少，坡地增加，植被更加茂盛。该区域山体的土层要厚于环锥峰型区域，土壤的保水性一般，缓坡地带适宜农作物的生长。村落的建筑群从水域边缘随山体的等高线修建，面向河流、溪流两岸，两岸互视对望，融入周围山脊、山脉之中。村民依托自然山体的坡度修筑梯田进行耕种，在缓坡地带开凿的梯田形成人工稻作湿地生态系统。河谷、溪流、建筑群、梯田、山脊山脉相

---

❶ 杨汉奎，等：《喀斯特环境质量变异》，贵阳，贵州人民出版社，1993:12-36。
❷ 周政旭，封基铖：《生存压力下的贵州少数民族山地聚落营建——以扁担山地区为例》，城市规划，2015（9）：74-81。

乡村振兴视域下村镇规划中传统文化和古建筑保护现状调查
基于贵州省 29 个村落的调查

映成趣，融为一体，表现出该区域居民与自然环境和谐共处的整体生态格局。

（三）半山盘踞和沿脊聚居型村落地形地貌与生态系统

半山盘踞和沿脊聚居型村落主要分布在云贵高原的深山山脉腰间和山脊地段。居住在这两种类型的村落整体缺乏水资源，但有充足的日照，促进了山林植被的生长和农作物的发展，使农作物和自然植被能充分进行光合作用。该区域山脊山脉较多，在山体的土地较多，土层深浅不一，在过度开挖区易造成滑坡等自然灾害，凸显自然生态环境脆弱性。这类村落依靠山体开凿水渠和修筑梯田，而建筑群位于梯田中部或者梯田附近，梯田位于山体两侧的缓坡地带，梯田的水资源依靠更高山涧水以作灌溉。

村民体会到自然生态给人类带来的痛点后，积极控制梯田的开挖，并组织好梯田水源、村民耕作范围内进行植树造林和育林保护。在保护区执行有计划的"砍伐—种植—育林—砍伐"的生态复养过程，这样整个山脉森林茂盛，确保为这些类型的村落提供基本的水资源保障。在修筑的梯田中根据水稻生长自然规律进行养鱼、养鸭，形成民间自发性的"稻—鱼—鸭"复合生态系统；且贵州省黔东南州从江县侗乡的"稻鱼鸭复合农业系统"作为全球重要农业文化遗产，在维护当地生态安全、保护生物多样性和维持当地人的生计福祉等方面起到了重要的作用，具有显著的社会、经济和生态价值❶。

这些类型的村落多为少数民族村民居住，村民开凿的水渠、修筑的梯田、植树造林形成这一地带独特的人工稻作湿地生态系统。森林、山脊、半山腰、山涧、水渠、梯田、建筑群、育林之间相映成趣，浑然一体，表现出独特的人与自然相处的生态格局。

（四）支流小盆地型村落地形地貌与生态系统

支流小盆地型村落通常坐落在支流山间盆地之间。这里村落土地资源仅次于"环锥峰型村落"，小盆地中的土壤肥沃但受四周山体的限制，导致平坦土地比"环锥峰型村落"少。

该区域水资源基本能满足生活与农作物耕种要求，因同样属喀斯特地貌区，在枯水期水流逐渐减少。小盆地中土壤的土层厚，保水性良好，适宜农作物的生长，盆地两侧自然山体的土壤保水性弱，肉眼可见裸露石头较多，土层

---

❶ 贺建武：《黔东南农业文化遗产地"稻花鱼"资源利用的传统知识研究》，北京，中央民族大学，2020（12）：15。

浅薄，不适宜农作物生长，小盆地周围山体被常绿阔叶林覆盖，自然形成天然的生态屏障。建筑群呈两种形态分布，其一占山不占田，建筑修筑在不利于农作物生长的山体上；其二属于具有管辖衙署权的建筑群，为了修筑防御城墙，在小盆地的正中央修建建筑群，建筑群周围开挖环城水渠，耕地在建筑周围与周围缓坡的山体间。水系在这类村落环境中都开挖有塘、池储水，支流流经耕地、塘、池，这为耕地农作物的生长提供保障，为极地小气候空气的湿度提供源泉。

村民开垦的塘、池、盆地稻田、建筑群以及支流水系与四周围合的山林形成极地循环小气候的生态系统，表现出世外桃源的人与自然和谐相处的生态美学格局。

二、村落"三生空间"系统的垂直特征分析

传统村落在贵州喀斯特地貌特定的环境中，村民在当下社会环境中快速地融入各种生产生活方式中，逐渐形成了云贵高原喀斯特地貌山地典型的人居环境生态系统。

该系统在贵州喀斯特地貌环境中垂直分布总体上可分为"三带两过渡区"，即山林涵养带、村落与山林过渡区、村落聚居带、村落与田地之间的过渡带、河谷平地至田地过渡区。各类型的村落分布不同，但是相同之处在于山林涵养带、村落与山林过渡区、村落聚居带、村落与田地之间的过渡带。每个层次都有独特的结构特征，不同的生态功能，各个层次之间又相互联系，形成完整的生态系统❶。

（一）山林涵养带：半山腰至山顶

分布在云贵高原喀斯特地貌环境中的村落，自古养成了"占山不占田"的观念，也就保有了村落空间的半山腰至山顶植被茂密山林涵养带。该地带在各区域村落的海拔不相同，导致植被差异较大。在滇黔古驿道辐射的环锥峰型村落，因海拔最高可达 1 880m，自然植被受一定的影响，主要有构树、枇杷、栾树、红豆杉、山茶、棕榈、女贞等乔木；灌木主要有杜鹃、刺梨、火棘、海棠、马桑、山楂等；草本植被主要有苔藓、地石榴、蕨类、草莓等。山林涵养

---

❶ 周政旭，封基铖：《贵州扁担山—白水河地区布依族聚落调查研究》，北京，中国建筑工业出版社，2018:136。

带在滇黔古驿道辐射的传统村落坐落的山体的半山腰至山顶，在国家实施退耕还林后，村落聚居到半山腰以前被人工开垦的缓坡地段，逐渐林草恢复，半山腰到山顶目前被自然植被所覆盖。

依山傍水型和支流小盆地型村落形成的山林涵养带相似，这两种类型村落的山林涵养带与"环锥峰型村落"海拔相比，成相反的格局，海拔在 400m 左右。这两种类型的山林涵养带相对海拔较低，受海拔和温度影响自然植被更加茂盛，植被主要以常绿针叶林、常绿阔叶林、落叶阔叶林、针阔叶混交林等乔灌木为主。

乔木主要有鹅掌楸、喜树、杉木、马尾松、桂花、马蹄参、香樟、银杏、青桐、南方红豆杉等；灌木主要有山茶、橘子、脐橙、红花檵木、银春、红叶石楠、花椒、刺梨、猕猴桃、樱桃等；草本植被主要有苔藓、蕨类、草类、草莓等。

半山盘踞和沿脊聚居型村落的山林涵养带与其他类型的略有不同，主要凸显在其村落聚居带周围全被深林覆盖，植被与依山傍水型和支流小盆地型相近。

山林涵养带对村落提供水源保障，具有重要的生态意义。山林涵养带在封山育林后，山林没有过度开发，自然植被在植物链的生长周期产生的落叶、枯枝等自然脱落在树下，长年的叠加对土壤保水性起到一定的放慢水分蒸发速度的作用，同时落叶与枯枝腐烂后反哺于自然界的各类生物，有效改善植被生长环境。落叶枯枝使林地土壤的调节来发挥其保持水土、泄洪蓄洪、调节水源、改善水质、改善小气候等生态服务功能❶。村落中就依托于山林中的水通过土层的净化功能和保水性和缓坡的汇聚性，将引流汇聚到村落中的"水井"或"水塘"中为村落人或牲畜提供水源，而稻田的开挖是其先找到水源和利于开挖的地势才进行修筑（图 3-47）。

此外，山林涵养带中的各种植被形成村落的中草药房。自然界中的植被含有各种矿物质，具有不同的酸碱性，能有效改善人体功能，因此能为村民和人畜提供医疗保障。

---

❶ 周政旭，封基铖：《贵州扁担山—白水河地区布依族聚落调查研究》，北京，中国建筑工业出版社，2018（6）：138。

图 3-47 怎雷村山林涵养带

（图片来源：作者 2021 年拍摄）

（二）村落聚居带与山林过渡区

村落聚居带与山林过渡区是村落聚居带与山林之间的区域。该区域在调查中显示多为竹类植物和村民的菜园子，处于缓坡区，该区域利于土壤的堆积，不利于农田的开挖。所以该地段常见的是一些根系比较发达的植被和修筑围合的菜园子。竹类植被根系发达，具有固土防滑的作用，为村落空间安全生活提供基本保障。菜园子种植适宜各区域的蔬菜，为村民的蔬菜使用提供基本保障。该区域一端连接自然，而另一端连接村民生活区，形成人与自然相互连接的枢纽。当然不是所有村落的村落聚居带与山林过渡区都一样，有的该区域地形坡度较大，该区域就是一些根系发达的植被，而这些村落的菜园子分布在建筑群的周围或者村落底部（图 3-48）。

图 3-48　怎雷村聚居带与山林过渡区

（图片来源：作者 2021 年拍摄）

（三）村落聚居带

本次调研的村落聚居带在几种类型的村落大致分为两大类。第一类是环锥峰型、依山傍水型、支流小盆地型村落的聚居带是山脚至半山腰处，这类村落组团聚居于一处喀斯特地貌山体的山脚依等高线逐渐建筑房屋到山腰段，相面河谷两岸的耕地和山林，充分利用了该区域中的水资源和建筑群周围的山林资源；第二类为半山盘踞和沿脊聚居型村落，这类村落的聚居带位于山脉森林山间深处和山脊处，这类村落组团散点分布在山脉森林深处，聚居区被森林包围，充分利用山脉森林资源和缓坡土地资源。村落聚居带的建筑间有道路与零星菜地和果树、棕榈等。菜地中常见蔬菜有辣椒、茄子、白菜、南瓜、土豆、魔芋等；果树常见的有梨树、李树、桃树、樱桃树、刺梨树、猕猴桃树、枇杷树等（图 3-49）。

村落聚居的建筑有各类型区域建筑特征。建筑的材料主要有木材、石头、钢筋混凝土等，街道有传统村古街巷、古井、古桥，还有传统的公共建筑戏楼、庙宇鼓楼等。建筑的具体特征详见第五章内容。

图 3-49 怎雷村聚居带

（图片来源：作者 2021 年拍摄）

（四）村落聚居带与稻田之间的过渡带

村落聚居带与稻田之间的过渡带在本文中将本次研究的村落分为两类。第一类是环锥峰型、支流小盆地型村落的稻田，多位于村落山脚的坝区中，稻田与聚居带之间有一过渡区，该区域地形形成微型台地，该地段海拔高于坝区农田区，而这一区域村民耕种一些辣椒、玉米、山药、生姜、白菜等。在该区域还有村落散水滞留形成的村民生活污水的排洪沟、水塘，有的是耕地的灌溉沟渠等微型湿地。第二类是依山傍水型、半山盘踞和沿脊聚居型村落的农田，主要位于建筑群周围的台地或者缓坡地带，在建筑群与稻田之间，都会预留一定的间距，该间距种植的植被跟前一种类型的相近，不管是哪一种类型的村落在该区域都形成一个过渡带（图 3-50）。

这一过渡带反映了村民传统的生态智慧，充分利用好村落环境的每一寸土地。每一种类型的村落折射出古人的生态智慧，无论是哪一种村落都让村落聚居带与稻田之间形成一个安全的间距，有利于村落极地气候的循环，同时阻隔了村落生活区对稻田的排放污染，从而形成这一过渡带。

图 3-50　加车村聚居带与稻田

（图片来源：作者2021年拍摄）

（五）河谷平地与稻田过渡区

　　河谷平地与稻田过渡区在本文中将本次研究的村落分为两类。支流小盆地型和环锥峰型传统村落的稻田多位于村落山脚坝区中，属于第一类，这类农田是上游河谷、溪流在长年冲刷中堆积而成，最宽的坝区约6 000m，整体水资源的供给丰富，村民经过长期的自给自足，劳作开挖出相应的上万亩的农田耕地区。第二类是耕地和建筑群处于台地或者缓坡地带的依山傍水型、半山盘踞和沿脊聚居型村落。依山傍水型村落的农田多在村落所处河流上游与村落附近的缓坡或者台地上，而半山盘踞和沿脊聚居型村落的农田在村落聚居的下、上、左、右的缓坡台地上。在缓坡台地开挖修筑的梯田与建筑群相似，都是随大型山脉分支的山脊、山坡筑造的万亩梯田，而这类稻田高于河谷、溪流，只能寄希望于山脉分支山涧水源。

　　稻田季节性蓄水功能有效改善区域性生态环境。村落的稻田与河流、山涧溪流有水渠纽带相连，村民根据水稻生长的季节进行引水入田，稻田具有一定的储水功能，在特定的期限内河谷平地的稻田与山体上的梯田形成一种独特的村落湿地。大面积的人工稻田在雨季能够收集雨水、地表水、山泉水供水稻生长，稻田底层的土层间接或直接吸收水量，部分水量直接下沉到喀斯特溶洞中，在枯水季节村民通过外力介入将水转化为水源，溶洞和稻田都具有一定的储水功能。稻田中的水分子在阳光的照射下蒸发后又形成雨水，雨水又降落到稻田中，形成维持整个人居环境系统垂直结构层次的水循环，能有效缓解旱情的影响（图 3-51）。

图 3-51　加车村稻田与山涧溪流
（图片来源：作者 2021 年拍摄）

三、村落人居环境生态系统垂直循环过程

　　云贵高原喀斯特地貌环境中人居生态系统以水循环为媒介，把各层次间生态要素紧密联系，形成垂直生态循环系统，从而使各类型村落环境中的各项物质资源与自然界能量有效进行循环转化运作（图 3-52）。

　　在整个生态垂直循环过程中，以贵州喀斯特地貌山体为载体，以水为循环联动纽带，以人为干预者，促使整个循环过程的运作。雨水落入山林、稻田、河流、山涧溪流，山林和稻田能够储水，山涧溪流与河流可以导流。雨水落入山林后渗透到土层、喀斯特溶岩的缝隙，顺流到海拔较低的山涧溪流和河流，或者地下河中。村民利用地形高差的方式将水调配出来以作人畜饮用和农作物的灌溉之用。自然界植被与土壤、溪流、河流的水分子通过蒸腾作用形成的水汽在空中又形成雨水。在区域环境中形成的垂直循环生态降水，为区域村落人畜、动植物有机循环生长提供水源。

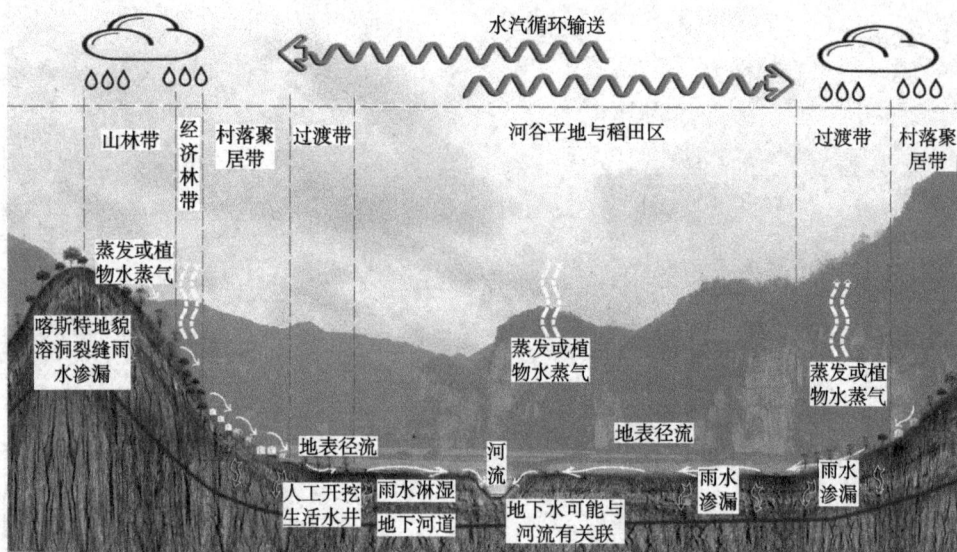

图 3-52　生态系统水循环过程

（图片来源：作者绘制）

　　这一生态垂直循环过程也铸就了贵州当下传统村落规模体量。早期在云贵高原喀斯特地貌环境中，溪流水源、茂密山林吸引了大量的人类聚居，在相对的村落空间中都能满足村民的自给自足的生活模式，这也就衍生出村民的生产生活与大自然山水耦合发展的"人居环境系统"。村民长期与自然相处探索出开垦有度、山林植树修复等模式，逐渐在村落形成"村规民约"等，但近年来村民在信息化时代中，对传统的育林民约等传统文化的淡忘直至后辈对传统文化的缺失，导致喀斯特地貌环境中传统村落出现当前没落的状态，喀斯特环境本身就处于一种碳物质能量循环变异极强烈而快速的状态，具有环境容量低、生物量少、生态环境变异敏感度高、稳定性差等一系列生态脆弱特征。

　　然而当下快速城镇化发展促进了村落新建建筑向耕地蔓延、植树造林积极性降低、缓坡复垦率低、部分耕地荒废等迥异的现象，从而导致整个垂直生态系统也在逐渐偏航。

　　千百年践行的智慧生态系统，形成人与自然和谐共处的人居环境，具有非常重要的生态文明价值，传统的智慧生态文化需要我们当下去保护和延续。

第四章　村落传统文化特征及利用

　　贵州境内传统村落文化的形成与云贵高原喀斯特地貌的关系密不可分。在贵州境内喀斯特地貌环境中沟壑纵横，水系、山岭、森林分布全省区域，因此而导致早期人类因各种原因聚居于此。第三章第一节中对贵州境内早期民族构成进行分析，本章梳理其传统文化构成要素和特征，以及当下对传统村落传统文化抢救性保护中文化在发展中的适应度，从而让学生和保护开发利用从业人员更好地去把握传统文化该如何保护和可持续发展。

第一节　村落传统文化构成及其特征

一、村落传统文化构成要素

　　传统村落社会环境中的传统文化主要由自然景观要素和人文景观要素两类构成，而这些构成要素源于人类长期在自然环境和社会环境中践行和总结，华夏五千年的农耕文化的结晶缩影在传统村落中遗留有痕迹；而相应的传统文化介于利用自然改造自然的人类活动中产生，人们在利用自然环境中的土地资源、水资源、气候资源、森林等资源的过程中不断总结出植被的生长规律，在长期遵循"日出而作日落而息"规律过程中衍生出对自然的崇拜，从而诞生出相应的祭祀、祈福等人文要素。村落传统文化离不开村民劳动、生产生活物质以及非物质形式存在的文化要素。通过下面相关文化要素的分析让学生和保护开发利用从业人员了解村落传统文化构成的基本要素。

（一）自然要素

传统村落中自然要素是指人类依托大自然而进行的系列生活活动。在贵州喀斯特地貌环境中的传统村落，依靠独特的地理环境资源延续生命，通过不断主动认识大自然和不断通过劳动改造土地自然环境等来主动适应自然环境。通过人工对自然界平地、山体缓坡加工逐渐形成稻田等耕地；人工开凿水渠把水源资源通过物理化功能，将水资源进行稻作利用，折射出生物学种植原理；遵循季节气候条件进行农事耕作，将自然资源转化为可使用的物质资源；传统村落先民对森林的崇拜格外突出，森林能给村民带来一定的安全保障，同时还能供给村民中药物资储备、猎兽物资储备、水资源保障等。因而村民衍生出对自然的崇拜，祭山、祭树、祭桥、祭天、祭水等相应的内心祈祷行为在传统村落中形成某种特定的民俗生活规律，今天成为物质文化中之一。

（二）物质文化要素

传统村落以具体实体存在并具有较长历史年限遗址、建筑、雕刻碑画、石窟等以物质化现象存在划定为物质化文化要素。本次研究村落内具有丰富的遗址、建筑、雕刻碑画、石窟，如滇黔古驿道辐射两侧传统村落中建于明清时期的各类建筑、城坦、烽火台、街道等；还有少数民族各类的祭祀遗址、各类建筑、雕刻等。这些物质文化成长于传统村落空间中，是村民生活在该空间为满足一定时期村民生产生活的物质基础条件，这些营造方式揭示了传统村落环境中村民的生活需求和审美需求。

传统村落的物质文化要素最初起源于功能需求。各类建筑满足村民寄宿生活需求，村民人畜休憩以及洽谈等都聚集于此，具有满足村民生活起居功能；遗址多为一些战争、祭祀祈福等空间，是村民缅怀先辈和对后辈教育的基本，具备特定的教育功能；城坦、烽火台是村落安全防御必备的设施，是村落空间长期平静发展的基础保障，具有一定的防御功能；街道是村落生活与村落空间相互联系的轴网，通过街道轴网促进村民间的邻里关系和谐发展，其具有交互功能作用；雕刻碑画是体现特定时期村民对建筑、碑画的审美程度，具有相应的审美功能。

（三）非物质文化要素

传统村落中非物质文化要素，根据国家 2011 年 2 月 25 日颁布的《中华人民共和国非物质文化遗产法》中指出的具体内容，详见表 4-1。

表4-1　《中华人民共和国非物质文化遗产法》中非物质文化遗产内容

序号	类型
1	传统口头文学以及作为其载体的语言
2	传统美术、书法、音乐、舞蹈、戏剧、曲艺和杂技
3	传统技艺、医药和历法
4	传统礼仪、节庆等民俗
5	传统体育和游艺
6	其他非物质文化遗产（属于非物质文化遗产组成部分的实物和场所，凡属文物的，适用《中华人民共和国非物质文化遗产法》的有关规定）

二、村落传统文化的类型

传统村落的物质文化资源包括以下八类，如表4-2所示。

表4-2　传统村落的物质文化资源类型

类别	相应内容
第一	相关的国家文物管理单位、文物保护部门公布的国家级、省级、市级以及未被列级文物单位（革命纪念建筑及革命遗址、园林建筑、宗教建筑、庙坛建筑、馆堂建筑、民居建筑、书院建筑、交通建筑、纪念建筑、水利建筑、石窟、石刻、古遗址等）
第二	历史环境要素是指文物旧址、历史建筑等以外还有构成历史风貌的围墙、石阶、地铺、驳岸、树木等景物
第三	历史建筑是指具有一定的保护价值，反映某一地区独特的历史风貌和地方特色的建筑物，没有被作为文物保护的单位公布，也没有被列入不可移动文物的建筑物及构筑物。历史建筑通过专家评议后，可由县级以上保护主管部门公布，一般应满足建筑样式、结构、材料、施工工艺和工程技术具有时代特色及地域特色，具有其特殊的革命纪念意义，典型的作坊、商铺、厂房和仓库等，具有其他特殊历史意义的建筑，如祠堂、古书院、古庙宇、府第大屋、名人故居以及其他明清、民国民居等类型的建筑标准之一
第四	历史街巷是指走向、形态、尺度、铺装、命名等具有历史特征的街巷，或者与典故传说有关的街巷
第五	传统格局是指具有历史特征与人文内涵的村镇整体布局

续表

类别	相应内容
第六	历史风貌是指由具有地方特色的传统建筑（构筑）物、绿化种植、地形地貌等组成的整体风貌
第七	聚落自然环境与传统生产方式所构成的文化景观，是指村镇周边的山体丘陵、河流湖泊、绿化种植等，也包括传统农耕形成的农田景观，如梯田、水田、盐池等
第八	一定历史阶段的代表生产设施和场所，包括风车、水车、磨坊、酒坊等

三、村落传统文化特征

贵州境内传统村落传统文化是长期居住的民族文化精髓。境内传统村落涵盖汉族与较多的少数民族，而各民族文化的迁徙与融合再到随时代的变迁，时刻在发生着变化，而在变迁中传统文化特征也在进行演变，在信息化地球村来袭和城镇化进程中大部分村落传统文化目前处于消亡或者遗留在墙上的趋势（这里的"遗留在墙上"的意思是说只有挂在墙上遗像的长辈才懂的相应文化），对传统文化的保护势在必行。本小节从环锥峰型、依山傍水型、半山盘踞与沿脊聚居型、支流小盆地型传统村落民族文化进行归纳，从传统建筑、民俗文化、人文史迹等方面进行归纳，让学生和保护开发利用从业人员在践行规划设计工作时注重村落传统文化和古建筑的保护。

（一）环锥峰型

这类村落选址依山不靠山、临水不遮水，群山环绕、一水相拥，村落严格按照军事防御进行空间布局。可通过传统建筑、民俗文化、人文史迹揭示该类村落传统文化特征。

1.传统建筑

环锥峰型传统村落传统建筑体现出汉族与贵州少数民族区域相互融合。主要还是体现出明朝时期汉族进入贵州后，将原生活区域的建筑样式、建筑风格以及建筑文化与喀斯特地貌自然环境的材质相融合，构建出相应的建筑空间（表4-3）。

表 4-3 环锥峰型传统村落传统建筑特征

村落名称	传统建筑特征
吉昌村	传统民居建筑：吉昌村传统民居建筑中的三、四合院类型的数量，其比重占全村建筑的一半左右。从建筑风貌来看具有浓厚的"江南水乡"建筑特征，厚实的防火墙由吉昌村当地比较丰富的石材垒砌而成，屋内结构以木质框架为主，屋顶主要用薄石片或瓦片盖顶。房屋平面空间的布局为门楼、左右为耳房，在耳房中间为院落空旷空间，在耳房、院落空间后面是正房，正房的高度均高出耳房约 1m。院子周围的石围墙具有一定的防御功能，同时具有防火、防寒保暖的作用，院内建筑的吊柱上刻有各种装饰性特征的纹理，门窗框上雕刻有自然的各种动植物纹样，且做工细致等，这类型的建筑保护较好的非常少，如汪公庙、左家三合院及保存较好的陈家四合院 汪公庙：该建筑整体占地空间约 1 600m²，据了解该建筑因明朝屯兵时期修建。建筑地面的平面空间布局较为特殊，天井将一进的戏台和汪公殿分隔开来、将汪公殿和大佛殿分隔开来，最后为玉皇阁。建筑的四周墙体通过外墙，可看出材质以石材为主，房子一层腰线下方为石材和木材构成，屋顶以代石瓦。早期该建筑为祭祀所用，目前为村民议事以及相应的民俗活动聚集点，平时为村落中老年人活动的空间 陈玉昌四合院：从村落村民口中得知陈家四合院大致建于清朝末年，从平面空间的构成来看为二进式的四合院。院内由前院、天井、正房、耳房组合而成，院子周围的墙体与院外的道路分隔开来，院内建筑正立面的一层腰线下方为薄石片围合而成，腰线为木方构成，腰线上方的站立板为木板组合而成，在门枋、窗框处有春夏秋冬四季的植被雕刻图案，木栏杆上有春牡丹、夏荷花、秋菊花、冬梅花，雕工精美，极具研究价值
天龙村	传统民居建筑：该村传统民居建筑分布在天龙村生活空间的中间区域中，最早于明朝在该区域屯兵、屯商、屯民所需而建。该建筑组团分布在天龙村的中部区域，从建筑风貌来看具有浓厚的"江南水乡"建筑特征，该村最为突出的特点就是全村传统民居建筑的建筑材料尤为突出石材，每一户建筑在建造材料上"石材"约占70%，将该区域的石材应用在建筑的各方面。这与该村早期的屯兵功能密切相关，寨门、寨墙、建筑墙体都弥漫着军事防御气息。在建筑的单体中也将石材利用得淋漓尽致，在柱础、窗花等都有精美雕刻。在木质材质区域有较为细致的雕刻，在窗框、门枋、吊柱等都有浓郁的文化特征，如有"福、禄、寿、喜"等相关的动物图样，鲜明地突出了"江南水乡"的建筑文化符号 石匠技艺：该村无处不在呈现祖辈的石匠精神，在房屋的建造中可以看出石匠的营造技艺，在道路、桥梁可以看出石匠的开凿技术，在桥梁的装饰、房子的柱础、窗花、部分石柱、石墙、石门、生活用品的石锅、石碾子、石缸等的装饰折射出该村石匠精湛的技艺
高寨村	传统民居建筑：以石木为主，其建筑形式是干栏型与栋宇型结合；在房屋建筑上，正房是该屯堡的主体建筑，是敬神、祭祖、会客、起居的主要场所。分三开间、五开间、七开间。立柱有五柱落脚九个头、七柱落脚十一个头等，均为单数。台阶正房要单数，厢房和牲口的台阶要双数。顶梁高度有"丈五八、丈六八、丈八大八、丈八小八、二丈一顶八"等。房子的装饰非常丰富，具有防御方面功能，形成了易守难攻的建筑群体

续表

村落名称	传统建筑特征
车头村	传统民居建筑：车头村也是因屯兵而形成的村落。从该村建筑的风貌来看同样具有浓厚的"江南水乡"建筑特征，该村类似三、四合院这种传统的民居建筑，其比重在该村建筑的 1.3% 左右。通过现场踏勘了解到该村目前"刘"姓居民较多，而传统民居建筑外墙同样都是石材砌成，院内建筑以木质材料为主要的干栏式构架，房屋有一层至三层的高度，三层高度的第三层为阁楼层。建筑正立面的装饰与高寨村类似。在村落社会经济得到向好趋势发展后村民生活水平改善，内部增加了一些现代建筑。但是，古代民居仍然需要继续修缮、保留。古院落，原来村落的居住用房，为石板结构，有精美雕花，风貌保存完整，是质量较好的村落传统历史建筑；传统民居建筑群始建于清朝并形成规模。民居均为木、石木及石砌结构，建筑的空间布局、建造方式和装饰都与高寨村相似。还有较高建造技艺的五仙庙、关帝庙、古碉楼
石头寨村石头寨组	传统民居建筑：石头寨组的传统民居建筑我们通过其村名就可想到，该村以石材来建造一切的感觉。通过现场踏勘了解到该村的传统民居建造跟其名字一样，全村建造一切都离不开石材。该村的石头房子从山脚依一座锥形山体的等高线往山顶攀爬，这里少数的石头房子从屋基到屋顶都由石材构成，部分石头房子除了室内的支撑柱和横穿枋外，其余都由石头材质构成。这里的建筑平面空间有三开间或者五开间的空间布局，而在开间的正中间都是设置为生活起居室，左边和右边的空间多为卧室，在卧室后面的空间为厨房，在卧室的下面一层则为关猪牛的空间。建筑的内部构架多为八步七柱做法，在底层抽取中间两旁两柱，基于柱础的立柱直径约在 20cm 以内。传统建筑的正门以及侧门为高约 20cm，厚约 10cm 的门槛，在主屋起居层的两侧厢房下，采取挖、填、取的方式修筑牲畜饲养空间，堂屋大门前设有宽约 2m，高约 1.2m 的台阶，山墙挑檐处突出部分的上端为石头雕刻的"龙口"，龙口中嵌有半圆球体，反映其主人爱美和祈求祥瑞的心理
戛陇塘村	传统民居建筑：古屯民居建筑集中于约 1 000m 的范围内。戛陇塘村传统民居建筑从村落生活空间最低处的水塘周围沿山脚向山体腰间蔓延，在周围的山头往村落建筑群集中区看去，可以观察到村落建筑屋顶的石片、石烟囱、石街道、石墙体等，可谓身在高山上，看脚下古屯，心旷神怡。形成"村落—田园—山体—林—水"古村落空间环境格局。因环境周围石材较多，所以该村传统民居建筑材料以石材为主，在村落生活空间可以看到村民遗留下的猪、牛、鸡等牲畜的圈。在目前还存在以石材和木材为主的房子 244 栋，全部以石头材质构成的传统民居建筑还有 68 栋，该村传统民居建筑的现存规模数量较多，但多数建筑的质量目前处于危房现状
廖家屯村	传统民居建筑：廖家屯村目前所能看到的传统民居建筑大致建于清朝末期，建筑的材料为木质材料，灰色瓦片盖在樟木架结构的房顶上，其结构属穿斗式，建筑外墙材质和室内隔断墙体的材质都为木材，在正房相应的左右空间配偏厦。廖家屯村属于仡佬族村落，但是建筑却有侗族的建筑风貌特征。建筑的正房的柱子构成多数都以"五柱八瓜"的建筑结构组成，在正房其中的一侧附属建有吊脚楼式的偏厦，在正房前的左右配有类似耳房的附属建筑，其功能为养牲畜或者堆放粮食和农用工具。在整个房屋的平面空间形成半开放式的三合院。还有一些没有耳房的民居建筑有三层空间，一层为猪、牛、鸡等牲畜休憩空间和有机肥料的存放点以及柴火存放空间，一楼通往二楼后经过一道宽廊步入起居室（堂屋），起居室两侧为卧室或者厨房等功能型空间，三层则为阁楼，阁楼里为储藏高粱、小麦、玉米等粮食的储存空间。竖向和横向的每个空间都用木板分隔开来，并用门将所有的功能空间串联或者并联起来，形成一个完整的生活起居空间

2. 民俗文化

环锥峰型传统村落传统文化以江南文化为主。在这类村落环境中保存着江南地区汉族传统文化的缩影，根据调查了解是明洪武年间调北征南迁移中把文化同时植入的现象，如吉昌村的"抬汪公"，明代征南将士从徽州歙县把汪公木像带入黔中进行供奉纪念。"汪公"其名"汪华"，生于隋末唐初，曾被皇帝封为越国公，官至徽州府主称"汪王"。因九屯十八堡深受汪公恩惠，正月十八又是汪公圣诞，故每年正月十八日，吉昌村都举行盛大庆典活动（表4-4）。

表4-4　环锥峰型传统村落传统民俗文化特征

村落名称	传统民俗文化特征
吉昌村	屯堡地戏：被人誉为"戏剧活化石"，地戏演出时，"跳神者首蒙青巾，腰围战裙，戴假面具于额前，手执戈矛刀戟之属，随口歌唱，应声而舞"，内容为高昂悲壮、精忠报国的英雄主义题材 抬汪公：也叫"抬亭子"，源于明朝时期，明洪武年间调北征南，留守戍边屯田，建立屯堡村落。吉昌村就是明代征南将士从徽州歙县把汪公木像带入黔中进行供奉纪念。汪公其名汪华，唐初官至徽州府主称"汪王"。因九屯十八堡深受汪公恩惠，正月十八又是汪公圣诞，故每年正月十八日，吉昌村都举行盛大庆典活动
天龙村	屯堡地戏：据查阅历史记载多数的"屯堡地戏"为屯兵、屯商、屯民时沿用江南地区民间民俗文化，其功能为通过"地戏"也叫"傩戏"的行为活动，祈求达到"驱邪纳吉"的效果。在现场调查从老人的口中得知"屯堡地戏"主要以一个叫"神头"的为主，在周边村落进行，各村落进行的行为活动详细内容不统一，大致一村跳一部书的内容，在活动进行的时候，主要扮演者头顶用青色毛巾蒙住，腰间系上战裙，背插小旗，整个脸部用傩戏面具挡住，只露出眼睛，手上拿着一把"戈矛刀戟"之类的物品，一边唱念书中的内容，一边跟着配乐进行配舞 屯堡山歌：该村的"山歌"是村民脱口而出的即兴表演，村民歌手根据对方或者对某一事情产生的情感，并根据心中所想脱口而出的一种无固定节奏、无固定歌词、无固定乐谱的即兴创作演绎
高寨村	高寨村地戏：据《续修安顺府志》记载："当草莱开辟之后，人民习于安逸，积之既久，武事渐废，太平岂能长保……识者忧之，于是乃有跳神戏之举。借以演习武事，不使生疏，含有寓兵于农之深意。"该地区的"地戏"为国家非物质文化遗产。其表演成员由"神头"等20～30个人构成，这一民俗活动进行的时间大致在春节期间的某一天和农历七月的某一天进行。这一活动不设置固定的地点，也不需要舞台，就在村落中某一空旷的地方在锣鼓声的伴奏中进行。其主要表演者的装束与上述天龙村的一致，该村与天龙村一样也有唱山歌等多种民俗活动

续表

村落名称	传统民俗文化特征
车头村	车头村的地戏与天龙村、高寨村等都一样，在车头村还有更多的民俗活动，如据清道光《安平县志》载："元宵遍张鼓乐，灯火爆竹，扮演故事，有龙灯、狮子灯、花灯、地戏之乐。"上述的这些民俗活动在该村的春节后依然开展，这能较好体现传统文化在今天社会环境中的活化再现，有效促进文化的活态传承 山歌：该村的"山歌"是和天龙村、高寨村的演唱方式一样，都是村民脱口而出的即兴表演。村民歌手根据对方或者对某一事情产生的情感，并根据心中所想脱口而出的一种无固定节奏、无固定歌词、无固定乐谱的即兴创作演绎。除山歌之外还有许多民间技艺文化尤为突出，如通过现场探勘所见的柱础、吊柱以及窗花等的雕刻技艺，还有女性巧手上的剪纸技艺和制鞋技艺等 抬菩萨：农历的正月十八，是车头村"抬菩萨"的盛大日子，这一天，全村无论男女老少，纷纷来到五仙庙前，抬着庙里供奉的菩萨在村里及附近村落游历，以示为人们带去菩萨的庇护，保佑来年吉祥安康，财源广进
石头寨村	染布：走进石头寨这一布依族村落，天气晴朗时你就会看见该村女性在忙碌着染布。在简要访问染娘们得知，目前染布依然能延续，是因为该区域年长者仙逝后，后人们要用这一染出的布匹来制作服饰，并穿这一服饰来祭奠逝者；而染布的工艺较为复杂，特别在染料上的难度最为困难，如一缸染料在染完第一块布匹后为第二块布匹实施染色时，很难确保第一块与第二块布匹所吸收色彩的色度是一样的，染娘们说这就在时间上来下功夫，第一块和第二块在染缸的时间长短不一，得通过长时间实践练习才能有效确保色彩尽可能相近。除了染布技艺外该村延续许多的布依族民俗活动，如农历六月六、"赶表"等
戛陇塘村	打醮：打醮是正月上、中旬全村参与的祈祷清洁平安、五谷丰登的盛大宗教文化活动 吃大肉：吃大肉是祭祀山神的盛大祭典，在选定祭祀时间后，主要参与者为该村男性村民，选定 12 人分吃 30 千克切成大块的猪肉，村民说谁吃得多，神灵将保佑谁。这一活动在该村小学旁的青龙寺进行 玩花灯：玩花灯是正月初一到十五元宵的文艺活动
廖家屯村	仡佬毛龙：该民俗活动列为国家非物质文化遗产，是该村以及周围村落都在实施的一种民俗性表演活动，该活动由多支队伍组成，一支队伍组成一组龙队，约在春节后的几天进行玩龙灯活动，表演形式较多，最为突出的有二龙抢宝以及龙腾盛世 仡佬花灯：该村以及周围的村落在中国的元宵节时时开展花灯活动，该活动主要表现形式为说、唱、跳三种，其内容没有限定性，主要功能是使参与者感到快乐与放松，该方式具有独特的地方气息

3. 人文史迹

环锥峰型传统村落传统人文史迹主要与明朝的"调北征南"屯军有关。在屯军、屯商、屯民的过程中，修筑古城墙、城垣、古驿道、古桥、古井，并种植相应的古树名木。在文化植入过程中还在其村落空间修筑相应的庙宇、道观等适应于当时区域社会发展需求的相应基础服务设施和公共服务设施。在历史社会的发展过程中上述的基础服务设施和公共服务设施很难满足当下社会人内心的物欲，慢慢转化为人文史迹（表 4-5）。

表4-5　环锥峰型传统村落传统人文史迹特征

村落名称	传统人文史迹特征
吉昌村	古城墙：明代屯军建寨，因战争需要，村落四周都建有1.5m宽、5m高，全长1.5km的寨墙，有3个门楼出入，门楼上有瞭望哨，寨墙下有护村河，可防、可守。由于年代久远，基本上完全消失，只有村后尚存一段古寨墙 古驿道：明朝初期，吉昌村始建时是属于山区地形，所有的道路均新开且是土路。遇雨天时人马无法行走，当时的屯军驻扎在屯军山上，为了行动方便，屯军就地取材，用石头修建了当时行军和运送粮草的古道 古桥：位于村西水浪荷叶，名曰罗家桥。始建于明代，为二孔石拱桥，至今仍保存完好，人还可通行。是连接两边农田的耕作通道，是吉昌村现存保存原貌的古桥
天龙村	天龙村的传统人文史迹与该村屯堡文化密切相关，在修建屯堡工事时修建古河道，古道和古井，在军民生活空间内构建出16处街巷和13处依托石头修建的桥梁，还有较多的古建筑，如陈蕴瑜将军故居以及沈万三故居等，除了上述的还有天龙学堂和一些庙宇 伍龙寺：为安顺地区三教合一的地方，伍龙寺于明朝开始修建，是以儒家文化、佛教文化、道教文化三者融合的人文史迹之地，是全国重点文物保护单位
高寨村	海螺屯：原是明代调北征南时期高寨村的蒋姓始祖先行建设，作为防守古驿道的重要堡垒。清末嘉庆至道光年间（1841年），由邹姓后人率领田、宋等6个姓氏人一起重新修缮了海螺屯，作为防御堡垒，其防御功能强大，目前保存尚好。高寨村有5栋碉楼，目前只有1栋，该碉楼为村内仅存的保护较为完好的碉楼建筑。寨村内有古井三处，村内有中间街、邹家街、朱家街等传统街巷，街巷地面以铺设石头为主，巷子的宽度在1~1.5m 军事堡垒遗址：遗址建在海螺山上，山形因像海螺而得名。从山脚至山腰有100多道石阶梯，从山腰开始上海螺屯有石梯138级。现存遗址较好，有较强的研究价值，目前，遗址共分为三层，城墙上有垛口、观察哨、射击孔、石墙门槛等，原有三门土炮，射程可达百余米，城墙最高处有4m多高，而且是垒砌在悬崖之上，甚为壮观
车头村	水月寺遗址、五仙庙、关帝庙、庭院3处、古碉堡1处、古井、古石门1处、古墓1座、古遗址3处等 水月寺：明末始建，院落的平面空间呈一个三进式院落、大门上的"水月寺"为当时驻守一方的武夫范天贵的手书，据了解范天贵为写这几个字悉心练习书法长达三年，在该寺重修完工时才写这三个字 孙铭勋故居遗址：始建于明代时期，总占地面积325m²，位于村中心，原南北朝向，石木结构，屋面为瓦片，现在已成一片废墟。该村街巷以石板铺设为主，道路蜿蜒曲折，目前基本保存完整，仍然在使用
石头寨村	月亮门1处、传统蜡染作坊、5孔太平桥一座、山顶城坦一座 穿石登：村落内处处与石头接触，有石凳、石门、石台阶、进石屋等。村民的石匠工艺非凡，而传统技艺相传，十几米的石头墙不用其他的黏合剂，能保持稳固状态 月亮门：5孔太平桥头附近有用石头堆砌而成的月亮门一座，目前整体风貌保存较好。门内右侧为石头寨布依族文化展览馆，展示布依族文化特征，馆左侧有一条全为石头铺筑而成的古道直至该锥形山体的山顶，道路两侧为石头修建的石头房屋 山顶为喀斯特地貌突出的结构，山体南面坡度能使人攀爬而上，其余的几个角度坡度较多，北面为直至绝壁，山顶四周修筑城墙，山顶围墙只开设一个石门，墙体厚度约80cm，城墙围合的空间有大小不一的溶洞等，早期用作防御而用，山顶视野较好，能看山体周围区域的空间，形成最佳的视觉观赏区

村落名称	传统人文史迹特征
戛陇塘村	青龙寺 1 座、断垣残壁、石板居民遗址、石墙木架门头、水塘 1 处、古井碉楼、古城门遗址、古巷道、花街等 　　水塘：位于村落中心最低洼处呈椭圆形，水池最宽直径约 52m，最窄处约 40m，面积约 1 660m²，周长约 148m。古井：位于水塘东面，与水塘相接，古井水源从喀斯特山体自然流出，水里有小鱼游憩，水质较好。古井周围设置有供奉台，古井有大石板设置台阶和围合保护水源 　　青龙寺：位于水塘西边距离 100m 左右处，青龙寺为 3 开间 5 柱建筑。柱子为杉木框架结构，山墙为石头堆砌而成，屋顶用品为薄片石板代替瓦片。屋内三开间空间没有用石材或模板进行分割，屋前后墙均为石头堆砌而成，正屋前墙两侧开设窗户，正堂开设大门，正屋有吞口，吞口与左右两侧房屋进深约 1m，并分别开设有侧门 　　古巷道：古巷道从水塘处往村子西面、西北面的多座锥形山体夹去间蔓延，古巷道为石头铺垫的道路，而在村落中道路两侧就是由居民建筑外墙组成的道路墙壁，墙壁的材质全为石材，墙与墙随着道路的起伏相连成城墙，墙上有石头堆砌而成"外小内宽"的"枪眼"，多用于防御之用
廖家屯村	廖家屯村历史景观要素主要由其赖以存在的梯田、古道小巷、古树、石阶等构成的具有聚落空间形态和整体风貌特征，概括为依山而建、屯堡、盘山路，屋宇包山、梯田辽阔 　　古井：廖家屯古井一共 5 口，其中脚对冲 1 口，大塘坳 1 口，千家寨 1 口，豪龙 1 口，桅子坝 1 口。廖家屯古井均分布在村落内，还没有自来水之前，据了解廖家屯村村民的生活用水和牲畜用水全部依托于这几口井，这几口井的水源在自来水在农村不断完善的今天依然能供给村民所用 　　观音洞：该洞位于廖家屯村南边，该溶洞入口狭长、低矮，其内原有钟乳石形似观音，村民时常进洞参拜后被毁，现村人又另请佛像置于洞中。 　　古桥：古桥位于当门河上，由一块完整的条石搭建，2~3m 长，40～60cm 宽，供村民往来河流两侧。一石连通两岸，其上缝隙有杂草，安置年代已无考

（二）依山傍水型

1. 传统建筑

依山傍水型传统村落传统建筑主要分布在河流溪谷两岸聚居区。生活在此类型村落的居民以少数民族居多，而传统建筑的主要特征可以通过当前村落留存的古老建筑、庙宇等挖掘。这类村落选址地形都处溪流河谷两岸离水源较近的缓坡或者陡坡处，建筑依山而建。建筑的样式以地形地貌为基础，结合就地取材的原则，修建出各种类型的吊脚楼、鼓楼、石板房等。这里村落传统建筑多以木材为建筑结构的主体组成部分，房屋的开间跨度在 3m 左右，相应的枋、梁、柱、檩等都需要木材作为支撑，木材有较强的韧性，房屋的墙体、门头、门枋、吊瓜等的雕刻工艺精密度不同，还有房屋的高度等与村落地域以及当时建造者经济能力密切相关，当前遗留下来的房屋多数依然处于居住状态，少数房屋处于闲置和废弃状态（表 4-6）。

表4-6 依山傍水型传统村落传统建筑特征

村落名称	传统建筑特征
水塘村	传统民居建筑：在访问当地年长者得知李氏院子建筑群大概修建于清朝时期，院子的风貌具有"江南水乡""四合院"风貌。少数四合院布置照壁在正房的对面，因为西边的两个四合院前有高坎，所以其正面是敞开向外的，而剩余的四合院都是由房屋后檐墙、左右的防火墙以及大门墙围合而成。院内四合院的正房、厢房都是两层的建筑，但面阔有三间、五间、七间的，高度也各异，大门朝向也各不相同，受地形条件的限制，大门开设方向往往根据地形来决定，但正房朝向都是向东且所有四合院都是一个独立的建筑文化的单元。院子里的所有建筑都是悬山顶、穿斗式架构的建筑，木工艺更细致，前檐装饰风格精致，工艺精美。大门（朝门，当地称为龙门）都是门楼式，通常会将朝南的右边房子的明间，前面的房檐升高，格外建造屋顶。北向、南向的都是做成悬山顶式。门楼垂瓜和门墩分别是镂空雕和须弥式做法。两门的门额上挂有悬匾，分别是"进士"匾和"武魁"匾，都颁制于清光绪年间，其台明、踏步、地坪等石作技术精湛，迄今为止其制作纹路清晰可见。在建筑正立面的腰线、门窗等地方刻有精美纹样，浮雕在涤环板甚多，有各式各样的桶扇，且有透雕装饰于中部；雕刻图样丰富多样，当中有显示明代文治武功的内容。总体来看，整个李氏院落的四合院联系密切，垂直方向（西东方向）有三组六个四合院前后通行，除了在横向（南北方向）上的西端的两个四合院外因地势元素不通以外，剩下的都可以通过侧门或大门连接，纵向相通的四合院不分前堂后室，正房地位也是不变，其整体空间格局呈现出当时建造者精湛的工艺 李氏宗祠：位于李氏院落群前面（东面）30m处，根据现场文字的记载显示该建筑建于清朝光绪三十四年等相关的信息。其院落形式为一个闭合式的四合院，于清光绪三十四年建成，修建后又因其他原因遭到破坏，在1929年的时候进行重建。该建筑的总体占地面积大约610m²，在宗祠院内的主体建筑中，大殿为主要建筑，在大殿两侧前方还配建了两间厢房。其建筑的主要结构为抬梁式梁架木质结构，屋面采用悬山式屋顶并覆盖小青瓦。其中主要建筑大殿进行测量，其面宽为23m，建筑的整体进深为9.7m，建筑的最高处到最低处的高度为7.6m。该建筑在民国后期以及以后的一段时间里功能发生了变化，主要作为该村的教育学习空间。在新中国成立以后该建筑作为学校和该区域乡镇府办公地点之一，而建筑在根据使用功能的转换中，也对建筑实施了一些改造，建筑也发生了一些变化。当前整个院落相对较为完整，构架仍然存在，但柱、檩及右厢房已经变成了危房。建筑形式多采用穿斗式梁架，屋顶多采用硬山式屋顶，该建筑具有鲜明的传统建筑文化，房屋支架采用木料，在柱、梁、檩、墙体多采用木料，少部分墙体采用砖砌而成，各四合院的正房开间一致，层高也各不相同，开间分别有三开间、五开间、七开间等几种，分布在两侧的厢房也不相同，但都为两层建筑。当地称大门为龙门，龙门的样式为门楼式建筑，龙门的瓜柱为精工细雕的镂空雕，精美的镂空雕体现出当地传统建筑技艺的精湛
西江村	传统民居建筑：西江村中的一千多栋单体吊脚楼是典型的主动适应自然环境中山体的限定下而修建，该区域的吊脚楼从形式上来说，应属于早期南方民居探索出应用三角形以及长方形等几何元素来建筑三维空间。在主动适应自然环境的同时从实用性功能出发将民居建筑与周围自然环境完美结合，在历代建造者的汗水与心血中构建出和谐统一的自然风貌，逐渐形成华夏上古民居建筑的活化石；在建筑学等方面具有很高的美学价值。吊脚楼依两座山脊的等高线而修建，呈现出一个"M"状分布在山体左右。建筑有三开间也有五开间，全村以三开间的房屋较多，该建筑的竖向空间的功能分布有三层或四层等，往往一层为厕所、猪、牛、鸡的圈养空间和杂物的堆放处，二层村民的起居室或者叫堂屋，在起居室左右有卧室和厨房等功能空间，在二层还会设置有宽廊和美人靠等，在三楼有设为卧室和粮食存放空间，四层为阁楼，阁楼会放置土豆或者闲置着

村落名称	传统建筑特征
镇山村大寨	传统民居建筑:建筑就地取材,石板为墙、为顶,民居坚固而耐久;形成石板屋顶,石板墙体、石板铺地,现存传统民宅 50 余栋,以石木结构建筑为主,墙面多用石料砌筑,或木结构加石板镶嵌,民居屋顶多以石板代瓦 武庙:该建筑整体占地规模约 600m²,建筑的布置方向为坐北朝南,武庙建筑当前还保留有正殿。现存的武庙有五个开间,从开间的左边到右边总长约 20m,该建筑的进深大约有 9m。屋顶当前所用的材料为小青瓦以作屋面,而建筑的结构则为在穿斗式的上方混合抬梁结构进行构建的歇山顶建筑 上寨典型民居:该传统民居建造多于明朝至清朝时期建成,建筑形式多为三合院,房屋构架大多采用穿斗式构架,屋顶大多采用悬山顶,民居多为一楼一底石木结构建筑,正房多采用三开间或五开间形式,堂屋设有吞口,大门多采用木质,形式多为对扇对开式,屋顶材料为不规则青石板 下寨典型民居:传统民居建筑形式多采用长条排屋形式,大约在清朝开始修建,而后由于花溪水库的建设搬迁至现有位置,建筑结构多采用穿斗木结构,屋面都是采用当地生产的薄片石板代替瓦片,建造时开间根据住户的增加往左右两侧延伸,多个开间组合,较宽的有 30m 左右,呈现长排组成,较多的长排建筑前呈长方形的院子,院子的宽度根据地形决定,有 3m 的,也有 4m 的多种类型组成
清江村	传统民居建筑:古建群分布在清水江的西北岸,东南岸也有少量的居民居住。古建顺河岸等高线缓坡段顺河流方向修建,建筑群受地势影响,古建群整体呈带状分布,传统的民居建筑在旅游开发的活动中进行了复原,复原后的建筑被赋予展览馆、陈列室等多种功能,部分传统民居建筑户主依托旧房改造政策在原房屋地基基础上修建了砖混结构建筑,在整体实施保护规划后,砖混仿古建筑分布在古建群西北面与西北面山体过渡带上。清江村街道两侧的传统民居建筑多为单体串联成排的木质结构建筑,其中也含有少数以黛瓦、粉壁、具有厚实防火墙为表型的徽派青砖结构建筑。苗族以及仡佬族两个民族的传统建筑以重檐青瓦的木楼为主。建筑融合多民族文化,苗族建筑与徽派建筑相互借鉴吸收,苗族、仡佬族的建筑形成重檐青瓦以及部分吊脚楼,而建筑平面空间的功能划分,为混合式多元化的特征呈现,有根据居住者需求分为二进、三开间的分布模式,也有二进、五开间的布局,但整体呈现中间为堂屋,堂屋左右为两厢房,两厢房旁部分配有耳房"偏厦",在堂屋下层设有"火塘间"。同时有江南水乡风格的徽派建筑,这些建筑的建造者和居住者多为迁徙者,建筑延续江南水乡的青瓦、飞檐翘角、雕柱镂砖精美装饰。目前尚存少数四合院以及乾隆四十四年以来修建的禹王宫、万寿宫、观音阁、天后宫等古殿
肇兴中寨	传统民居建筑:肇兴镇的中寨村位于镇域集镇中间部位,坐落于肇兴河两岸的山谷内,全寨沿河两岸修筑建筑。肇兴中寨村是"仁、义、礼、智、信"五个鼓楼以礼团鼓楼群周围围合居民组成。礼团鼓楼旁边有专属的萨坛(肇兴最早的始祖开坛之地)。该鼓楼坐北朝南,13 层,高 24m,占地面积 80m²,其造型与肇兴上寨鼓楼相似 民居:该村侗族民居传统建筑主要采用穿斗式干栏进行建造。房屋与肇兴上寨以及肇兴村大致相同,房屋的高度多为 3~4 层,传统的民居建筑一层都采取架空的形式,二层的平面空间布局则遵循当地村民的生活起居空间分布规律,在这一层设置有起居室、火塘、卧室等,三层多为部分卧室和粮食的储藏空间,四层为阁楼,在阁楼里多为闲置空间,建筑的材料都为当地盛产的杉木。房屋的所有柱子、隔断、楼板等全部为杉木材质的原实木,在立柱的下方设有用原石当成的柱础。当前靠近肇兴集镇街道两侧的传统民居建筑,都将一楼改造成了营生的商铺

村落名称	传统建筑特征
肇兴上寨	传统民居建筑：义团鼓楼高为 23.36m，始建于清光绪年间，鼓楼雄伟高大，为十一层八角密檐攒尖顶，是肇兴镇最高的鼓楼。仁团鼓楼高 18.47m，为七层八角密檐攒尖顶，是肇兴层数最少的鼓楼。该区域的两栋鼓楼的一层空间都呈四方形，而上升到二层就转换成了八条边的轮廓，在八条边分别交汇处的上方有青瓦片和在交汇处设置弧形飞檐翘角，翘角上有各种民族信仰的图腾兽雕。从二层往楼顶逐层减缩宽度直至楼顶或者叫宝塔，每层收缩下处下方采用收梁枋和悬空的金瓜支撑，层层檐口用人字形斗棋挑出，恰似密檐宝塔。每一层都设有隔板，在鼓楼下方详细观察到建筑的内部结构的构造关系。火塘四周立 4 根粗大的柱子，被称为"金柱"，四周有 12 根檐柱象征 12 个月，"金柱"上立有独木直梯，人们可依独木梯登顶鼓楼。鼓楼中间设有圆形火塘，火塘四周布四条长凳，供人们休息、聚会或者举办活动时围火而坐，而传统民居与肇兴村、肇兴中寨相类似 风雨桥：仁团风雨桥和"义团"风雨桥均始建于清代，属于亭阁式花桥，为南北走向，横跨肇兴河。仁团花桥桥宽 4.2m、长 7.8m，桥廊三间，建有歇山顶中楼一座。"义团"花桥桥宽 5m，桥身全长 8m，横跨肇兴河的桥身在立柱的分隔下呈现出三开间形状，桥顶用房屋所用的歇山顶方式进行盖上瓦片，四角攒尖顶边楼两座，两旁均设置有供人们休憩闲聊的栏、长凳，形成长廊式走道
肇兴村	传统民居建筑：肇兴村的传统民居建造方式和风格以及建筑的空间分布与肇兴上寨以及肇兴中寨大致相同 信团鼓楼：该鼓楼建成于清朝时期的光绪年间，具体的时间有待考察。该鼓楼的占地平面面积规模约 78m²，而竖向高度由 11 层呈 8 角构造的詹檐构成，在 11 层类似塔身的方式叠加后其总高约 24m。据现场了解到鼓楼与村民居住区内的族姓密切有关，鼓楼是该区域村民的一种综合型的象征，也体现该区域村民繁荣昌盛的景象。鼓楼的结构略有各异，装饰内容与其他的鼓楼也有不同，但装饰的方法相似 智团鼓楼：该鼓楼也建成于清朝时期的光绪年间，具体的时间有待考察。鼓楼的朝向为坐北朝南，规模没有信团鼓楼大，该鼓楼有 8 层檐，每一层的高度为 0.8～1m，在 8 层类似塔身的方式叠加后其总高约 20m，占地面积 77m²
占里村	传统民居建筑：村落民居所有传统建筑的建造材质都为木质材料。所有房屋建造的一层都采取架空的形式，与其他地方一样都为存放农业生产劳动工具，二层为村民的起居室，满足日常的起居生活所需要的空间，在起居室外设置有晾晒衣物的空间，三层为阁楼，主要处于闲置状态；而近年来新建的建筑，底层多采用砖石结构，上层则采用木质结构，内部布局相比于老式建筑而言也有所不同 鼓楼：鼓楼巍然挺立，气势雄伟，逐层上叠收刹至十一层密檐，再以两层八角伞形攒尖楼冠覆盖，使用斗拱支撑来支撑巨大的楼冠，楼冠上则按圆珠陶瓷大小顺序将其串在一起，顶尖直指云霄，形成一座四层十二重檐双楼冠塔状建筑，各层翼角高翘，泥塑人物与鸟兽，各层檐口及封檐板略以弧形呈现，彩绘人物花草图案。鼓楼下端中间有一个大火塘，设有长凳于四周；楼门前则作为娱乐场地供全寨逢年过节使用。到了夏日炎炎的时候，男女老少都来到此处乘凉，而寒冬腊月的时候则来这里围火，唱歌及讲故事。特别是在春节期间，村民齐聚于鼓楼广场，吹芦笙，对歌作乐。在鼓楼的顶层，安放有一面大鼓，该大鼓是由族中领袖执掌。在侗族历史长河中，凡是有重大事宜商议的时候，就需要起款定约，一起抵御外来官兵的骚扰，通过击鼓来号召群众。由寨中"头人"登上鼓楼击鼓，咚咚鼓声响彻山谷和村里的每一个角落，这样就能迅速把人集中起来

续表

村落名称	传统建筑特征
坝辉村	传统民居建筑：民居集中分布，现有吊脚楼共有 50 余栋，其中村落中大部分的房子村民现在依然居住在里面。大多数的建筑建造时间都在中华人民共和国成立前后修建的，这类的建筑面积大约在 1.4 万 m²，这类在坝辉村核心保护区现存状况良好。该村的房子结构也是穿斗式干栏的歇山顶建筑，房屋的平面空间布局主要是以三开间为主，房子的竖向功能空间 2～3 层的居多，与周边村落的建筑一样，一层多为猪、牛等牲畜的圈养和杂货存放空间，二楼为起居生活空间，在二层的侧屋会设置直梯通到一层，三层为阁楼，主要存放杂物或者闲置

2. 民俗文化

依山傍水型传统村落传统民俗文化主要以少数民族民俗为主。这类村落民俗文化凸显在村民对自然神灵崇拜方面，以及为满足生活需求功能而自发创造的各类传统技艺、工艺，还有对祖辈英雄人物的缅怀等。各类节庆都带有相应的祭祀行为活动，在各类活动中传递先辈遗传下来的生活方式方法和祭祀祈求村民平安生活以及来年农作物丰收。对祖辈英雄的缅怀祭祀活动是华夏传统文化独特之处，作为华夏的后代应该知道自己从哪里来，来到新时代的当下能做什么以及未来能为整个社会做什么，那么对祖辈英雄的缅怀祭祀活动对生活在当下村落环境中的子孙后代具有一定的教育意义。

这类传统村落多用缅怀祭祀活动等形式来完成对子孙后代的教育。据现场访问和看到的相关文字记载，了解到该村李仁宇在明朝万历年间因奉命到贵州实施屯兵制度，在"石板哨"这个地方实施镇守任务。随后与本地和亲并繁衍发展至今天镇山村大寨村的现状，该村后人为缅怀该村李氏先辈，在村落中每年会举行相应的缅怀纪念活动；"鼓藏节"为黔东南州多数苗族村落举行的较为隆重的祭祀性庆典活动，在西江村当前逐步演变为吸引游客表演性旅游资源。传统的"鼓藏节"在黔东南州多数苗族村落是最为隆重的日子，因为需要13 年才举行一次。在"鼓藏节"前后时间里村民们远嫁的相关亲属都会回到自己出生的地方参与节日庆典，为筹备这一"鼓藏节"，村民会用很长的时间准备过节的相关物资材料，如粮食、活鲜的肉类、酒类、布匹类等每户都有一定的储量。还有为满足村落区域环境中人口发展和生态平衡的从江县占里村的计生文化，占里建寨 700 多年来，由于区域的生产用地缺乏，吴姓祖先就立下寨规，控制人口增长，一对夫妇只允许生养两个孩子。在该区域的月亮山脉这一特殊的生态环境中，早期村民寻觅到可以调节生育功能的"钥匙"，在土地资源与农田产量有限的条件下，村民只能延续应用这一"生育密码"，形成网络流传的"换花草"，使占里侗寨几百年来保持一定的人口规模，确保有限的土地能供养所有活在村落里的村民得以安居生息。这类村落的民俗文化比较丰富，概括如表 4-7 所示。

表 4-7　依山傍水型传统村落传统民俗文化特征

村落名称	传统民俗文化特征
镇山村大寨	屯堡文化：村内建筑物的室内布局、武庙设置、服饰等反映了屯堡文化。根据族谱记载，李氏始祖仁宇为原江西吉安庐陵县大鱼塘李家村人，明万历年间当官为职，在南方扰攘，率领数千军入黔，石板哨屯守，入赘班始祖太家，没过几年就生了两个儿子，长房属李，次房属班，至今沿袭到第 17 代
水塘村	水塘村的最具影响力的民俗文化主要信仰佛教，在这区域中早期村民对佛教较为崇尚，改革开放后村民对佛教文化逐渐淡化，目前该区域的佛教文化已经逐渐形成了一种旅游资源
西江村	青石板路：西江千户苗寨的每一栋单体建筑主要以青石板路串联起来，铺装在道路上的石板历经数代苗族同胞穿越，也在石板上留下深深的痕迹，已经形成该村域一道独特的文化体验廊道 银饰、刺绣：苗绣和苗族银饰的制作，该村是全国苗绣和苗族银饰制作的典范之一，苗绣在该村的每户村民家中是必不可少的一种产物，代表着这家女性的制作技艺，也时刻在活态传承着这一华夏非物质文化遗产；苗族银饰的制作当前大致分为两种形式，其一为当地银匠为传承本民族传统的文化精髓，将银饰制作的技艺以及饰品按照传统方式进行传承；其二则是到其他村落或者当地旅游开发的环境中制作一些符合当下大众审美的银饰物品，并将其进行销售，在这个过程中无形地在传播本民族的文化精髓 节庆：在西江村生活的村民，有一习俗为"大节三六九，小节天天有"，体现出在该村落生活的村民对生活的热爱和期盼。在众多节日中最为特别的节日是"鼓藏节"，该节为黔东南州多数苗族村落举行的较为隆重的祭祀性庆典活动，在西江村当前逐步演变为吸引游客表演性旅游资源。传统的"鼓藏节"在黔东南州多数苗族村落是最为隆重的日子，因为需要 13 年才举行一次。在"鼓藏节"前后时间里村民们远嫁的相关亲属都会回到自己出生的地方参与节日庆典，筹备这一"鼓藏节"
清江村	节庆：在下司古镇的清江村生活的各少数民族以及汉族，在复合型族姓融合聚居的环境中，早期各族在过着本民族传统的节日，在随着文化的相互影响后，当地的所有村民都一起过一些节日。例如该区域的畲族、苗族等民族都参与到端午节、吃新节、晒书日、中秋节等节庆中

续表

村落名称	传统民俗文化特征
肇兴上寨	蓝靛：在上寨村，每一户村民的女性都是染布专家，部分是非物质文化传承人。年轻女性喜欢用自己自制的植物染料来染纯棉布，染成的颜色为藏青色，该村多数女性都喜欢用自己染出的布匹来制作服装。染料的制作工艺非常关键，有些染料需要用酒、水等液体来滋养，所以染出来的布匹色彩格外独特，其色泽与一般的机制布染有所不同。侗布经过蒸染后又反复捶平，使布更平整、结实有光泽度 侗族大歌：侗族大歌是整个肇兴侗寨代表，该侗族大歌的形成凝练了该地区侗族历代村民的智慧。侗族大歌的表演形式为众多侗族村民一起演唱，是在一个不需要指挥人员参与的情况下进行，在开唱时只需人群中一人开唱后，参与者将全体跟随其音调演唱，是一种不需要伴奏的独特表演形式，该区域的侗族大歌已经列为国家非物质文化遗产，上寨村至今仍保留着这种美好的习俗。村内还有长桌宴（合拢宴），长桌宴是常见的侗家人用来款待客人的宴席。各家将自家美酒、美食拼摆在一起共同款待客人，席上主宾混坐，由寨佬致祝酒词
肇兴中寨	祭萨：肇兴有许多民族节日和活动，会在正月举行祭萨、踩歌堂，六月举行吃新节，十月举行芦笙节、唱侗戏、抬官人等，他们每个节日都有专属的歌舞表演，如侗家大歌，行歌坐夜、拦门酒等，民以食为天，必然少不了美食，寨月堂饭、腌鱼、腌肉、油茶、牛羊瘪等都是当地的特色美食。他们的服饰主打银饰，给表演增添了一份趣味。这样一个有着独特的歌舞表演、美食、节日的地方，吸引了很多慕名而来的客人 侗戏：侗族也有自己传统的戏剧，其中比较有代表性的剧目有《珠郎娘美》《善郎娥美》《顶郎索久》《补义奶义》《鲁郎花赛》等。侗戏是由吴文彩在 1830 年左右首创的，侗戏注重感情的表达。侗戏的唱腔以上下句为基本曲调，各种人物性格都有独特的曲牌。在肇兴，总共有五个戏台，当五个戏台同时表演时有着特殊的意义 蓝靛靛染工艺：侗族擅长纺纱织布，他们日常穿的衣物都是他们自纺自染的。"侗布"的做工复杂，要用织好的布经蓝靛和白酒、牛皮汁、鸡蛋清等混合反复浸染，蒸晒、反复捶打才可制成
肇兴村	侗歌与节庆：侗族大歌发展至今有一千多年。肇兴村有侗歌队、侗戏班等民乐组织。每逢佳节，或有贵客来访，都会在鼓楼前较为平坦的空间聚集，举办"踩歌堂"等民族文化娱乐活动。歌类尤以侗族的大歌，踩堂歌和拦门歌最为著名，多声部的混声合唱引人入胜，在国内外引起了巨大的轰动。这里的村民无事不唱，无所不唱，每逢中秋，都会举办一次芦笙会，宾客们争相吹响，笙声不绝，好不热闹，因此孕育了丰富而独特的本土民歌文化 侗布：侗布的生产是侗族祖先汲取汉民族织布技术传承而来。肇兴没有规模较大的专业纺织工场，只有一些简单的农户作坊自给自足，操作简单，没有污染。原材料的处理完全靠人工操作。织布和生产工艺没有任何的可考之处，全凭先祖们的口口相传，一代代传承下来 侗族婚俗：侗寨素有"行歌坐夜"之俗。到了傍晚，几位要好的未婚女性聚在一间堂屋纺纱绣花，会邀约一些未婚的男青年一起陪伴。有些未婚男性虽然素未谋面，女孩们却总是手脚不停地边纺纱绣花边热情招待，以歌声相问、以歌声相答、以歌声相传，交互心声

村落名称	传统民俗文化特征
占里村	计生文化：占里建寨700多年来，由于区域的生产用地缺乏，吴姓祖先就立下寨规，控制人口增长，一对夫妇只允许生养两个孩子。在占里村所在的月亮山脉中凝练出该区域独特的"生育密码"，且该"生育密码"全世界各地人群都前往探索，而这一"生育密码"，能够有效地让占里侗寨几百年来保持一定的人口规模，确保有限的土地能供养所有活在村落里的村民得于安居生息 行歌坐夜：这是该村默认的一种情感交流方式，也是该村人口延续和社会稳定发展的一种纽带，其实"行歌坐夜"就是青年未婚村民提供的一种交互恋爱情感的行为活动，当地称为"闹姑娘"。主要的呈现方式为该村的未婚男女性村民，利用特定的时间相约在一起进行情歌对唱，通常会在傍晚青年未婚女性相约在一起做女红，而未婚的男性青年会陪伴在左右，并用自己的乐器或者木叶等进行伴奏或者独奏以及唱歌，在这种行为活动中未婚的男女会相互产生出自己内心喜爱之人，在多次参与这种行为活动后，相互心仪的双方会给予一定的定情信物，在"行歌坐夜"这一行为活动中促进了一个新家庭的诞生 蓝靛靛染工艺：村民通过到自然界采集一种叫蓝靛的植物，再通过人工捣烂之后放入一木质桶状的容器，并将清水以及少量的米酒、牛皮汁和鸡蛋清倒入容器中，使其不断发酵，在一定时间的发酵后形成藏青色的染料，这一染液的形成是经过反复浸染、蒸晒、搅拌后并加以养护才最终形成。将纯棉质的棉纱浸染到染料中，并在规定时间内捞出，再经曝晒后得到染了色的布料
坝辉村	坝辉村住户均为水族，至今仍保留有水族民间的民族风俗，如端节、卯节、苏宁喜节等水族传统节日。还有各种的舞蹈，如在特殊民俗活动中进行的角鼓铜鼓舞、斗角舞等是该区域村落必须进行的舞蹈，除了舞蹈外还有一种以独特文字记载水族生活事物的载体（水书），这一载体形成了当地独特的文化，通过对水书的研究可以了解以往水族人民的生活以及相关历史。该村还有水族的服饰制作工艺、刺绣工艺等 端节：这一节日是该区域村落的水族人民最为隆重的节日，该节日甚至可以说是水族的新年。据水族典籍水书记载，水族有自己的日历规定即当地人称的"水历"，而在水族历法年的年末，会在谷物成熟相应的季节开展"端节"活动，而这一节日与当前全国所用农历的八月至十月稻谷丰收之际 水书：水书是当地水族先民通过长期的总结和归纳出来的一种文字，在水族语言中读作"渤睢"。该水书文化在该区域只有老者懂得书写和掌握，目前有意识地对年青一代热爱学习水书文化的青年进行传授。即了解该水书所记载的内容主要涉及水族群体对民俗文化、地理环境以及对天文的认知等，同时还记录对大自然的认识，如对部分植被、部分常见鸟类、部分常见鱼种的认识等

3.人文史迹

　　依山傍水型传统村落传统人文史迹通过现状遗留物质可看到其生活轨迹。这些生活轨迹都是祖辈人工行为改造自然而得的成果，如古井、古屯墙、古寨门、古庙宇、戏台等。例如水塘村普福寺，根据寺前石碑文字记载，该寺建于明朝的崇祯年间。该寺的平面布局为三进四院的空间布局，关圣宫是在平面布局的一进处，二进为大土庵，最后的一进为佛殿，三个空间分别承担不同的使用功能，整座寺庙风貌较为独特。寺庙历经几百年的风吹日晒，关圣宫已被拆除，现已不复存在，目前能看到的是复原的大土庵和佛殿，在寺庙内现尚存一棵直径 110cm 左右的紫荆花，在该区域也极为罕见。寺庙目前已经确定为"盘县文物保护单位"。还有清江村的码头、古街道等区域至今依然透露着早年繁华的印记。这类型村落的人文史迹通过归纳主要特征如表 4-8 所示。

表 4-8　依山傍水型传统村落传统人文史迹特征

村落名称	传统人文史迹特征
镇山村大寨	古井：在村北进寨路上有一口石材围合的古井。四周是用石板做的铺装，是村民重要的日常取水、洗衣、洗菜的地方。全村现存 3 棵古树，是村民在特定时日举行传统祭祀时的主要选址。古屯墙始建于明万历年间，是由条形方石块堆砌而成，具有防御功能的石墙，虽大部分城墙已倒塌，部分保存良好 上寨石巷及寨门：上寨石巷的长度约为 100m，沿石径两旁排列着有序的由石木构造的合院居民，明清以来上寨村民由此出入。村内南北两座寨门是村民的主要出入点，均由巨型料石所建，北寨门是村落的主要入口，南寨门保留了部分原貌，是上寨和下寨的分界点 古墓：是镇山村大寨始祖李仁宇将军的墓葬，位于与镇山村大寨隔水相望的李村，墓前立有青石质墓碑，墓碑上刻着"李仁宇将军墓"，另一个石碑碑文上详细记载了李仁宇将军迁入镇山村的相关历史信息
水塘村	普福寺：建于明代崇祯时期，建筑形式为三进四合院，前面是关圣宫，中间是大土庵，后面是佛殿，三个院落呈台阶状，层层叠叠，颇具特色。寺庙里种有许多桂花树，每逢中秋佳节，徐徐清风便会送来阵阵芬芳，因而被誉为"十里香"。历经风雨，普福寺因为年久失修坍塌，前殿被拆毁重建，只剩下中殿和后殿，但已然失去了原有的面貌，只有寺庙里那棵在盘县也称得上凤毛麟角的紫荆花树（胸径 110cm，树围 340cm，高 780cm）在那里静静绽放着。1999 年 8 月经盘县政府公布普福寺为盘县重点文物保护单位 李氏中医药：李氏中医无门派之分，既勤求古训，也博采众长。晚清李其华在普安州学任斋长兼行医，20 世纪初李春华在盘县城内坐堂行医，他们与城内医生互相探讨，名重一时。李星垣是袁祖铭的老师，袁在广东任督军时，曾请李星垣任医官兼赞军机。李星垣回乡时购回大量医药书籍 水塘文庙：文庙的教员多为李氏，教学之余一起探讨医术，带动了其他教员习医的积极性，发展了水塘的中医人员。他们或受聘到外地任教，多兼行医，扩大了水塘中医的影响，李质夫曾受邓氏之聘到响水任教，医术受到附近村落的尊崇。其子李宗鑫仍在响水一带享有很高的声誉。因秉承医为仁术，医生乃糊口之士的祖训，清代李氏知医者众，多数只是为人开方治病

村落名称	传统人文史迹特征
西江村	文化的"活化石"：雷山西江拥有全世界首屈一指的西江苗乡，它被誉为苗族文化艺术的博物馆和苗族历史文化"活化石"，成为西江苗族文化的一张极具特色的文化名片 吊脚楼：西江村落依山面南而建，吊脚楼层峦叠嶂，呈金字塔状。吊脚楼是指房屋撑柱悬而不落、因地制宜的建筑形式。这种建筑形式是苗族特有的民居样式，也是我国南方地区现存最早的木结构住宅之一。它在中国古代建筑史上占有重要地位。西江苗族村寨多位于高山峡谷中，依山而筑。通常有三个楼层，底层是供牲畜养殖的棚屋，中间层是供人居住的地方，高层则是供客人住宿和存放垃圾的地方。中间有宽敞明亮，用冷杉装饰的堂屋，屋基用大青石垒砌。西江吊脚楼高耸入云，云雾缭绕，低矮的地方则是一片平坦，碧波荡漾
清江村	鹅卵石花街：该街道主要因早期在道路建设时采用江边的鹅卵石来进行铺装而命名。在清江村码头兴起的时候，陆地上的交通几乎处于闭塞的状态，依托水资源兴起了码头，在码头兴起后，村落内的路网也逐渐兴起。为了加强道路的实用性、牢固性、美观性，当地当时的富商召集募资修建了鹅卵石花街。该花街的建成进一步促进了该村当时的经济发展，据记载有"小上海"之美誉 老码头：现在两岸大街还保留着清乾隆四十四年（公元1779年）修建的条石铺砌成扇形的30m左右的石级大码头和小码头，以及禹王宫，观音阁等古寺，古殿宇遗址，古居民，古巷道。还有2013年后复建和新修的大门牌坊张先培纪念馆、阳明书院、风雨桥、广东会馆、接官亭、芦笙广场、女子书院、古戏台、字库塔、鼓楼等
肇兴上寨	肇兴河：是整个肇兴集镇的主要水源，水源给养着村外的耕地，且常年水源充足，河道宽约15m，这里是都柳江水系源头之一，目前也是整个肇兴侗寨的一条水系景观廊道 西封禁碑：碑长69cm，宽34cm，面积为0.22m²，厚8cm，为风化石质。立于清光绪十六年（1890年）六月三十日，坐西向东。额头阳刻"封禁碑"，碑正文为正楷阴刻，对研究侗族文化具有一定的价值 戏台：上寨村两座戏台与鼓楼文化密切相关，当地村民将其称为"仁团"戏台和"义团"戏台。戏台的作用可想而知，主要为该组团的村民提供表现性场所，也为商议事宜的场所之一
肇兴中寨	戏台：戏台都为侗族表演艺术核心舞台。侗族是一个有独特戏剧才艺的民族，创造出一部能够表现出自己悠久历史的戏剧，名为《一侗戏》。侗族村民在每个寨子里都搭建有戏台，更有意思的是在一个寨子内建好几个戏台，每逢节日庆典，都会举行侗戏比赛，可见他们对戏剧的热爱。肇兴中寨中有一座戏台是干栏式建筑，离地1.7m左右，戏台前的额柱上有木雕彩绘，后台有木板墙壁。戏台的建筑构造体现了侗族祖先的智慧所在，是侗族建筑的艺术体现。侗族的干栏式结构，特色民族建筑吊脚楼是他们建筑形式的重要体现 花桥：即风雨桥，是集廊、桥、亭于一体。其中肇兴中寨著名的为礼团风雨桥，始建于清代，东西走向，横跨肇兴河，桥宽4m、长9.9m，占地面积约39.6m²，桥拱由水泥筑成，屋顶形式为重檐六角攒尖顶，桥内设有美人靠 鼓楼广场：鼓楼广场以卵石铺地为主，用植物来划分广场空间和道路空间，形成了封闭空间和开敞空间。可以对广场进行再次设计，把侗族文化体现在景观上，突出民族特色，也不失为村落旅游线上的重要景点

村落名称	传统人文史迹特征
肇兴村	信团风雨桥：现场了解到该风雨桥大概是在清朝的时候建设的，但具体时间没有文字记载。该桥横跨肇兴河，将南北两岸的村民串联起来，有效促进交通环境的改善，该桥全长约 8m，桥身的宽度约 4m。该桥在修复的时候将桥墩换成了钢筋混凝土材质，桥身的结构还是有较高的研究价值 肇兴智团风雨桥：肇兴智团风雨桥位于肇兴村信团鼓楼东北 110m 处，该桥大概是在清朝的时候建设的，但具体时间没有文字记载。该桥与信团风雨桥一样横跨肇兴河，将该片区南北两岸的村民串联起来。该桥全长约 8m，桥身的宽度约 5m，其桥身的长度与信团风雨桥一样，但宽度要比信团风雨桥宽出 1m。该桥同样在修复时采用钢筋混凝土结构作为基座和桥面，在桥面上方用木材建造 1 座歇山顶廊架
占里村	"吴占"和"吴里"：根据现场调研，在该村的历史发展记录宣传栏中了解到，最初"吴占"和"吴里"等祖辈在 1368 年因战争以及生活困难等诸多综合原因从江苏迁入此地。其路线从江苏迁徙到广西，部分迁徙者在广西的梧州进行安家生活，而"吴占"和"吴里"所带领的族群从广西的梧州再次迁徙到贵州从江境内今天占里村这片土地进行生活和繁衍后代。"吴占"和"吴里"在这片地域上过着与世无争的生活 禾晾群：占里村的禾晾也是生活在这一环境中村民探索出来的一种晾晒禾谷的构筑物。该村禾晾作用主要在农历 8～10 月最能体现出其功能，在这阶段村民将一年稻田里收获的禾谷晾晒于此，所用的禾晾都披上了金黄色的披肩，村民看着禾晾上的成果内心无比欣慰，自然也成为该村域一道满怀幸福感的风景线
坝辉村	古水碾：坝辉村现存古水碾遗址一处，已丧失使用功能，但保存较为完好。水碾为利用水力带动旋转的碾子，作为村民传统生活中所用的动能工具，这一工具的基本设备当前还保存着 古树：在村落与河道并行的下游约 300m 处，有 3 棵小叶榕，这 3 棵榕树的年龄在 100 年左右，树的根系较为发达，较多的根须延伸到都柳江中，这 3 棵树较为茂盛，且成为该村民的祭祀活动场所之一 渡口：由于该村建在都柳江畔，所以靠近村落附近的地方村民自发地探索出一处有利于该村生活的码头。因为早期该区域公路不通，村落村民出行的方式依托都柳江的水上交通，所以在该村落环境中有两处码头 古巷道：村落中巷道肌理保存良好，存在几条古巷道，经过修缮，仍处于使用中

（三）半山盘踞和沿脊聚居型

1. 传统建筑

半山盘踞和沿脊聚居型传统村落传统民居建筑多以依山而建为主。建筑材料以纯木结构为主，石木结构为辅。传统民族建筑以吊脚楼居多，早期屋顶为杉木树皮代瓦，近 20 年时间内多数的传统建筑屋顶已经从树皮代瓦逐渐转为灰瓦或者彩钢瓦，树皮代瓦在一些附属建筑还能看到一些，如牛圈、猪圈、谷仓等。传统建筑早期修建时非常注重尽可能少去改变原自然山体，在复杂地形与复杂地貌上创造出来的一种特殊的建筑类型，充分体现出它的独特个性与特色。村民顺应山体起伏修建的房屋，形成的吊脚楼形式多种多样，半山盘踞和沿脊聚居型的建筑平面空间组合没有统一模式，善于根据复杂地形坡面环境的山体的自然肌理、山势坡度以及生态位等综合因素，采取吊（层、柱）、架（空）、挑（悬挑）、切（切角）等手法，构成建筑基底与坡面不同的接地方式，以适应山区起伏不平的地形地貌，取得与山体形态的协调和谐。

这类传统村落中的传统建筑以及其他构筑物的建造同样遵循山地地形地貌。村民的民居、谷仓、禾晾等都充分利用山体地形的高差，使相应的构筑物主动适应喀斯特地形地貌，取得了建筑构筑物与自然山体地段环境的适应性，构成村落建筑群与山体坡面形态有机融合。这类传统建筑大致如表4-9所示。

表4-9　半山盘踞和沿脊聚居型传统村落传统建筑特征

村落名称	传统建筑特征
乐民村	传统民居建筑：乐民村民居主要为四合院的形式，民居建筑的建造结构主要为硬山顶的穿斗式梁结构。房屋的柱梁、瓦顶、墙体主要以木料为主，开间面宽有三开间、五开间、七开间，为两层建筑；一层作为住房，二层多为堆放粮食或杂物，主要集中于村落南部；乐民村村落传统古建筑顺应山体地势而构建，其传统风貌建筑面积占总建筑面积的43.67%，多数民居建筑喜坐西朝东，高低错落，文化深厚，现今整个村落的传统风貌建筑群保留较为完好，除却以老寨为中心构建的部分，新建和贴砖建筑破坏了一些村落原有风貌以外，乐民村整体传统风貌格局较为完整。在村落中心位置，有明代时期所构建的古城城墙，内有一条南北分布约160m长的古街，城内有东、南、西、北四处大门，其中南门为古牌坊，其余三门分别为传统街道和古驿道的尽头，自东向西，古驿道长约1 200m，自西而东延伸至西门山口寨，明朝时期构建，文化底蕴深厚；古驿道现今只有西山口有200m左右的路面无损外，其他的已经损坏而被硬化路替代
百卡村卡嘎布依寨	传统民居建筑：该村现存传统建筑主要以纯木结构以及石木结构为主，建筑为穿斗式小青瓦顶式依山顺势而建，东南屋面为硬山形制，西北屋面为庑殿形制，门前有石阶晒台，大多建筑面阔三间，面阔通常为12.8m，进深两间，通进深8m，高6.5m。若石木结构房屋，房墙体由当地黄色磨石质料石较为规整干砌，房屋坚实耐用，不易被腐蚀，该建筑为研究当地民族文化及民居建筑提供实物依据，具有一定历史及建筑科学价值。在房屋的功能上，传统的两厢式房屋结构分为里外两部分，外面从左到右分别为左厢房、堂屋、火房，里面均为厢房。左厢房一般为一间，右侧为火房（厨房）一间，与堂屋和火房垂直并在明屋、火房后面的两间为厢房。卡嘎布依寨民居外墙上一般开窗口都比较小，在整个建筑外形上相比其他以纯木结构民居显得厚重、稳固、坚实耐用以及防御性较强

续表

村落名称	传统建筑特征
堵德村	传统民居建筑：堵德村是布依族居住的典型传统古寨，其中的传统建筑的形式主要以典型的干栏式吊脚楼建筑为主，与黔东南吊脚楼有着相似之处。吊脚楼大多依山靠河就势而建，讲究朝向，坐西向东，或者坐东向西，它属于干栏式建筑，但与一般所指干栏有所不同，干栏应该全部都悬空的，而吊脚楼只有正屋建在实地上，厢房除一边靠在实地和正房相连，其余三边皆悬空，靠柱子支撑，所以又称吊脚楼为半干栏式建筑。其建筑材质因地制宜，所以都是取自当地木材。现存传统古建筑物占整个村落建筑面积的 74%，且建筑形制、外观等基本保存完好。吊脚楼的使用方式，一般是正屋和厢房的上面住人，厢房的下部有柱无壁，用来喂养牲畜、堆放杂物。村落中民居建筑分布连片集中，风貌协调统一，村落格局和肌理保存完好，仍保持了传统村落的活态。这就是既要使建筑文化遗产的生产、生活、生态等社会发展正常进行，人们还要在建筑内外环境空间中工作活动，在发挥建筑功能作用的同时，还要适当改善和提升建筑风格的独特性，对于研究布依族的文化、信仰和建筑艺术具有很高的价值
岜沙村	传统民居建筑：岜沙村传统民居体量较小，一般分为两种类型，矮吊脚楼与楼房吊脚楼。坐落在山梁上的传统建筑大多是矮脚房，主要是防止房屋高度太高会被大风吹歪或吹倒。矮脚楼不设置底楼，大多数情况下会在柱子距地面 50cm 的地方穿枋铺枕镶楼板以隔地防潮。屋内结构与设置大体与楼房相同，楼房一般建造为 3 层，底层墙板使用横装，大多用来圈养一些牲畜以及堆放柴火、肥料等。二层则设为火塘、长廊、卧室，是居住者的主要活动空间。三层用于放置平时少用的杂物，村民家中有水牛角的放在三层楼板上，有的还会绑在楼房中柱上；而矮吊脚楼人家的牲口则主要圈养在房屋一侧的偏厦里。该地区的民居大多是两排间两厦和三排间两厦，建筑材料为杉树（也是当地材料），屋顶为歇山式，用杉树皮或小青瓦进行覆盖。 禾仓：岜沙人门前屋后均建有禾晾和禾仓，收回的粮食会先在屋外特别制作的禾晾上晒干粮食，然后放置于屋外的禾仓中。禾仓所使用的柱子比较粗大，一般直径达到 20cm，有的甚至还要大一些。禾仓大多数底层不装墙板，所以建造时会在第二层串枋上架楼枕，再铺楼板。不过在特殊情况下禾仓墙板若选择横装，则在底层每距 30cm 左右装一块横枋。横枋制作方式是把杉树锯成两半，劈成近似三角形。这种装法与建造房子不同，也和其他地方的禾仓装法稍有不同。禾仓墙板满装，不留窗户，只留一扇门进出，防止储存时过于潮湿，不能长期保存。取放禾把时，大多数村民用独木梯上下。独木梯平时也放在家中，有人还会放在进出禾仓的过道上
加车村	传统民居建筑：加车村的传统建筑部分建于民国时期，部分建于现代。此村中民居建筑一般为 2~3 层结构：底层用于生产工具、储存肥料和圈养家畜；第二层则作为客厅、堂屋和厨房，其中部分建筑堂屋外侧设有"美人靠"，是苗族建筑的一大特色；第三层用于存放金属、木材等生产生活材料。该村传统建筑风格为苗寨传统建筑，其中包含吊脚木屋、小青瓦、四面坡，和烟囱中飘出的袅袅炊烟与房前屋后的层层梯田构成了一幅大自然与古村落交相辉映、和谐美丽的画卷，令人赏心悦目，也是我们可以借鉴的经验。不仅如此，村落中传统建筑数量较多，大部分保存情况较好或一般，少数建筑已腐朽倾斜，破败不堪，这也充分说明我们对传统村落的保护还要不断加强。整个村落皆为传统民居，并以木质的吊脚楼的建筑形式为主，有着独特的文化价值及较大的参考价值

村落名称	传统建筑特征
南猛村	传统民居建筑：南猛村与加车村较为相似，一部分传统民居建筑建于清代或民国时期，另一部分建于现代，所有建筑均具有苗族吊脚楼的特色。吊脚楼的外部造型与其他村落较为相同，大多为四榀三间，上下3层，底层进深较浅，其功能只能用于圈养牲口。二层则是半虚半实，也就是所谓的半边楼，且二层一般三面带廊，可从山面经廊进入堂屋，是全家活动中心。于楼空部位，其上铺楼板，使之与实地相平。另外，还有三开间带一耳房、三开间带一迭落、三开间带里迭落、四开间吊脚楼等，屋面也多为歇山顶 粮仓：南猛村的粮仓共有15座，分散于各个自然寨中，与村中吊脚楼的建造时期相似，大多建于清代和民国时期。其布局完整，设施齐全，具有防火、防鼠、防水、防潮等功能，满足居住者的需求。粮仓主体布局基本保存完好，和周边环境并无冲突。这些粮仓按山体等高线排列，体现了祖先的奇思妙想
郎德下寨	传统民居建筑：下郎德村传统民居以2~3层的木质干栏式吊脚楼为主，底层与顶层多用于饲养牲畜、贮藏物品，二层作为生活空间，大多盖青瓦，平顺严密，大方整齐 寨门：该村寨门现存完好，是村民迎来送往，与客人唱拦路歌、向客人敬拦路酒的空间。每当在过苗年、吃牯脏（杀牛祭祖）的时期，村民送客过寨门，除群集于寨门唱歌、喝酒外，还会举行打酒印、拴彩带、挂红蛋等仪式
怎雷村	传统民居建筑：该村现有民居建筑200余栋，百年以上的民居有14栋，多为单体两层建筑，少者为三层。怎雷村古建筑群，通常面阔三间，进深两间，周围不设栏杆及走廊，梢间置楼梯。从使用功能上看，明间是公共活动场所，通常作为接待客人、举行各种家庭活动的功能去使用。梢间作为休息空间，一般设置为三室四间的卧室。底层设有石碓间、杂物间及喂养牲畜的场所等。楼梯则考虑设置在房屋一侧，因地势而定左右，从底层上楼，开小门直进明间，考虑到安全及楼梯防护问题，现在在楼梯上安置盖板，形成两道安全防护门，可防野兽及盗窃者的侵入

2. 民俗文化

半山盘踞和沿脊聚居型传统村落传统民俗文化与其居住的民族文化相关。这类村落多以少数民族文化为主，如主要有布依族、苗族、水族文化外，还有少数迁徙的汉族文化。各民族的传统文化在各自村落环境中随时间的更替和社会环境的演变，这类村落内的传统民俗文化也在发生变化。

3. 人文史迹

半山盘踞和沿脊聚居型传统村落传统人文史迹主要以其村落环境的古驿道、古树、古井、庙宇、禾晾、古桥等体现出来。这类村落归纳传统人文史迹如表4-10所示。

表 4-10　半山盘踞和沿脊聚居型传统村落传统人文史迹特征

村落名称	传统人文史迹特征
乐民村	古驿道：古驿道为洪武年间的屯兵带来便利，为六盘水境内有屯堡文化的传统村落的形成奠定了基础。村内有一条明朝时期构建古驿道从乐民村穿过，自东向西，长 1 200m 的石阶古驿道，文化底蕴深厚。现今除西山口的 200m 左右段面依然无损外，驿道中部段面已经损坏而被硬化路替代。在村落中有 160 余株古银杏树，同时村内还有古城墙、古井、古驿道等。村内还有起源于清代举人杨元奎的木工技艺和嫡传三代的胡琴曲艺、清代李姓曲艺文化，这些历史人文要素勾勒着乐民村历史人文脉络，具有较高的历史人文价值
百卡村卡嘎布依寨	村落古道：百卡村卡嘎布依寨在村中有一条联通各户，长约 1 500m、宽 1.5m 左右的古石道，是村民用当地石料铺设而成，路面多呈"井"字形，相传这条古道建于明朝时期，该道路留下了从明朝至今村民的足迹 村落古井：该古井是该村布依族村民的生命之源，据现场调研发现该古井位于古石道旁，从井边石碑上记载得知该古井大致建于明朝时期，具体时间有待进一步验证。古井水源清澈，具有喀斯特地貌地区水源形式 古树：该村有树龄 500 多年枫香、100 余年树龄的朴树；青冈最大树龄 100 余年；罗汉松 1 株 200 多年；香樟 3 株最大树龄 200 余年
堵德村	古树古井：堵德村的古树主要栽种在两个区域，在村域内有古树 17 棵，传统村落内有古树 11 棵。古树种类众多，主要以枫香、榕树、金丝楠木为代表。该村内有一口深 1.5m，井口东西长 2m，南北宽 1.25m 的古井。据了解该古井大致修建于清朝时期，具体时间有待进一步确定。井壁用长方形石块围合而成，井盖用长方形石块遮盖，井内水源从未间断
岜沙村	岜沙晒禾架：传说岜沙部落苗人自称是蚩尤的后代，岜沙人古时过着半猎半耕的生活，猎枪是不可或缺的生产工具。农业生产技术相对落后，如使用晒禾架晾晒谷物，落后于广泛流行的脱粒晾晒。晒禾架上木杆数量表示家中人口有多少。添丁加一棵木杆，若看到新木杆，那这家一定刚刚生了小孩
加车村	乌税山：从现场调研了解到关于"乌税山"的传说故事，该村老人说他们的祖辈王故拆、王故西两兄弟在明朝时期带族群迁入这里。在故事中大概讲述兄弟俩在一个叫丹寨的地方捕猎，在捕猎的过程中追随猎物来到植被茂盛的"乌税山"，在该区与路过泥潭时其中一兄弟无意间掉落身上携带的禾谷种子，再次追踪猎物到这里时，发现泥潭里的禾谷长势较好。后来兄弟俩便将部分族群迁入了今天的加车村，村民到了这里重新开垦农田以及农作物种植的耕地，慢慢地发展成今天的现状
南猛村	芦笙歌舞：该村对芦笙歌舞的喜好程度呈现在村民群体部分男女的各个年龄阶段。而这一行为活动的产生，主要是该村的杨炳福、杨炳芳两位"芦笙歌舞"爱好者将该村自成体系的芦笙歌舞文化带到较大的舞台进行展示，兄弟俩这一举动，回国后得到国家的大力支持，原文化部把该村命名为"芦笙舞艺术之乡"，这一行为活动积极推动了村民热爱"芦笙歌舞"的举动，有力推动了该村的"芦笙歌舞"文化的发展。该村除了芦笙歌舞还有成片高大的古枫、杉木、香樟，体现村民非常注重生态建设

村落名称	传统人文史迹特征
郎德下寨	古粮仓：下郎德村建有古粮仓，坐落于寨中，至今保存完好。该粮仓的建造技艺值得研究，粮仓建造一水塘之上，将一方形粮仓的四根立柱放置在水塘中，四根立柱下垫柱础，在立柱上方约2m处设置楼板与粮仓的围合站立板，以及顶板，粮仓顶上用杉木树木进行覆盖，整个粮仓底层周围环水，主要的功能为预防老鼠的偷粮与村落发生火灾时用水域隔断火源，确保粮食的安全存放 风雨桥：下郎德村为苗族聚居的村寨，该村的现存的风雨桥早期为通往小河对岸的主要通道，其构成的形式同样由桥墩、桥拱支撑柱、桥面以及在桥面上方的亭子和廊亭，其中廊亭的制作工艺与肇兴侗寨的风雨桥制作相似，都是在原始木为基础进行加工，通过该区域的木料凿榫衔接，横穿竖插而建成，廊顶用小青瓦覆盖
怎雷村	禾仓：怎雷村主要以水族村民聚居，该村的禾仓（粮仓）建造比较独特。据现场了解到该村村民遵循着"不管有房、无房，都要先盖禾仓后修房"的传统祖训。在该村内目前还有现存的禾仓111个，其功能主要为储藏禾谷等生活必需品，而禾仓的建造材料全以木质为主，多与居住的房屋保持一定的间距 水书：该村的水书是本民族创造的一种文字符号，用这种文字符号来记录水族的发展历史。在水族语言中读作"渤睢"，其主要记载水族祖辈对天气变化、日夜交替、地球表面土壤、石头自然植被等的认识，还有民俗活动表现形式及对大自然的敬仰、伦理等相关信息。考古专家发现该地区的水书与河南偃师二里头遗址夏陶上的符号有相通之处，水书研究者以及当地的水书先生甚至可以大致解读其含义

（四）支流小盆地型

1. 支流小盆地型传统村落传统建筑特征

支流小盆地型传统村落传统民居建筑河流两侧随地势起伏和山势布局。建筑材料主要以石材与木材相结合为主，传统建筑内部结构是木质干栏结构为主。各村的建筑特征凸显出村落环境资源和文化背景，例如鹅毛寨村民居保持着合院的形式，多为一正一面合院或三合院及四合院等传统建筑格局，面房多采用干栏式建筑的架空形式，底层圈养牲畜，二层是住房或堆放粮食所用。整体民居建筑群根据台地自然组合，在建筑的大门及梁枋等处的用材能体现出当时居住者的财力，从建筑细节的门枋、腰线还有窗花、吊柱的装饰，可看出当时工匠们的精湛技艺和居住者对美好生活的向往。支流小盆地型传统村落传统民居建筑，典型民居建筑物是以木结构瓦房建筑式样为主，有一层、二层、三层的土木质抬梁穿斗式建筑。村落中建筑内部主体为木质结构，部分山墙多为石块堆砌而成。这类型各村传统建筑特征归纳如表4-11所示。

表 4-11 支流小盆地型传统村落传统建筑特征

村落名称	传统建筑特征
批林村	传统民居建筑：该村河流两岸的缓坡上分布着相应的传统民居建筑。该村的传统民居建筑多以木质结构建为主，全村的传统民居建筑室内空间较为丰富，内部的隔墙有木板或竹制隔断。建筑单体的地基多数先找平，而找平的方式较多，有的在平缓的地块上挖土找平，还有建在坡度较大的区域的建筑，通过用方石建造挡土墙，在挡土墙上方找平后再修建房屋。所以该村的民居建筑高低错落地分布于缓坡地带上。三开间分布的民居建筑数量较多，而建筑有两层和三层的组成较多，两层的单体建筑，一层为卧室、厨房等功能空间，二层为阁楼，其空间为谷物等储藏功能空间；而三层的单体建筑，其中一层的空间为牲畜、杂物的储藏空间，二层有卧室、厨房等功能空间，三层形成的阁楼空间，其功能多为谷物、玉米、辣椒等粮食的存放空间。整栋房屋四面均用木板装修，在窗台以下有木制或石制两种形式的墙身，房屋木柱以 5 柱或 7 柱落脚，房顶为悬山屋顶
地关村（平顺坝）	传统民居建筑：村内建筑都是木结构，建筑内部空间较大，传统建筑是成片分布于村落中。主要传统建造工艺为穿斗式木质结构，小青瓦坡屋顶，建筑以四列三间、六列五间木瓦房为主，次间均有阳台。内部一般为两层，一层的楼板（木地板）称为"地楼"，二层的楼板称为"天楼"，卧室及烤火房（会客间）设置在地楼，天楼正面与屋顶间不封闭，设置美人靠，形成阁楼 　　建筑装饰文化特色：在村落传统建筑集中连片区，大多数的民居为石阶檐，房屋窗子有雕花，内容为花草动物。寨建筑的最大特点是木头的精雕细刻，雕窗、美人靠、挂落、垂柱，每一件都工艺精美。屋角的部分采用反翘，故名"飞檐"。正所谓"一方水土养一方人"，不同的地理环境导致建筑材料不同，从而产生不同的布局形式和建筑形式。正因为地理环境的差异性，在因时制宜和合理使用的条件下，从而展示出了不同的建筑风貌
鹅毛寨村	传统民居建筑：鹅毛寨村民居保持着合院的形式，多为一正一面合院或三合院及四合院等传统建筑格局，面房多采用干栏式建筑的架空形式，底层圈养牲畜，二层作为住房或堆放粮食。整体民居建筑群根据台地自然组合，其中建造的梁、枋以及门窗等地方非常注重装饰，而装饰的纹样有的较为抽象，有的较为精美的雕刻，我们通过观察这一装饰细节能体现该住户修建房屋时的经济状况。居民典型建筑物是以木结构瓦房建筑式样为主。有一层、二层、三层的土木质抬梁穿斗式建筑。村落中建筑内部主体为木质结构，部分山墙多为石块堆砌而成。民国时期及 2000 年前修建的单体建筑或是四合院，其外立面依旧沿用石块堆砌的整体风貌，而 2000 年后修筑在结构和外墙都采用水泥河沙、红砖、瓷砖等材料。保存较好的房屋（中间为正房，设有家神及供柜，为议事场合），正面窗子、房檐等木结构，有的人家窗檐花纹雕刻精致、文雅优美，入户仅有一道进出口即朝门，安全性极强 　　田家合院：田家合院包含一正房、两耳房，面房都是梁构架，悬山顶，房屋结构较为完整，房屋内部保留着原有传统民居室内格局，正房一层为客厅、厨房，二层为杂物房放，一耳房一层居民住，二层闲置，另一耳房一层为牛羊牲畜棚，二层为居民居住，富有干栏式建筑特色及黔西民居特色的地域性多民族民居特点

村落名称	传统建筑特征
隆里所村	传统民居建筑：传统建筑由民居、宗祠、寺庙、书院、城墙、桥梁等组成，多数建筑传承着徽派建筑和江西民居风格，建筑平面多为三开间约10m宽，进深8m左右的2～3层木架结构房屋，建筑内部结构采用穿斗式人字坡屋顶，厚实的山墙，建筑地基约高出地平面1m高。例如，"科甲第"等建筑内设先门第，再前屋、正屋、后屋，每一层屋由天井分隔，大门外墙呈外八字形组成，城中建筑处处透露明清时期江西以及徽派建筑风貌 陶家大院：坐落在城内东北隅，是清代木商陶明哲的居所，也是隆里最具代表性、保存最为完整的古代建筑之一 科甲第：坐落在南门大街上的天井由青石板铺砌而成，天井的地面上安放有清石防火缸、龙蟠护、翘角凌空悬垂、白墙悬瓦、古香古色、满山的彩画或是花鸟鱼虫，或是山水人物，栩栩如生 书香第：寓意世世代代都是文人墨客。坐落于南门大街，在晚清时修建，是江氏的府邸，其形式为三间二进二天井且堂屋的四面窗棂各有不同的花窗 祠堂：王氏祠堂（所王）坐落在王家巷内，是烽火墙围厅堂式的建筑，内天井、木构均采用抬梁式及穿斗式，祠堂的柱子上有三副长短不一的对联，叙述了王家迁徙的过程以及对后人的训导
阳光村营上古寨	传统民居建筑：营上古寨村现存民宅的建造时间多为清代至民国年间，当地居民因地制宜，就地取材，建造了许多采用穿斗式梁架结构和四合院式庭院布局的建筑。它的装饰具有很强的生活气息，一般以雕刻手法为主，是当时科技、生产力水平的真实写照 王永年故居：该故居是在民国时期（20世纪30年代）建造的，房屋整体坐西南向东北，是拥有一个正房两个厢房的三合院。呈两层砖木结构，屋顶为穿斗式悬山顶并铺设了小青瓦，正房为面阔五开间，进深二开间，东厢地下层为牲畜房，与东厢相邻的偏房是两层带回廊的木结构穿斗式吊脚楼。其占地面积约500m²，建筑面积约890m² 碉楼：在20世纪30年代营上已建成的三座石碉（王家碉楼、刘家碉楼及王家六角碉楼），是迄今为止营上最为耀眼的建筑物

2. 民俗文化

支流小盆地型传统村落传统民俗文化在各类村落日常生活中不可或缺。传统民俗文化特征因村而异，如鹅毛寨村的民族文化节日：主要包括彝族火把节以及左脚舞，还有布依族的铜鼓舞、织布舞等，苗族插花节及酒歌、山歌等活动。民俗信仰是寄托人们对美好生活的期望和对人生的关注，能有效引导村民的内心在遇到困境时寻找依托和引导村民内心走出困境，并用勤劳的双手去创造美好的生活。美好的道德信仰可以净化社会不良风气，培养人们良好的行为习惯，在一定区域环境内有效地维护区域社会环境的和谐稳定发展，营造和谐的社会环境,如平顺坝村的"踩山坪节"则是村民们内心期盼的节日,"踩山坪节"是苗族支系中"花苗"苗民展现爱情的特殊日子。节日当天周围几个村落的青年未婚男女,身穿本民族未婚时的最为典型的盛装,来到"踩山坪节"指定的地方进行聚集,在这里未婚男女通过跳民族舞、唱民族歌向自己心仪的对象表达爱意。从社会学的角度来看"踩山坪节"具有协调和促进的作用。

传统村落环境的生活中凝聚生活的基本功能。村民为了满足农耕生活需求,探索出来的各种耕田用具制作技艺,房屋建造、石锅、石碓、石碗、木瓢、刺绣、银饰以及各类竹编等技艺,而这些为满足生活所创造出的行为活动在村落环境中一代又一代延续和更替,这种教育模式是潜意识在民间日常生活存在和传承的,正如冯骥才先生所说:"中国社会正在从农耕文明步入工业文化,在传统村落里,有文明民族记忆和精神传统,有民族的终极价值观,有民族的 DNA 和特有的审美,有我们丰富多样的文化创造,这些东西必须保留,必须传承,不能失去。"而支流小盆地型传统村落传统民俗文化如表 4-12 所示。

表 4-12 支流小盆地型传统村落传统民俗文化特征

村落名称	传统民俗文化特征
批林村	高坡苗族乡具有浓郁的民族风情,以高坡苗族的"四月八"、苗族婚俗、射背牌、跳洞、斗牛、洞葬、悬棺和吃新节等习俗为特色。其中最盛大的当数苗族"四月八",在高坡苗族中有着悠久的历史,是高坡苗族的传统节日 　　跳洞:苗族人最喜欢做的一项民俗活动。苗族人民能歌善舞,特别喜爱芦笙,在节庆时,男的吹着芦笙,女的则是兴高采烈地舞蹈 　　传统图案:相传苗族前人在战乱中,男人们四处去参加作战,人马分散很广,危急时刻,苗族统帅者为保其"四方印章"的安全,也为战争平定后和战后迁徙能方便联系,便将"四方印章"印在女子身上,要求妇女们赶快从战争中逃出去,可是她们却不愿意离开,一怒之下,统帅者将无头箭射出使男女双方分别,而这种方法又被后人传为美谈,人们就给妇女们穿上了带着"四方印章"图案的背夹,此后,披印牌图案背牌就成了高坡苗族的专用装戴。后有女子以各色蚕丝花线按"四方印章"图案绣于黑布之上,这样便有了今天我们看到的高坡苗服饰文化 　　苗族射背牌:"射背牌"风俗是由于青年男女不满意和无法抗拒父母所规定的婚姻而与家人达成妥协的结果,它给执着爱情者带来了心灵上的安慰 　　苗族银饰制作工艺:苗族经典的银饰加工工艺。银饰品不仅造型美观,而且具有很高的实用价值和艺术价值。整件银饰的生产需要经过熔银、焊接、塑模、压制和雕刻的过程 　　苗族芦笙制作:高坡苗族乡于 1993 年被省文化厅授予"苗族芦笙艺术之乡"。高坡芦笙的制作技艺被列入省级非物质文化遗产重点保护项目

村落名称	传统民俗文化特征
平顺坝	**婚俗**：平顺坝村为花苗聚居地。花苗人在漫长的生产生活过程中创造出了独特的花苗文化，婚俗就是花苗礼俗的集中反映。其定亲、婚娶过程成为花苗礼俗文化的精华所在。2005年12月29日，贵州省人民政府将茅坪花苗婚俗作为第一批省级非物质文化遗产申报。迄今仍以活态方式流传着，与村落有着紧密的联系 **踩山坪节**：每年的三月三、六月六、九月九为花苗人民一年一度的踩山坪节，这是年轻男女们最激动的一天，节日当天他们会穿着盛装到达集会的地方，欢乐地跳舞，唱情歌来表达对彼此的爱意 **苗族服饰**：平顺坝服饰的特色主要表现为女性所穿上衣较其他苗族分支绣得多，如今的花苗服装（女装）周围都是如高山般的三角形花纹，而这些高山般的花纹隐喻了苗族人被迫迁移到大山深处，生活在深谷之中，象征着苗族人永远如一座大山一样挺立
鹅毛寨村	**宗教信仰**：鹅毛寨村是一个容纳众多民族的古朴村落，多民族共荣在这里得到较好体现。全村多民族混合居住生活，有汉、苗、白、回、布依、彝等多个民族，各民族文化特色与传统的农耕文化形成多元复合型的鹅毛寨村文化根基。民族文化有鹅毛寨观音寺，观音寺属民间信仰（宗教信仰），该寺庙距今有100余年的历史，该寺庙现有僧侣8人，该寺庙对当地村民起到祈求内心平静等作用，同时在村民的支持下世代相传。近二十年来当地附近村民与寺庙形成界定式"观音会"的时间，当地村民遵循在前辈约定的时间内开展相应的活动，如在每年农历二月十九日、六月十九日及九月十九日进行相关民俗文化活动，且每次活动开展的时长约3天，在农历二、六、九月的十七日起经，十八日念经，十九日了经，此期间与寺庙住持进行念经、烧纸、吃斋饭等活动，祈求相应的神灵保佑自己和亲人消除灾难，并引导大众多做善事好事，不做坏事 **民族文化节日**：主要包括彝族左脚舞、织布舞、糖包舞等，苗族插花节及酒歌、山歌等活动。民俗信仰是寄托人们对美好生活的期望和对人生的关注，传播正能量的宗教信仰能指导和修正人们的社会物质生活与精神生活。美好的道德信仰可以净化社会不良风气，培养良好的社会环境，营造和谐的社会环境
隆里所村	**花脸龙**：在该区已有千余年的历史，是明代屯军形成并传承至今。"花脸龙"主要是用颜料在扛龙人的脸上用颜料画上五彩脸谱，生、旦、净、末、丑表现得淋漓尽致。在以苗侗文化为主流的黔东南，隆里古城作为处于南北分水岭线上的一个社区，却坚守传承花脸龙这一独特文化，在中国传统历史文化中是一股清流，独具一格 **玩故事**：又叫"迎故事""迎春"，与当地盛行的"各类表演"的表现形式相同，只是它们表演的场地没有固定的舞台，演出场面是自由的。玩故事时间在元宵节前后，连续举行3天，第一天表演的是《观音酒净》，第二天表演《仙姬送子》，第三天表演《唐僧取经》等，除以上节目外，还有《八仙献寿》《天女散花》《七姐下凡》等剧目，也是当地村民为祈求美好心愿，驱邪迎祥，歌颂美好事物的剧目
阳光村营上古寨	**苗族飞歌**：是他们苗族村民自发的一种歌唱形式，声音清脆洪亮有气势，一般在田间劳作时或上山或狩猎都可自由演唱，演唱歌词多为情歌 **苗服饰工艺**：营上古寨的苗族其服饰色彩绚丽，服饰上的图案与刺绣、蜡染工艺是离不开的，而图案是历史大迁徙的抽象与简化，看他们的衣服就能看到他们苗族沉甸甸的历史。随着时代的发展，苗族文化已经逐渐走向消亡，但在他们的村里，还能看见他们的染缸，闲置的老式纺车和刺绣的苗女

3.人文史迹

支流小盆地型传统村落传统人文史迹与村落的日常生活关系紧密相连。有祭祀台、古井、古道、古墓、庙宇、宗祠、石雕石刻等。例如，隆里所村的古桥，其状元桥位于隆里古城北 500m 的龙溪河水口处。明万历二十二年（1594年）建，主要为纪念唐朝诗人王昌龄贬谪隆里而建。当前现存的"状元桥"是崇祯二年（1629 年）重新修建桥梁，该桥由三孔石拱构成，东西向跨钟灵河，桥基座为大块青石开凿成大块方形石，并多块方石砌成。桥体两侧同样由长条方石整齐砌成，桥面则铺设大块青石板，从桥的西面走上桥面，一共需要攀爬由青石板筑造的 21 级石阶，走过青石板铺装的桥面来到桥的东面，从桥面到与地面相连处得走下 18 级青石板砌成的石阶，"状元桥"目前整体保存完好。这类村落传统人文史迹特征因村各异，这类村落各村的人文史迹特征归纳如表 4-13 所示。

表 4-13　支流小盆地型传统村落传统人文史迹特征

村落名称	传统人文史迹特征
批林村	祭祀桩：在该村的祭祀桩的应用与被祭祀的辈分有密切关系，而且祭祀的行为活动与十二生肖密切相关，只能在限定的几个生肖所属年才能实施祭祀活动。该村为苗族村民，该村村民的祭祀活动会在鼠年、狗年、猪年、龙年进行祭祀，他们认为这四个属相年是"吉祥年"，而其他年份则不会开展相应的祭祀活动。在祭祀活动时对祭祀桩的选用是有区别的，在祭祀父辈时会选用一个叫"水牛桩"的树桩来杀牛并开展祭祀活动，而祭祀祖父辈时则用黄牯牛桩来杀牛进行祭祀，从而在该村有两种"祭祀桩" 溪流：批林村由两个自然组组成，在两个自然组之间没有公路时，将两个组串联起来的纽带就是门前的溪流。早期村民为防止溪水将两岸的农田冲毁，便在溪流两岸用大块石头进行加固，目前这些石块依然发挥着作用，为两岸的农田起到保护作用 古井：从井边石头的记载上得知该井建于 1935 年，井壁都采用大块石板围合，将周围的泥沙、散水与井中的水分隔开来，该井常年不干涸，水源相对稳定，目前水清可口，当前依然为村民的饮用水源之一 批摆晓谕碑：该碑上记录在光绪七年立，此碑大致在该村具有一定的村规民约的约束性作用，从该碑上的文字获得的信息是与"批摆等处应纳余银事"有关，碑上文字约 200 字，其主要作用应该是警示村民，并让村落履行相应的村规民约，不得违背相关的村规民约，若有违背者，就按记录在上面的内容执行，具有维护地方安稳的作用
平顺坝	古墓：平顺坝目前发现的古墓较少，访问到有一处，从墓碑上的信息可以得知这座古墓为清朝时期埋葬，墓碑的基座用较为大块石材制成，墓碑两侧的石头支撑柱、碑头都刻有图纹 石阶梯：平顺坝的阶梯材质与其他地方的相似，都是用方条石或者大块的石材按照一定的高度和宽度有规律地砌成，在地形高低的分布下，石材砌成的阶梯发展到今天依然体现出阶梯的适应性功能和稳固性，石质的阶梯同时遗留下建造者的技艺、心血、汗水以及历代村民的印迹

村落名称	传统人文史迹特征
鹅毛寨村	标语墙：鹅毛寨村的红色标语具是中国工农红军途经此地留下的墨宝，在肖家院子的墙壁上留下着"红军优待白军俘虏"的字样 观音寺：观音山为早期村民精神的寄托的核心寺庙，寺庙的装饰图纹、浮雕动植物线条流畅，形态生动
隆里所村	宗祠：隆里古城中的宗祠现存较为完整的如东王、姜氏、陈氏宗祠等。最为典型的是东王宗祠，该建筑的大门与牌楼镶嵌为一体，门楼以及防火墙都具有江南建筑风貌，外墙为青砖砌成，步入牌楼进入过厅，过厅地面用薄片方形青石板铺装，宗祠的外墙为防火墙 陈氏宗祠：占地面积在350m²左右，建筑的朝向为坐南朝北的空间布局，该建筑平面空间的布局从外墙与牌楼镶嵌为一体且正中开设的大门步入，紧挨着牌楼建有耳房，穿过牌楼与耳房下的过道后，就是天井的空间 城墙：最为壮观的就是古城的城墙，最早隆里古城的城墙为夯土墙，据记载在1386年开始修建，直到1475年开始对城墙实施加固，用当地盛产的鹅卵石把城墙加固到厚3m和高3m左右的规模，城墙发展到今天保存较好。在城墙外围开挖有护城河，护城河发展到今天部分已经成为农田，还有少部分依然还存在 城门及护城河：隆里古城在平面构图中设有清阳门、正阳门、迎恩门以及北门共四道门，清阳门即东门，正阳门也就是南门，迎恩门则为西门。每一道门与中国传统文化密切相关，如东门采用深厚的文化寓意"紫气东来"，其功能是军队和当时的达官贵人进入城池的主要通道；比较特别的是设置内外两座城门的是南门以及西门，在这两座门前分别设有一堵城墙，在沿道路走出城门后，需要"勒马回头"旋转九十度并走出第二道城门才能直达城墙之外；而北门则为传统文化中隐藏内心感性认识的，古语中"北""败"音相近意可互通，所以北大门历来封存不开，且在城门楼上设寺进行供奉祈求平安。除了这些还有外围用石头夯实的城墙，城墙上设有跑马道，城壁设有"天灯座"，用以传递讯息，古城墙外有护城河，以防敌人侵袭 街巷：东西大街（东面称来脉街，西面称节愍街）形成于明清，卵石铺面，长约240m，连接东、西二城门，为城镇中轴线，民居、祠堂排列两侧，街道连绵悠长；南大街（亦称蜈蚣街）形成于明清，卵石铺面，长98m，连接千户所衙门至南城门，路面宽广，地面铺设成蜈蚣图案，两侧古宅考究；张所街（亦称官街）形成于明清，卵石铺面，长约92m，因在此街居住的张应诏历官十一任，官至鸿胪寺少卿等职而得名。街上凿有吊井、两侧古宅考究，街景古朴；安定街（北大街）形成于明清，长约90m，街头保留有旧城墙，北门闭而不开，街巷悠静 古井：董家井位于西门大街上，为隆里最具特色的吊井。泉远井又名天井，位于隆里所东南角，乾隆十八年（1753年）隆里人集资修建，井四周镶以石栏，外围铺以石片，泉自石缝中出，水质清甜可口

续表

村落名称	传统人文史迹特征
阳光村营上古寨	邬家洞：始建于清乾隆年间，邬家洞系营上古建筑群组成部分之一，在营上古寨的悬崖与陡坡相接壤处有一溶洞，溶洞与岩壁处呈大象的鼻子，这一溶洞空间在早期村民开发为人们所用，人们称该处为"邬家洞" 月亮水井：位于王家碉楼北侧，大概建于清朝时期，在古道旁的饶家大院门口，该井壁是用当地产出的方石板加固围合而成，井的边缘有用石材铺设的井台，当前由于进寨道路抬高路面，现古井在道路堡坎内 干河坝子：营上建于三面悬崖绝壁之上，崖下有条名为干河的河流从大坝中间穿过，因此这个坝子命名为干河坝子。干河坝子，上下绵延十余里，在植被被破坏的时期，干河坝子中的小河在雨季时，水流量过大造成河水往两边较平的耕地流经，导致耕地中的农作物受到破坏，村民年年期盼坝子不再洪水泛滥而取名干河坝。当前为缓解接一洪水灾害，在水域上游修建水电站进行截流，干河坝里的小河泛洪灾的现象得到了遏制 石雕石刻：在该村的建筑以及大门等多处的柱础、门枋、石墙等都刻有纹样。这些纹样多数取之于大自然中的植被和村民内心期盼的美好寓意的图纹，如荷花、兰草等植被以及图纹为麒麟等抽象动物图像和精美的寿桃图像等

第二节　传统村落文化开发利用现状

一、物质性文化

物质性文化在人类居住的环境中以物质存在为载体，而这一载体体现在人类各时期的社会环境中。传统村落中传统物质化载体较多，是早期人类为满足生活功能而筑建遗留下来的，在当下社会这些早期存留下来的物质化载体现状处于怎样一种状态呢？根据近几年笔者对贵州境内部分传统村落的调研了解，本节将浅显地对所调查研究对象的 29 个传统村落的物质化存在现象的所见所闻进行归纳，让学生和保护开发利用从业人员了解本文调查传统村落文化开发利用现状。

本次研究的 29 个传统村落，各村落都在积极响应国家传统村落保护的政策，都在实施保护与发展的道路上。部分传统村落抓机遇实施旅游开发，部分目前正处在保护开发的进程中。其中目前已经实施旅游开发保护的传统村落已有 12 个，占比 41.38%；尚未开发旅游保护的传统村落有 17 个，占比 58.62%。

在实施旅游开发保护的传统村落中，整体社会效益较好的有雷山县西江镇西江村、从江县丙妹镇岜沙村，还有黎平县组团成片的肇兴镇中心区的三个传统村落；实施旅游开发整体产生社会效益一般的有花溪区石板镇镇山村大寨、平坝区天龙镇天龙村、黄果树镇石头寨村、下司古镇清江村、隆里乡隆里所村、高增乡占里村；实施旅游开发整体产生社会效益依托周边村落成片而发展起来的有郎德镇朗德下寨（下郎德村）。尚未开发的村落多数依然保持原汁原味的有龙场镇阳光村、加帮乡加车村（从江加榜梯田）、都江镇怎雷村，而其他的几个村落目前正处在污水处理等基础设施改善阶段。

传统村落在实施旅游开发过程中必定利用显性存在物质化资源。传统村落环境中的物质化资源保护与发展较之非物质文化开发利用要更加便捷一些，对古道、古建、古桥、古井、古遗址等物质化显性存在的保护和利用，能在短时间内结合当下社会的科学技术进行修缮、保护和利用，这利于产生一定的社会、经济、生态效益。如从江县加帮乡加车村（从江加榜梯田）生态环境，目前村民采用传统自给自足生活方式，整体自然生态环境较好，梯田与民居建筑自然相融于一体，形成独具特色的传统村落。实施旅游开发的西江镇西江村（千户苗寨），旅投公司利用该村独具特色的民族建筑文化进行资本化运作，实施系列开发，从表象上来看整个建筑群基本上得以保护，并继续传统延续传统的建筑文化风貌。同时在控制区在保留传统建筑整体风貌的基础上，结合当下社会各类人群审美需求新建符合区域发展的建筑群，而其他尚未开发的传统村落目前正迫切需要社会各方力量给予帮助。

实施传统村落保护进度需要加速。在尚未实施旅游开发的传统村落，或者说是正在实施保护，但进度跟进的村落，当前出现一些现象，如道路改造将原来古道的石板铺张换成水泥硬化，一些老房子推倒新建钢筋混凝土建筑，一些老建筑任其腐烂（所谓僵尸保护），一些污水改造将原有石板路开挖埋管，用水泥硬化路面等现象时有发生。从这里可看出这类传统村落的物质化存在的资源保护与利用急需政府、投资者、村民、规划师、建筑师、建造师、学者等社会各方力量的共同助推。

二、非物质文化

传统村落中的非物质文化在全国范围内较为丰富，同时存在急速消亡状态，抢救性行为迫在眉睫。在调查中发现传统村落非物质文化利用的基本情况，这里分旅游开发保护类和尚未实施旅游开发保护类两大类进行描述。

第一种类型的传统村落在得到专业规划引导和各方资金的帮助下，非物质文化利用和传承初见成效，例如在少数民族村落中为传承少数民族语言、传统技艺，小学就开展双语教学、助推各类民族节庆，在学校和各类节庆中举办助推少数民族非物质文化传承的相应活动。在调查中了解到少数民族地区传统村落内，3 岁就会说本民族语言，5 岁幼童拿着父母的手机在学少数民族舞，多数 7 岁小学生就会跳一些少数民族舞，从这显性的现象折射出在当下信息化主宰的时代，要多方利用当下信息渠道传承非物质文化遗产。

第二种类型的传统村落对非物质文化遗产整体传承缺失，最为突出的环节就是文化出现断层。例如，60 岁以上的人群对各自居住村落各类非物质文化基本掌握和基本熟悉；40～59 岁以上的人群对各自居住村落各类非物质文化听说过一些，并且会一些；20～39 岁以上的人群对各自居住村落各类非物质文化听说过一些，没见过，基本不会；20 岁以下的人群对各自居住村落各类非物质文化基本不知道是什么。非物质文化这种非显性类文化很难在当前尚未实施具体保护举措的传统村落有效地传承，当前多数村落对非物质文化的传承方式方法均写在纸上，具体落实在真正具有传统人群的行为活动更需要社会各方力量的共同努力，才能进一步激活贵州多姿多彩的传统文化。

三、传统村落的保护价值

传统村落的保护价值呈现在村落各历史时期的建设智慧。笔者在《传统村落旅游资源开发与保护——以六盘水市为例》一书的前言中提到："传统村落是人类物质形态与非物质形态文化遗产，凝聚着人类漫长岁月中劳动的智慧，遗留有各时期生产、生活的痕迹，具有较高的历史、社会、文化、科学、经济、艺术价值。传统村落社会环境中承载着中华民族农耕文明和传统文化，蕴藏着丰富的自然生态景观资源和厚重的传统文化信息，是各地村民生产生活等活动的物质文化载体，是地理环境和区域文化以及乡土特色集中呈现的综合体，是不可再生的宝贵遗产资源"。不管是哪一种类型的传统村落都有其各村落在历史发展过程中形成的文化特征。村落村民生活的习俗、物质生存方式、居住生活空间以及居住的建筑特征装饰等相关区域，都记录了贵州喀斯特地貌各地区的历史发展信息。

传统村落中蕴含丰富历史信息。贵州少数民族地区传统村落依然遗留有浓郁多民族共融和少数民族自身文化特征，当前我们可以通过现场访问和踏勘的方式去发现这些文化的原真性，而这些原真性是高度浓缩了多民族共融和少数民族自身几百年甚至几千年发展的结果。多数村落当下被称为"活化石"或"博物馆"等。传统村落是我国现存的独具特色的喀斯特地貌环境独特文化的范例，贵州传统村落中的各类建筑是我国建筑史、艺术史的珍贵例证，较好地展现了西南地区云贵高原喀斯特地貌环境的建筑文化和建筑工艺，具有很高的科学价值和艺术价值。

第三节 村落传统文化保护现状

一、旅游开发保护模式

为促进乡村旅游发展激活乡村旅游资源，传统村落在实施保护过程中主导文旅融合发展。2018年12月，文化和旅游部等17部门联合印发的《关于促进乡村旅游可持续发展的指导意见》指出，作为我国乡村振兴战略的重要力量，实施乡村旅游开发已成为中国乡村转型发展的突破口之一，在加快推进农业农村现代化、城乡融合发展、贫困乡村脱贫攻坚等方面发挥着重要作用。截至2018年8月，全国休闲农业和乡村旅游示范县（市、区）共388个、中国美丽休闲乡村达560个。传统村落在旅游开发的理论研究较多，刘沛林面对古村落环境风貌风采逐渐消退的困境，呼唤加强对传统村落的保护，保护的根本途径则是科学有效的管理；提出旅游观光应成为古村落的开发方向，认为旅游开发与村落保护并不冲突，也只有通过旅游活动才能最大化发挥传统乡村文化的价值。在实际上，传统村落项目开发实践的也非常多，贵州境内也在不断根据实践需求进行开发研究，本文以研究区域内已经开发实践的传统村落进行归纳，将从已经实施旅游保护与发展的村落分成少数民族地区传统村落原生态保护模式和屯堡文化传统村落文化资源资本化激活进行分析。

二、原生态保护模式

少数民族地区传统村落实施旅游开发与保护的村落选取在国内略有社会影

响力的千户苗寨（西江村）和肇兴侗寨（肇兴上寨、中寨、肇兴村）为代表。西江村依托该苗族村落的"原始生态"文化资源进行保护并展示在全世界面前，将独特的吊脚楼保护传承下来让外界人士了解该村落传统村民居建筑是在什么环境、用什么材料、建成什么样子、空间功能如何划分等。例如，西江村的苗族吊脚楼是典型的主动适应自然环境中山体的限定下而修建，该区域的吊脚楼从形式上来说应属于上古时期南方民居中的干栏式构造样式，早期就探索出应用三角形以及长方形等几何元素来建筑三维空间。在主动适应自然环境的同时从实用性功能出发将民居建筑与周围自然环境完美结合，在历代建造者的汗水与心血中构建出和谐统一的自然风貌。西江村民居建筑直观地反映出历代当地居民与建造者的价值观，遵循尽可能少地去干预自然的生态观和节约用地并珍惜土地的民族心理。

"西江模式"：是由羊排村、西江村等成片组团而形成的"千户苗寨"。该村从 2008 年开始实施旅游开发模式发展至今，也存在一些问题，但整体发展趋势向好的方向不断前进。西江千户苗寨在尚未利用本区域综合资源实施保护与发展利用时，全村处于较为穷困的状态。在将该村综合资源进行资本化运作后，传统的少数民族文化便直接转化为资本的源泉。据现场调研访问了解到，2008 年，全年约有 78.5 万人 / 次到该区域旅游，产生的总经济效益约 1 亿元；2016 年，全年约有 484 万人 / 次到该区域旅游，产生的总经济效益约 41 亿元；2017 年，全年约有 500 万人 / 次到该区域旅游，产生的总经济效益约 50 亿元；从上述大致的数据了解到 2008 年到 2016 年共 8 年间，该区域的旅游人数约增长了 6.2 倍，经济效益从 1 亿元直接飞速增长到 41 亿元，翻了 40 倍；2016 年至 2017 年，1 年的时间旅游的人数约增长了 16 万人 / 次，经济增加了 9 亿元。西江村前后十余年的时间利用该区域传统文化综合资源实现资本化有效运作的高效产出，同时解决该区域困难村民的就业，为困难村落提供 2 000 余个从业机会，初步了解到该村村民通过在村落中全年综合人均收益 1.3 万余元，而这些效益的形成，源于该区域祖祖辈辈保留下来的珍贵民族文化遗产，通过产生效益后，也彰显出保护与传承传统文化的重要性。该村先后建立各种文化保护、展示、传承场所 20 多处，整个社区呈现出博物馆化的良好态势；十年来西江苗寨的景区治理也卓有成效，初步构建起了政府、企业、社会组织和村民等多元共治的复合型体系，在各主体的共同努力下，西江苗寨景区近十年来未发生影响本景区旅游可持续发展的旅游重大事件；当前西江村千户苗寨文化旅游品牌形象逐步凸显，目前在贵州省内已成为民族文化旅游重要的品牌，在国内民族文化旅游目的地中，越来越具有影响力，在全面推进乡村振兴中起到示范性作用。

西江村（千户苗寨）应用传统的文化资源与山水资源开发利用，主要源于该区域有较为系统的苗族传统文化内涵，民族文化体系保护完整，传统的民居建筑风貌保存完整，同时对多数民居的建筑内部空间按照符合当下社会人们生活需求进行调整，满足当前生活需求。在该村适建区新修的建筑对其风貌进行控制，要求保持与传统风貌相近，传统文化的表演也跟时代需求进行一定的择演，传统文化转化形成谋生的资源，在不断传承的同时结合社会发展规律进行创新演变，更好地服务于当下社会（图4-1～图4-4）。

"西江模式"从2020年至今面临新的挑战。那就是外来游客受到影响，但对于西江村的村民来说经济收益受到一定的影响，但是其农业生产不受其干预，村落在没有参与旅游服务时依然可以经营和维护农业的生产，所以说"西江模式"对村民的困境较小，对外来从事旅游服务的商人的冲击值得关注和研究。

图4-1 清江村大门之一

（图片来源：作者2021年拍摄）

图4-2 清江村苗族迎接游客的高山流水氛围

（图片来源：作者2021年拍摄）

图 4-3 清江村（西江苗寨）苗族迎接游客方式之一
（图片来源：作者 2021 年拍摄）

图 4-4 清江村（西江苗寨）航拍村落建筑群风貌现状
（图片来源：作者 2021 年拍摄）

　　"肇兴侗寨"（肇兴上寨、中寨、肇兴村成片组团而成）是以侗族文化为载体通过旅游开发实施资本化运作，通过将传统的侗族综合资源作为旅游开发的主要资源，并通过发展旅游来促进相应的保护行为活动。肇兴上寨、中寨、肇兴村以"仁、义、礼、智、信"五座鼓楼以及古道、古桥（花桥）相连成以带状组团发展，还有辐射周围的侗族民居建筑文化及周围村庄构成传统侗族文化圈。除了以上物质化显性出来的资源外，还有非显性的"侗族大歌"、侗族服饰等诠释着侗族文化及传统技艺，将传统视野下各类具有民族性、艺术性、生活性的活态文化呈现出来（图4-5～图4-11）。

在"西江模式"和"肇兴侗寨"由旅游公司经营的原生态发展模式外，还有政府主导村民自发性的原生态保护发展模式。自发性发展模式如占里村、岜沙村、加榜梯田（加车村）三村旅游发展模式有相同之处，占里村、岜沙村的道路排水等基础设施，在国家扶贫政策的帮助下结合乡村旅游发展趋势基本改造完善。考察过程中这两个村落中没有见到新修的民宿或酒店，更多的是村民自发利用闲置民房发展起来的民宿或者客栈（图4-12～图4-14），但其游客受季节性限制，加榜梯田（加车村）与前者相似。

图4-5　肇兴侗寨门楼
（图片来源：作者2021年拍摄）

图4-6　肇兴侗寨航拍局部
（图片来源：作者2021年拍摄）

图4-7　肇兴侗寨（仁团鼓楼）
（图片来源：作者2021年拍摄）

图4-8　肇兴侗寨（义团鼓楼）
（图片来源：作者2021年拍摄）

图 4-9　肇兴侗寨 　　　　图 4-10　肇兴侗寨 　　　　图 4-11　肇兴侗寨
（礼团鼓楼）　　　　　（智团鼓楼）　　　　　（信团鼓楼）

（图片来源：作者 2021 年拍摄）（图片来源：作者 2021 年拍摄）　（图片来源：作者 2021 年拍摄）

图 4-12　占里秋雨客栈 　　　　　　图 4-13　岜沙客栈
（图片来源：作者 2019 年拍摄）　　　　　（图片来源：作者 2019 年拍摄）

　　在调查访问中得知在这三个村落旅游旺季为禾谷收割晾晒的季节，占里游客旺季为禾谷晾晒在禾晾的时间段；加榜梯田（加车村）为农忙季节的水稻种植和秋收时期；岜沙村相比前两个村略好一些，该村游客量高峰期同样为秋收季节，但在其他的一些祭祀节庆等会有部分游客量，前两个村的民俗节庆尚未能有效吸引游客，也许这跟其村落与县城路程距离有一定的关系，这三个村均属于从江县，而占里村距离从江县主城区 16.4km，加榜梯田（加车村）距离从江县主城区 80km，岜沙村距离从江县主城区 11.6km。相比之下岜沙村略占距离区位优势，而占里村次之，但占里村相对封闭与外界交流甚少，加榜梯田（加车村）最远，在该区域的梯田都为"稻鱼鸭"复合养殖系统。

图 4-14　加车村客栈
（图片来源：作者 2019 年拍摄）

上述的少数民族地区传统村落各具特征，各村最为突出的如西江村的"千户苗寨"；肇兴上寨、中寨、肇兴村的"鼓楼、花桥、侗族大歌"；占里村的神秘"换花草""稻鱼鸭"复合养殖系统、"秋收时节的禾晾"；加榜梯田（加车村）的"稻鱼鸭"复合养殖系统、"加榜梯田"景观；岜沙村的"成人礼仪""最后一个手枪部落"等，这些都是贵州少数民族地区传统村落原生态保护模式与开发利用的物质文化。

三、文化资源资本化激活

屯堡文化传统村落在实施旅游开发保护中将传统文化作为基础。天龙村和隆里所村、镇山村大寨为具有屯堡文化特征的传统村落，已经实施保护与发展利用有一段实践时间的村落，天龙村的伍龙寺、石博馆、陈蕴瑜故居、老演武堂、郑母鲍老太君所立的四世同堂老宅、毛式大宅以及天龙学堂。屯堡传统服饰、"会口祭祀活动""地戏"等具有典型的屯堡老宅深厚的传统文化作为资源吸引投资者进行保护与发展利用。

镇山村大寨早在 1993 年被批准为"贵州镇山民族文化保护村"，1995 年定为"贵州省及文物保护单位"，2000 年中挪（威）签订了奥斯陆协议，在挪威资助下建成镇山村大寨布依族生态博物馆。该村的"武庙""屯墙"始建于明万历年间（1573—1620 年），清朝光绪三十四年（1908 年）重建，该村的选址三面环水以及村落的石板建筑凸显出其历史审美和建筑技艺，村落的石街、石瓦、石墙、石柱、石门、石碓、石锅等组建成一个石头博物馆。该村典型的汉族与布依族、苗族早期相互融合共建的村落，其村落选址、民族文化、人文史迹、传统建筑等，是典型的传统少数民族与屯堡文化融合的历史见证，具有科学研究价值（图 4-15）。

隆里所村即"隆里古城"（为明朝洪武年间"调北征南"的军事城堡"屯田戍边"的产物），其居民主要为屯军的后裔，城池约 50 000m²。古城建筑群延续了中国古代营建城池的方式，以东西大街为轴线，形成"三街六巷九院"的平面布局形式，地方建筑以徽派建筑（窨房子）为主，传统建筑独具特色，在贵州地区具有一定时代特征代表性（图 4-16）。该村因为具有一定的研究价值，是国家级"历史文化名村"，2013 年，该村的石板民居建筑群被核定为全国重点文物保护单位。

图 4-15　镇山村石板建筑群局部
（图片来源：作者 2019 年拍摄）

图 4-16　隆里所村街道之一
（图片来源：作者 2019 年拍摄）

屯堡文化传统村落总体呈现出来的就是利用其历史文化资源，将其资源梳理归纳形成传统村落的某种投资资本，将其资源转化成资本，通过转运经营激活村落文化资源，进而达到保护与发展利用的目的。激活传统村落文化资源是传统村落保护得以发展的途径之一。传统村落环境的文化资源只有在适应当下社会发展需求的前提下实施保护才能体现出其实际价值。通过对贵州境内村落传统文化保护现状特征分析。让研究者、学生和保护开发利用从业人员了解村落传统文化在实施旅游开发保护模式发展情况和原生态保护模式发展现状以及文化资源资本化激活的现状特征。

第五章　村落传统民居建筑现状特征

　　贵州在历史长期以来处于一个"欠发达、欠开发"的地区，这就表明贵州历代以来都是处于"发展滞后"的状态，这也说明这里有更多开发的可能性。传统村落是早期生活在贵州境内祖辈过去"时间形态""空间形态""物质形态""意识形态"的高度汇集。特别是在村落建筑的营建与全球较之别具一格，因此本章着重对研究区域内建筑发展及传统建筑保护现状进行概括探析。本章侧重于传统村落中传统民居建筑的现状及利用情况、建筑的布局形式、建筑样式演变及彩画装饰等进行梳理，让学生和研究者了解部分贵州境内村落传统民居建筑现状特征。

第一节　村落建筑的布局形式

　　村落民居建筑的功能布局形式多种多样，贵州境内村落传统民居建筑空间布局受到历代文化的影响。在毕节市的青场古文化遗址，考古工作者发掘到新石器时期在这里留下的居住遗址，遗址为"地穴式"居住空间，遗址中以周围的石壁当作墙体，其中在居住空间中部遗留有"柱洞"，可以看出是支撑原始住房的房顶的中立柱，在遗址中遗留有地表房屋的痕迹，住房平面空间的尺寸呈 $8m \times 3m$ 的长方形平面构成屋基。其屋内部分为两间，布置有火塘，经鉴定，属于商朝遗址 ❶。在毕节市赫章县古墓出土西汉时期的"陶屋"模型，房屋一层为架空型空间并设置有一副脚踏碓，二层为封闭与半封闭空间，二层有

---

❶　罗德启：《贵州民居》，北京，中国建筑工业出版社，2018：22。

廊、斗拱等构造结构，屋顶为人字坡屋顶。在仁怀市地区出土东汉时期的"陶屋"模型，同样一层为架空空间，二层为左右对称结构，类似三开间组成，正房有吞口，吞口左右构造柱上方有单薄斗拱等，从这些出土的"陶屋"模型来看，说明贵州境内在史前早期就有人类居住，也有常见的古代干栏式木构建筑。

在明朝屯兵、屯商、屯民入住贵州后，境内石墙木架结构建筑发展迅速。明朝时期大量江南等区域人群的迁入，同时把民居建筑建造方式也带入其中，如柱础、石作、斗拱、瓦作、基座及彩画装修等，在贵州民居被广泛应用❶。本次研究区域内的传统村落当前都入选中国传统村落名录里，这些村落都始建于明清时期或更早时期，村落居民的生活需求随着社会的不断发展，目前呈现多样化趋势。

最早对西南地区传统聚落的研究大致始于 20 世纪 30 年代，以刘敦桢、梁思成、刘致平为代表的中国营造学社对西南地区典型住宅进行了西方古典建筑学方法的调查研究❷。

到 20 世纪 80 年代以后对西南地区聚落研究成果逐渐增多，在农村经济、社会学、民族学、历史学、民族建筑学等学科领域的研究逐渐攀升，但对全省范围内各地级市传统村落中建筑的布局形式到建筑样式演变以及彩画装饰等方面比较系统的研究成果还需要更多的力量进行支撑。

随着社会经济的快速发展，对传统民居建筑在传统村落环境中被村民遗弃，任其在原有的地基上自然腐蚀，部分传统闲置民居建筑被专家、学者、企业家实施实践保护。鉴于此，本章将从环锥峰型、依山傍水型、半山盘踞型与沿脊聚居型、支流小盆地型四大类传统村落中具有传统民居建筑特征的建筑进行采集素材，根据现场探勘和地理相关数据分析传统民居建筑的布局形式、建筑样式演变以及彩画装饰等进行记录与梳理，通过梳理让学生和读者认识贵州境内部分传统村落民居建筑的布局形式、样式、风格特征、建筑材料及传统建筑保护现状。

---

❶ 罗德启：《中国民居建筑丛书：贵州民居》，北京，中国建筑工业出版社，2018：22。
❷ 李建华，张兴国：《从民居到聚落：中国地域建筑文化研究新走向——以西南地区为例》，建筑学报，2010（3）：82-84。

一、村落建筑的布局形式

（一）环锥峰型

环锥峰型村落的建筑布局沿锥峰型山体环状分布。早期村落修筑建筑遵循"占山不占田"的规则，在调研中发现村落中传统建筑分布在锥形山体山脚缓坡段至山腰之间，建筑与建筑之间有带状相连，也有孤立独建等多种布局，建筑群整体呈山体围绕状。村落建筑群前耕地丰茂，耕地间河流蜿蜒穿过。这类典型代表的村落有安顺市的车头村和石头寨村。

车头村在环锥峰山体脚下，面向搓白河旁。村落北面、西面、南面、东面都是坝区耕地，东北面为锥形山体，搓白河从北面往西流再转向东面，将村落形成"弓"字形，村落前有搓白河形成隔断保护，后靠锥形山体形成庇护，选址具有较强的易守难攻的优势。该村传统建筑最早有建于明清时期，建筑呈三合院、四合院带状围绕屋后锥形山脚分布，在带状建筑群前后有点状分布组合的小组团，传统的民居建筑目前处于闲置废弃状态，部分传统民居建筑主人依托旧房改造政策在原房屋地基的基础上修建了砖混结构建筑，更多的砖混结构建筑在传统建筑附近向较为平坦的耕地延伸（图 5-1、图 5-2）。

图 5-1　车头村明清时期至今的建筑群演变
（图片来源：作者绘制）　　　　

图 5-2　车头村航拍（局部建筑分布）
（图片来源：作者 2019 年拍摄）

石头寨村位于六枝河与桂家河交汇处，村落南面为沪昆高速，西面、北面、东面均为耕地。村落围绕平地凸起来的一锥形山体山脚周围，建筑群围绕锥形山体而建，传统的石头建筑主要分布在锥形山体山脚至山腰之间，传统的民居建筑目前处于保护活化利用的状态，在山腰至山顶集中成片的传统民居建筑，目前以原风貌的方式在原址、原墙的基础上重新调整建筑内容空间，使其功能优化开发成满足当下人们生活需求的功能，而新修的钢筋混凝土砖混结构建筑从山脚平地沿山体呈放射状蔓延分布（图 5-3）。

图 5-3　石头寨村航拍（局部建筑分布）

（图片来源：作者 2019 年拍摄）

（二）依山傍水型

依山傍水型村落主要居住在溪流、河谷两岸或者一岸，建筑随着溪流、河谷两岸及两岸山体等高线逐渐修筑，面向溪流、河谷两岸相互对视。村落建筑根据选址出的地形地貌顺山体修筑，建筑从水域处沿山体、山谷呈横向和沿坡竖向蔓延。依山傍水型村落有凯里市下司古镇清江村、六盘水市盘州市丹霞镇水塘村等。

清江村在沅江（清水江）水畔，是下司镇镇府所在地，早期是以码头而兴起的码头村落，古建群分布在沅江的西北岸，东南岸也有少量的居民居住，早期该村两岸的联系靠水上渡船。古建筑沿着河岸等高线缓坡段顺河流方向修建，建筑群受地势影响，古建群整体呈带状分布，传统的民居建筑在旅游开发的活动中进行了复原，复原后的建筑被赋予展览馆、陈列室等多种功能，部分传统民居建筑户主依托旧房改造政策在原房屋地基的基础上修建了砖混结构建筑，在整体实施保护规划后，砖混仿古建筑分布在古建群西北面与西北面山体过渡带上（图 5-4）。

图 5-4　清江村航拍（局部建筑分布）

（图片来源：作者 2021 年拍摄）

　　水塘村在乌都河畔，村落设有上伍屯、中伍屯、下伍屯等明朝时期布营防御功能。村落中目前尚存有清代木制建筑群——由十一个四合院组成的李氏古建筑群。建筑群背靠西北面巍峨大山，面向乌都河，建筑群与河谷对岸连绵不断的大山相互厮守。古建筑集中在乌都河西北面与大山脚相接的缓坡地带上，建筑群沿河、沿山体呈带状布置，传统的李氏民居四合院建筑部分目前处于闲置废弃状态，部分分散的传统民居建筑，村民依托旧房改造政策在原房屋地基的基础上修建了砖混结构建筑，砖混结构建筑从古建群至河谷地带修建，将更为平缓的土地占领（图 5-5）。

图 5-5　水塘村（局部建筑分布）

（图片来源：作者 2019 年拍摄）

（三）半山盘踞型和沿脊聚居型

　　半山盘踞型村落坐落在大型山脉的半山处，周围有繁茂的森林，村落整体面向山谷、深沟；沿脊聚居型村落是坐落在河谷两侧的大山连绵的山脊处，面向山脊两侧，视野广阔。半山盘踞型和沿脊聚居型的建筑群分布在山脊上或者山脊两侧或者一侧。建筑的分布与农田紧密相连，建筑与农田根据村落所在地的地形地貌分布，有的农田将建筑包围，有的农田在建筑群的下方或者上方，或者左右两侧，建筑群的分布始终与农田有着密切的关联。凯里市从江县加帮乡加车村属于典型的半山盘踞型和沿脊聚居型的村落，其中凯里市从江县丙妹镇岜沙村最为突出。

加车村在加车河西北面山坡的半山腰间。建筑群以组团分布在梯田的上方、下方、左右以及被梯田围合的中央，如"党扭"组建筑群上方的山脊、山涧地段均开发梯田。"加页"组建筑群被上下、左右的梯田所包围，"加车"组左下方山脉几乎全是梯田，右侧的道路上下也是层层梯田。该村大多数村民目前居住在传统建筑中，部分村民依托旧房改造政策在原房屋地基的基础上修建了砖木结构建筑，新老建筑在组团中以家族住所近邻修建（图 5-6）。

图 5-6　加车村航拍（局部建筑分布）
（图片来源：作者 2021 年拍摄）

岜沙村分别散落在山脊两侧，村落东面有从西南往东方向流经的宰戈河，汇合东南面的都柳江，北面山谷有五导溪至西向东流进都柳江。村落在五导溪与宰戈河夹击隆起来的山脊上，建筑以组团分布在山脊的两侧，建筑群的下方是层层向半山腰叠下的梯田，古建筑分布在山脊正脊两侧，大多数村民依然在传统民居建筑中生活，部分依托旧房改造政策在原房屋地基的基础上修建了砖混结构建筑，砖混仿古建筑沿老建筑下方和左右山脊上修建（图 5-7）。

图 5-7　岜沙村（局部建筑分布）

（图片来源：作者 2019 年拍摄）

（四）支流小盆地型

支流小盆地型是在两山或者多山围合的空间中形成小盆地，小盆地有小溪流穿行而过，居住的建筑在山脚下。建筑群沿小盆地周围的山体的山脚向山体半腰等高线延伸，或者在小盆地中央修筑建筑群，建筑群沿周围山体等高线延伸的六盘水市盘州市保田镇鹅毛寨村较为突出。凯里市锦屏县隆里乡隆里所村是在小盆地中央修筑建筑群，是支流小盆地型村落的典型代表。

鹅毛寨村沿东西偏狭长丘陵带居住，寨前平坦为稻田耕地，在稻田的边缘为高山围绕。建筑群沿稻田两边山坡的丘陵地带而建，传统建筑群沿村落中一锥形山体依山分布，传统建筑沿山头层层修建。近年来，砖混结构建筑在古建群两侧山体以及小盆地周围山体缓坡地段生长，鹅毛寨上寨和小寨建筑群分别在鹅毛寨的西北处和东南处，东北面和西南面为高山开垦的农作物种植地，将鹅毛寨建筑群进行四周围合（图 5-8），大多数传统的民居建筑目前处于闲置废弃状态，部分村民依托旧房改造政策在原房屋地基的基础上修建了砖混结构建筑。

图 5-8　鹅毛寨村（局部建筑分布）

（图片来源：作者 2019 年拍摄）

　　隆里所村四面环山，钟灵河从村落的西南角往北流经。隆里古城严格按照明朝时期军事防御军事守城的造城相关理论进行指导修建，从记载中了解到该城的选址注重与山为刚，以水为柔，形成了东南踞山，城池平面空间的朝向西北沿东南方向以中轴线往两侧修建，西北临水空间形态。传统建筑群集中于古城内部，传统的民居建筑目前在旅游开发活动中处于活化利用状态，采用原生态保护模式对其实施保护，传统建筑目前为生态博物馆资料信息中心、展览馆、陈列室等空间的利用。部分村民还在传统民居建筑中生活，部分村民依托旧房改造政策在原房屋地基的基础上修建了砖混结构建筑，而新修的砖混仿古建筑位于古城正南方向以外的平地处（图 5-9）。

图 5-9　隆里所村航拍（局部建筑分布）
（图片来源：作者 2019 年拍摄）

二、村落建筑的样式风格特征及传统建筑保护

　　传统村落建筑的样式风格与所在地的传统文化和自然环境融为一体。村落中的传统建筑能折射出建筑主人在修筑建筑时的文化修养、经济能力及相应的审美观念。在相应固有的喀斯特地貌环境中修筑房屋，首先受限于区域地理环境，其次修筑建筑的样式风格多延续先辈营造技术和样式与结构，最后在充足的经济条件下将其传统文化与审美相结合融入建筑中。通过建筑的建造样式、结构、装饰等可了解到该建筑的作用和功能，同时折射出修筑年代的建筑技艺和审美心理。但在近十余年来，部分村民通过外出务工获得一定的经济收益后，对自己传统民居建筑进行拓展或推倒重建，村落的砖混结构建筑呈现出多元化发展趋势，村落建筑没有统一建筑规划，村落出现自发修建的一层、二层

或三层人字坡屋顶房、砖混平房、小洋楼等。

（一）环锥峰型

环锥峰型村落传统建筑基本沿山体等高线修建，这样可以节省材料。房屋多是一房两厢三开间组成，一般村落的生活起居空间在地基抬升约 1.2m 处，堂屋前设立正大门，大门外是砌起来约 1.2m 高的台阶，左右厢房底层为牲畜用房，牲畜用房会从地面往下挖深约 2m 或利用地形高程设置牲畜用房，在一层平面空间的功能分区中，三开间的正中间的空间作为会客功能空间，而两侧的空间，多数赋予卧房和厨房使用空间，在卧房和厨房的上一层与屋顶相连的空间设置为阁楼，阁楼主要作为部分粮食的储藏空间，具有储藏功能。这种利用地形高差，根据不同的使用要求，分别按台阶式竖向布置牲畜饲养空间、人的生活空间、谷物储藏空间布局，是贵州黔中地区岩石建筑最基本、最普遍的单体格局。例如，车头村和石头寨村的传统建筑就是如此，但传统建筑的保护与发展利用却存在不一样的现状，新建的砖混结构建筑与全国农村相近。

车头村为屯堡移民的典型屯堡文化村落，正宗的"江南水乡"式建筑风格。在具有江南水乡传统风格的三合院、四合院，建造者将江南水乡建筑样式与该区域自然界的材料嫁接成当前所见的建筑风貌，石头材质的方条石和石片筑造的墙体，不仅具有防御外敌的作用，而且具有防风保暖的功能。院内建筑应用该区域的木质材料做框架结构，因为木质除了易于加工和塑形的特性，还对外在部位进行雕刻美化装饰。随着人民生活水平的不断提高，村落内部增加了大面积的现代砖混结构建筑（图 5-10），当前传统建筑处于亟须抢救状态。

图 5-10　车头村典型三合院、四合院

（图片来源：作者 2019 年拍摄）

石头寨村为布依族居民生活的村落，建筑群围绕依靠的锥形山体高低错落分布。建筑的内部构架多为八步七柱做法，在底层抽取中间两旁两柱，基于柱础的立柱直径约在 20cm 以内。传统建筑的正门和侧门设有高约 20cm、厚约 10cm 的门槛，在主屋起居层的两侧厢房下，采取挖、填、取的方式修筑牲畜饲养空间，堂屋大门前设有宽约 2m、高约 1.2m 的台阶，山墙挑檐处突出部分的上端为石头雕刻的"龙口"，龙口中嵌有半圆球体，反映其主人爱美和祈求祥瑞。村落传统建筑均分布在山腰间，仿古建筑及砖混平房修建在山脚的平缓地带处（图 5-11）。

图 5-11　石头寨村传统建筑集中分布区
（图片来源：作者 2021 年拍摄）

这种类型村落传统建筑需要积极引导其保护与发展利用。通过现场访问得知，传统建筑在村民的意识观念中是过时的、老旧的、不入流的老房子，而这些老房子记载和书写着历代村民的价值观、生态观等。石头寨村村民积极认识传统建筑的历史价值，在锥形山体的山腰间的传统建筑整体保护得较好，积极与当代社会需求接轨，传统建筑采取结合建筑本身实际被损坏程度进行保护与发展利用。

例如已经实施保护与发展利用的石头寨"云端"民宿，建筑整体保护得较好，按照国家传统村落保护的文件要求，对建筑外的整体风貌保持不变，对内部功能空间进行加固和功能改造，改造成适合当下社会人生活需求的空间（卧室、起居室、餐厅等）（图 5-12）。建筑主体垮塌但石头砌的墙体地基遗留的，采用保留石头砌成的墙体、地基以及建筑的空间分布，将其空间的功能进行转化利用，开发成民宿的公用空间，把传统建筑的相关元素保留下来，展现在当下人们的眼前（图 5-13）。车头村居民搬出传统建筑后，传统建筑处于闲置或者堆放杂物等状态，若任其自然毁坏，这样造成一定资源浪费的同时记载传统建筑的历史文化也在不断消亡（图 5-14、图 5-15）。

图 5-12　石头寨"云端"卧室（改造后）
（图片来源：作者 2021 年拍摄）

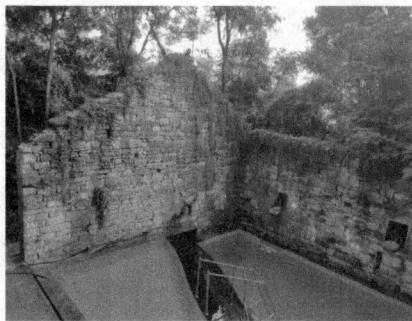

图 5-13　石头寨"云端"卧室（改造前）
（图片来源：作者 2021 年拍摄）

图 5-14　车头村传统建筑外墙
（图片来源：作者 2019 年拍摄）

图 5-15　车头村传统建筑保护与利用现状
（图片来源：作者 2019 年拍摄）

（二）依山傍水型

清江村属于内陆小型河流运输兴起的村落。作为码头，它是一个对外交通的中转站，所以该村混居有汉族、苗族、仫佬族、畲族等，其建筑融合多民族文化，苗族建筑与徽派建筑相互借鉴吸收，苗族、仫佬族的建筑形成重檐青瓦与部分吊脚楼，而建筑平面空间的功能的划分呈现混合式多元化的特征，有根据居住者需求分为二进、三开间的分布模式，也有二进、五开间的布局。整体呈现中间为堂屋，堂屋左右为两厢房，两厢房旁部分配有耳房"偏厦"，在堂屋下层设有"火塘间"。此外，还有江南水乡风格的徽派建筑，这些建筑的建造者和居住者多为迁徙者，建筑延续江南水乡的青瓦、飞檐翘角、雕柱镂砖精美装饰。目前尚存少数四合院以及乾隆四十四年（公元 1779 年）修建的禹王宫、万寿宫、观音阁、天后宫等古殿（图 5-16）。这类村落传统建筑的保护和发展利用与所在的区位以及村民是否注重有关。

图 5-16　清江村

（图片来源：作者 2021 年拍摄）

水塘村为明代屯军形式，主要由上伍、中伍、下伍三个屯兵点和一个"前所"构成，现存传统古建四合院为屯堡文物代表。李氏院子是由正房、左右厢房组成的四合院。少数四合院布置照壁在正房的对面，因为西边的两个四合院前有高坎，所以其正面是敞开向外的，而剩余的四合院都是由正房以及分布在左右两侧厢房和院前围墙及大门围合而成。院内四合院的正房、厢房都是两层的建筑，但面阔有三间、五间、七间的，高度也各异，所有四合院的大门开设都不相同，这与水塘村的四合院所坐落的地形地貌有关，四合院同样主动适应自然山体的变化，造就出各四合院的大门不同朝向的诞生，但在院落中的正负朝向极其相似都朝东风。院子里的所有建筑都是悬山顶，对于穿斗式架构的建筑，木工艺更细致，前檐装饰风格精致、工艺精美。四合院的大门几乎都配置有门楼，门楼垂瓜和门墩分别为镂空雕和须弥式做法。两门的门额上挂有悬匾，分别是"进士"匾和"武魁"匾，都颁制于清光绪年间，其台明、院内的地铺、台阶等铺设的石板的开凿技术精湛，石板上的纹理至今清晰可见。所有门的制作方法与传统营造法式中"宋法式"相近，如腰华板都是镂空雕刻的，浮雕在涤环板甚多，有透雕装饰于中部；雕刻图样丰富多样，当中有显示明代文治武功的内容❶。

这类村落传统建筑的保护与发展利用正在前行的路上。清江村在优越的地理区位条件下，依托旅游开发的发展对整个村落空间传统建筑进行了复建、修复等手段以实施保护与发展利用。在多方资源的共同协作下，2013 年清江村传统建筑修复和新建了大门牌坊等构筑物（图 5-17），还有传统的部分建筑依然昂然挺立（图 5-18）。

水塘村传统建筑部分已经处于闲置状态，人去楼空，但部分传统建筑老年人依然习惯居住在被历史文化围合的大院内，目前该村正在实施保护与发展的道路上。

图 5-17　清江村大门牌坊
（图片来源：作者 2020 年拍摄）

图 5-18　清江村阳明书院
（图片来源：作者 2020 年拍摄）

（三）半山盘踞型和沿脊聚居型

半山盘踞型和沿脊聚居型村落传统建筑采取组团沿等高线呈三度布置。建筑地基分层筑台，建筑分别修建在不同高程、不同陡坡的小台地上。建筑同一

---

❶　范贤坤：《传统村落旅游资源开发与保护——以六盘水市为例》，贵阳，贵州大学出版社，2018（9）：130-131。

等高线上，左右有三五栋建筑并列成排，上下多数呈错位依山体等高线修筑。对于复杂多变的喀斯特地貌，山地地表多为泥土与山石混合组成，在雨水的侵蚀下，泥土的稳固性直线下降，半山盘踞型和沿脊聚居型村落村民在建造房屋时，更加注重主动适应该区域的山地特征，多采用底层架空的干栏式吊脚楼来维护自然山体，做好最小、最少程度对自然山体的破坏，这样能有效地保护好自然山体的原生性，从而衍生出黔东南州、黔南州区域成效较多且多种类型的吊脚楼。

这类村落中的传统建筑依然是大多数村民今天依赖的起居空间，但村落空间也出现了一些现代砖混结构建筑，这逐渐破坏了传统建筑群的整体风貌，从黔东南州的加车村、黔南州的怎雷村的建筑群来看，其建筑特征在慢慢变化。这一现象需要政府引导、学者研究等多方面的共同努力来留住相应的历史文化特征。

加车村居住的民族以苗族居多，其建筑风貌具有一定的区域民族色彩。加车村村民选择主动适应自然环境的同时巧妙地改造自然环境，村民们将生活区选择扎根在大山的腰间，在生活区下方通过该村历代村民的汗水和智慧开凿成带状梯田。

建筑群的建造点多数在梯田的上方，特别能体现出村民的智慧，因为梯田在春季或其他季节需要储藏水分供给庄稼，梯田在储备水分的同时，梯田周围会吸收大量的水分，而泥土在吸收水分达到一定量时，泥土的黏固性会下降，在一定程度上就会导致出现滑坡、坍塌的现象。

建筑群选址在山林的下方，在具备水源得到保障的同时山林树木的根系对泥土具有加固作用，所以村落生活区处于一个安全稳定的空间，这就反映出村民的传统生态智慧。

这种类型村落的建筑依山体等高线组团进行分布，多为吊脚楼。这类建筑有一层的或者两三层的，三层传统建筑的堂屋设置在二层，也是以这栋建筑的中心部位为会客空间，堂屋正中设有"神榜"（供奉先祖的地方之一），在堂屋左右设置有卧室和火塘间，一层为圈养家畜空间和卫生间以及柴房堆放空间，有三层的房屋，三层则为卧室和储藏玉米等功能用房。砖混结构建筑大多数则不再以传统建筑营造模式，而是采样地基找平再修筑 2～3 层的平顶建筑（图 5-19）。

图 5-19　加车村

（图片来源：作者 2021 年拍摄）

怎雷村是一水族村落，其建筑服务于水族村落的生活需求。怎雷村与加车村的建筑功能和结构相似，两村相隔间距约 170km，且分别坐落在大山的半山腰和山体山脊上，传统的建筑屋顶、三层、二层和一层的结构和功能基本一致。该村部分传统建筑的窗户更换成采光效果更好的大面积玻璃窗，房屋大门不再开设在一楼堂屋前，而是分别设置在房屋左右两侧，建筑结构基本维持干栏式木楼，其房屋底层为家畜圈养和农耕用具杂物放置区，二层为主要的生活起居区，宽廊、火塘间、卧室、堂屋等构成其特征（图 5-20）。

图 5-20　怎雷村

（图片来源：作者 2021 年拍摄）

（四）支流小盆地型

支流小盆地型村落的传统建筑风格同样受限于自然地形地貌。建筑分布在小盆地两岸的耕地缓坡处，这种类型村落如六盘水市盘州市保田镇鹅毛寨村，还有另一种作为某种军事功能需要修建的城池则在盆地中央，如黔东南州的隆里所村。这种类型村落的传统建筑在国家文物局等相关部门的共同努力下，传统建筑在一定范围内得到了有效的保护，如隆里所村的传统建筑群当下得到有效的保护，在城墙内随处可见传统建筑的风貌。然而，新建的砖混结构建筑需要加强管控，建议按照国家传统村落保护与发展利用有关文件执行，更加合理有效地对新建的建筑外立面进行复原与传统建筑相近或一致，有效地保护传统村落整体风貌。

隆里所村（隆里古城）建筑由军事堡垒、千户所衙署、军民建筑、城门、古祠、古庙宇构成。隆里古城在平面构图中设有清阳门、正阳门、迎恩门和北门共四道门，清阳门暨东门，正阳门就是南门，迎恩门则为西门。每一道门都与中国传统文化密切相关，如东门采用深厚的文化寓意"紫去东来"，其功能是军队和当时的达官贵人进入城池的主要通道；比较特别的是设置内外两座城门的是南门和西门，在这两座门前分别设施有一堵城墙，在沿道路走出城门后，需要"勒马回头"旋转九十度并走出第二道城门才能直达城墙之外；而北门则为传统文化中隐藏内心感性认识的古语中"北""败"音相近意可互通，所以北大门历来封存不开，且在城门楼上设寺进行供奉祈求平安。除此之外，还有外围用石头夯实的城墙，城墙上设有跑马道，城壁设有"天灯座"，用以传递讯息。古城墙外有护城河，以防敌人侵袭❶。其传统建筑由民居、宗祠、寺庙、书院、城墙、桥梁等组成，多数建筑传承着徽派建筑和江西民居风格，建筑平面多为三开间约 10m 宽、进深约 8m 的 2～3 层木架结构房屋，建筑内部结构采用穿斗式人字坡屋顶，厚实的山墙，建筑地基约高出地平面 1m 高，如"科甲第"等建筑内设有先门第、再前屋、正屋、后屋，每一层屋由天井分隔，大门外墙呈"外八字"形组成。城中建筑处处透露明清时期江西以及徽派建筑风貌，后期修建部分建筑在城中杂糅而生（图 5-21）。

鹅毛寨村传统建筑现存三合院、四合院，正屋为三开间穿斗式构架悬山顶建筑。正房一层为客厅，用于祭祀祖先，两侧厢房为厨房，用于居民居住，面房一层为牛羊牲畜棚，二层为杂物堆放，房屋内部保留着原有传统民居室内格局，富有干栏式建筑特色和黔西南居民特色的地域性多民族混居特点，但多数传统建筑被新的砖混结构建筑覆盖，在此呼吁必须加快速度对其实施抢救性保护。

---

❶ 刘泽谦，付宏，王明：《隆里古镇建筑文化遗产的保护与开发》，产业与科技论坛，2015(12)：242-243。

图 5-21　隆里所村

（图片来源：作者 2019 年拍摄）

三、村落建筑材料的特征

传统村落中传统建筑呈现就地取材，而新建建筑基本相似。各类型的传统村落的传统地基因地形地貌、气候环境等而独特设立，其材料采用当地自然界丰富的原材料而建造各类型建筑。地基由石头砌成，还有依山而建的架空框架，墙体外墙多由石材砌成、夯土而成、木板围合以及以上材料相互兼容的外墙等。建筑内部框架几乎以木材为主，屋顶有树皮代瓦、石板代瓦等，门的材质几乎为木板制成，装饰物件由石材和木材两种组成。现代建筑与当前全国各地农村建筑用材相似，为钢筋、水泥、铝合金、玻璃等材料。

（一）环锥峰型

环锥峰型村落传统建筑材料具有内柔外刚的特点。这类村落传统建筑的地基、台阶都以当地比较丰富且易开采的石材为主，建筑的山墙和屋前屋后墙、窗框、大门门枋都以当地石材砌成为主，多数的屋顶的瓦片均为石材，但屋内主框架结构以木材为主，这类典型的村落较多，这里以石头寨村和车头村为例。

环锥峰型村落以石头材质为主要墙体以及代替瓦片，和以木材为民居建筑内部构架的村落较为典型的是石头寨村和车头村。整体呈现建筑地基为规则式石砌和不规则垒砌而成；墙体为大小石块规则砌成；立柱、梁、枋、檩、橼等为木质材料构成；屋顶为"合棚石"代瓦；墙体为普通石块砌成，也有用合棚石叠加而成，墙体的厚度大小不一，300～750cm；窗洞多由石材和木材构成，早期贵州山区缺失玻璃，以及为了抵御外敌，由尖拱、圆拱等几何形体构成的窗户普遍较小；地面铺装多采用当地特有的石片并列组合搭配；门槛均为石材构成；装饰有石木两种材料分别进行在不同的位置进行装饰（图 5-22、图 5-23）。

图 5-22　石头寨传统建筑——正面

（图片来源：作者 2021 年拍摄）

图 5-23　石头寨传统建筑山墙石门

（图片来源：作者 2021 年拍摄）

（二）依山傍水型

依山傍水型村落传统建筑材料同样是依靠大自然赋予的石头、竹木、夯土与人工加工的砖瓦。这类传统建筑的建筑材料主要有当地石材、明清时期的青砖瓦，还有当地的竹木等材料。相对统一的是地基、柱础多由当地原石加工后来修筑，传统建筑外墙由青砖、木板、竹编等形式组成，屋顶材料以小青瓦、树皮为主。这种类型以清江村、水塘村的传统建筑进行分析。

清江村地处黔东南地区，其林木茂盛，传统建筑构架以木材为主。清江村的传统建筑材料与其居民有密切关系，当地少数民族喜欢沿用祖辈遗留的建筑营造法式，喜欢用当地盛产的杉木来修建房屋。传统建筑沿用以原石为柱础，所有的枋、柱、梁、檩、椽、墙、门、窗都用木材进行加工而成，乃至很多生活用具都为木制品，如木床、木凳、木椅、木盆、木碗、木锅铲、木筷等；而另一类为外迁居民的建筑用材略有各异，因清江村为码头兴起的村落，从外迁入的居民将其原来居住环境的建筑营造法式与该地区建筑材料发生新摩擦，延伸出另一种建筑形式，如徽派建筑和带有江西传统建筑风格的建筑等。但建筑材料多数是相同的，只是用在不同的地方，如建筑的地基与前者相同，均由石材围合夯土而成，一层地面铺装为石材，建筑构架的枋、柱、梁、檩、椽、门、窗都用木材，建筑外围墙体由青砖、石灰组合而成，当前调查看到的传统建筑屋顶都以小青瓦为主（图 5-24）。

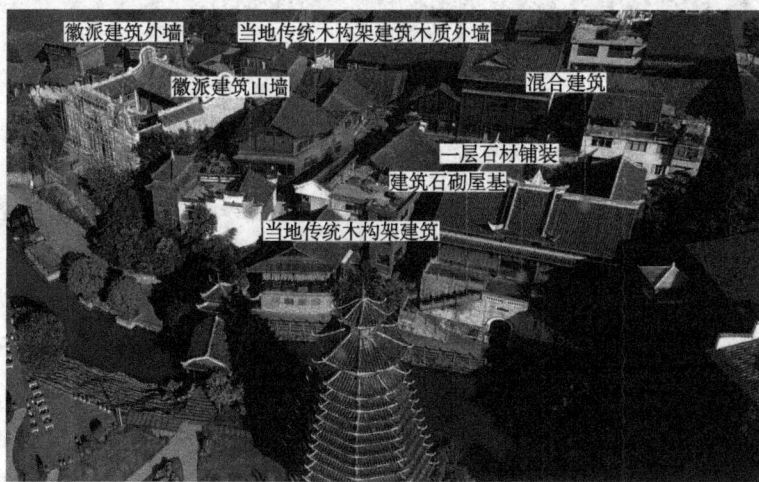

图 5-24 清江村传统建筑材料
（图片来源：作者 2021 年拍摄）

水塘村传统建筑材料较为丰富。所以建筑内部构架均以木构架为主，在外墙的各角落有夯土、石砌、土砖、青砖、木板、竹编等，屋顶与其他传统村落相似为小青瓦，传统建筑的枋、柱、梁、檩、椽、门、窗等均为木质材质，柱础为圆形、方形石墩，台阶为方石。该村现存早期建筑地基到一层由石砌与夯土混合构成，部分建筑山墙由竹编黏土组成，窗户为木板上下、左右围合后周围夯土，窗框为木栅格（图 5-25）。

图 5-25　水塘村传统建筑材料
（图片来源：作者 2018 年拍摄）

（三）半山盘踞型和沿脊聚居型

半山盘踞型的黔南都匀市三都县都江镇怎雷村、沿脊聚居型的村落凯里市从江县丙妹镇岜沙村最为突出。这些类型传统村落都为少数民族居住，传统建筑的材料同样离不开村落自然环境周围的自然资源，在这些村落的传统建筑主要以木质中的杉木为主。建筑的柱础用自然界大小不一方形或圆形石块做铺垫，地基为大小不一石块垒砌而成，其他建筑的材料基本相同。

怎雷村传统建筑主体构架独有特色。怎雷村传统建筑主体构架与其他半山盘踞型传统村落不太相同，其他半山盘踞型传统村落传统建筑主体构架所有的"柱"都是从一层到二层或到三层形成单一整体，而怎雷村传统建筑的一层用约 2.5m 高的原木作为柱头，所有的主体柱头与二层以上的柱头不是整木，而是重新在二层的基础上设立与一层相对应的柱头，二层的地板同样由原实木地板组成，一层上二层的楼梯由实木组成，这类建筑在其他村落中少见，其他的传统建筑为干栏式建筑。

岜沙村是典型的沿脊聚居型传统村落，该村传统建筑材料主体以木材为主，地基为斜坡或者台地，地基多数用石材砌成台地或者木材形成架空状，村落传统建筑与新建建筑主体结构材料均为杉木，人居建筑、禾晾、谷仓、牲畜用房等都由木质材料所构成（图5-26）。这些建筑依然处于正常的使用状态。

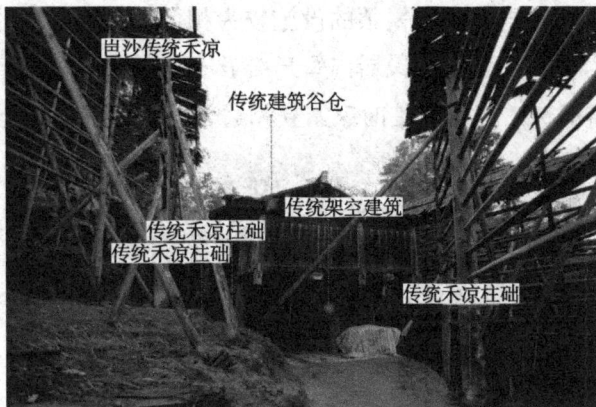

图5-26 岜沙禾晾
（图片来源：作者2019年拍摄）

（四）支流小盆地型

支流小盆地型村落的传统建筑材料选用石材做地基基础，木材做框架构建。鹅毛寨村传统建筑与车头村相似，都是明朝时期屯兵、屯商、屯民迁移安置新建的村落，村落建筑材料地基和一层都用石材铺垫而成。隆里所村也遵循因地制宜的方式选用石材做地基基础，建筑主体为木质结构建筑。

隆里所村的建筑整体呈现两种建筑风貌：一种是普通民居建筑从地基基础以上的相关建筑构筑物，都由木质材料所构成。建筑的立柱、隔断板、楼板、门板、窗户等的用材都由黔东南区域盛产的杉木所组成，早期的屋顶由杉木的树皮所组成；而另一种为明朝时期的屯军办公和屯商居住的建筑，这类建筑平面的布局严格按照当时宫廷等级制度进行分布和修建，这类建筑外墙为厚实青砖砌成的城墙，正大门设有用青砖砌成的门楼，门楼都绘有传统的土蜂装饰符号以及对联和国画，围墙上有小青瓦保护墙体不被雨水的侵蚀。院内的主体建筑建在高出地面1m的地基基础之上，且在大门外墙上有一处记录着该住户的相关信息，如"关西第""科甲第"（图5-27）、"洛阳第"等。类似"科甲第"这里建筑的大门呈"外八字"形修建，大门的台阶根据其住户的等级设置，如"科甲第"的则为三级。这类建筑平面空间中的功能布局多由天井分隔的三进式空间布置，从"门第"步入院内的前屋，前屋与正房之间由天井隔开，两侧分别分布有左右厢房，在正房后还设有后屋，在正房与后屋之间同样由天井进行分隔开来，在天井下的院落地面铺装着方石板，石板下内设有暗沟以便排水。该区域的两类民居建筑在屋顶的设施较为相似，都为悬山顶屋顶，走在悬山顶屋顶的屋檐下，发现古镇民居内每户必有一后门，且后门户户相通，目的是军人家眷躲避战火，战事来临时家家互相通告，由后门撤离至安全地带。

图 5-27　隆里所村科甲第
（图片来源：作者 2019 年拍摄）

鹅毛寨村传统建筑用方条石在平地修筑抬升 7 个台阶高度后，设立一层居民生活空间，正间地板为石块铺装，正屋左右两侧开挖低于地面的地间，为圈养牲畜，而地间周围均用方石砌成，地间天板用木板铺装，再往上的阁楼间用木板围合，或用竹编围合等多种材质构成。多数建筑大门入院两侧以及院内两侧厢房离地面处用大块石板站立围合，在腰线以上为木板装置，大门门外墙呈"外八字"结构（图 5-28）。

图 5-28 鹅毛寨村建筑大门外墙呈"外八字"结构

（图片来源：作者 2018 年拍摄）

第二节 村落传统建筑基本空间

村落传统建筑基本空间折射出不同时代不同类型建筑的建筑空间构造。传统建筑的平面布局反映出各类建筑相应时期平面空间的组合能力；立面空间分布反映出不同地区传统村落建筑竖向功能空间的构造和村民的社会需求；房屋基本结构折射出相应时期传统建筑的营造技术；房屋竖向空间格局分布显示出村民对建筑空间的综合应用与组合搭配能力。通过以下相应的分析让读者和学生认识到贵州境内部分村落传统建筑基本空间形态特征。

一、平面空间布局

村落中传统建筑单体在平面布局上体现出各区域民族生活习性特点。例如，环锥峰型村落单体建筑平面布局多为一正两侧的三开间布局，底层分布左右为牲畜用房，底层的牲畜用房多半为两建筑前半部分架空空间，后半部分多为实土台地升至二层屋基，中间为实土台地升至二层屋基；二层平面最为丰富，大门多开设在中间正前方，中间分为前后两间空间，前后两间以后二柱分

隔，前间空间为堂屋，后间多为杂物用房、老人卧室或者厨房等，两侧房屋以
中柱进行前后间分隔，两侧前间多为卧室，后间为次卧、厨房等根据居住人口
来决定（图 5-29、图 5-30）；三层、四层有两种形式，三层的堂屋以上有的
用楼板隔开，石头寨村传统建筑内部空间，有的直视楼顶的正梁，两侧都铺置
楼板并设置有储藏用房；四层的在二层与三层之间都铺设楼板，三层空间设置
有卧室、储藏用房等，三层与四层之间有的用楼板分开，有的处于空置状态，
四层多为闲置空间。

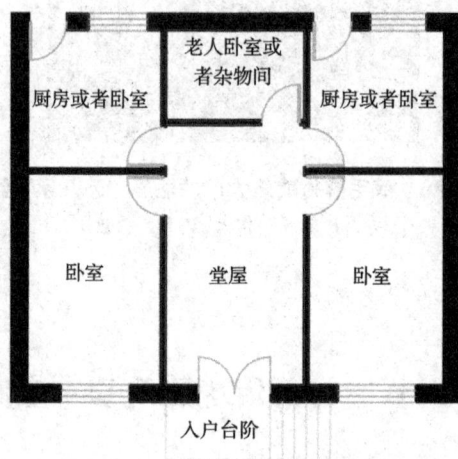

图 5-29 石头寨村平面基本布局

（图片来源：作者自绘）

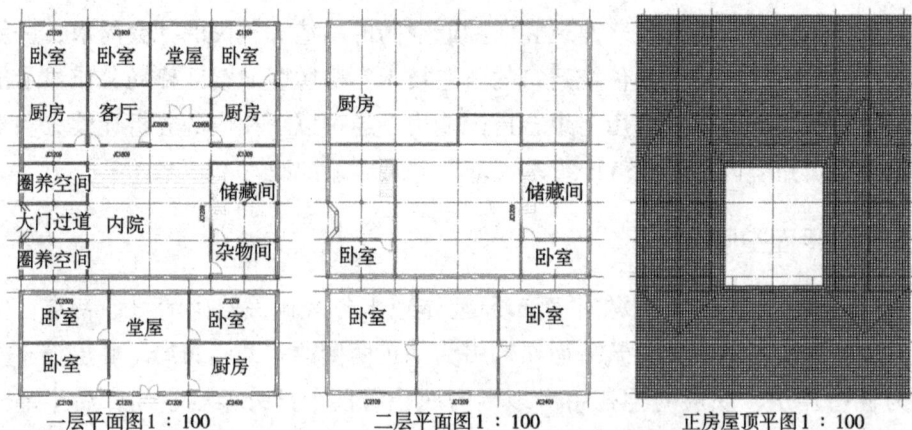

图 5-30 鹅毛寨村田氏四合院传统建筑内部空间

（图片来源：作者自绘）

　　支流小盆地型村落传统建筑平面空间多数相似。这种类型村落传统建筑多在地势平地处修建，其建筑平面空间由单体和三合院、四合院组成，传统建筑主要由三层、四层空间构成。例如，隆里所村的四合院传统建筑（隆里古城生态博物馆资料信息中心）平面布局三间二进院，先设门第、再前屋（倒座房）、正屋、后屋，院内两侧设厢房，每一层屋由天井分隔；建筑一层为会客厅、厨房、书房、杂物用房、卧室及处理事务等空间，二层为卧室、储藏用房等，建筑平面注重对称、均衡混合布局，院内呈方形天井（图5–31）。

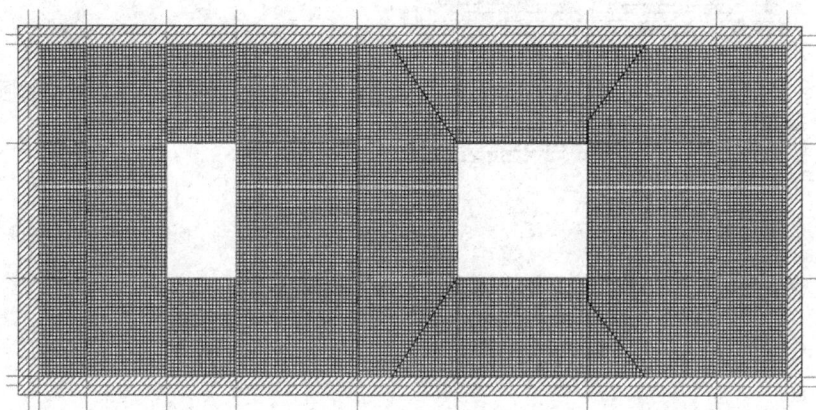

图5–31　隆里所村信息中心屋顶平面
（图片来源：作者自绘）

　　依山傍水型、半山盘踞型和沿脊聚居型村落传统民居建筑平面空间极为相同。在这些类型的村落传统民居建筑单体平面为适应于自然山体高差，建筑平面多采用吊脚楼形式修建。建筑底层受限于山地地形，多采用全架空、半架空或筑阶梯式地基，建筑多为四排三间布局，一层的主要功能为生活能源储备的木柴、有机肥（猪、牛粪便）储存、传统农业生产用具储藏、猪食灶台等空间；二层、三层为生活起居所用，二层中间多数从后二柱分为前后两个空间，前半部分为堂屋，后半部分为老人用房或杂物储藏室。左右两侧从中柱分前后两个空间，前半部分多为卧室，后半部分为厨房或者卧室等。三层空间的分布与二层相近，不同之处在于有四层的传统建筑，它的二层堂屋后面空间到三层后面的空间设置为固定的楼梯，其他的左右空间为卧室和储藏间，四层为闲置空间（图5–32、图5–33）。

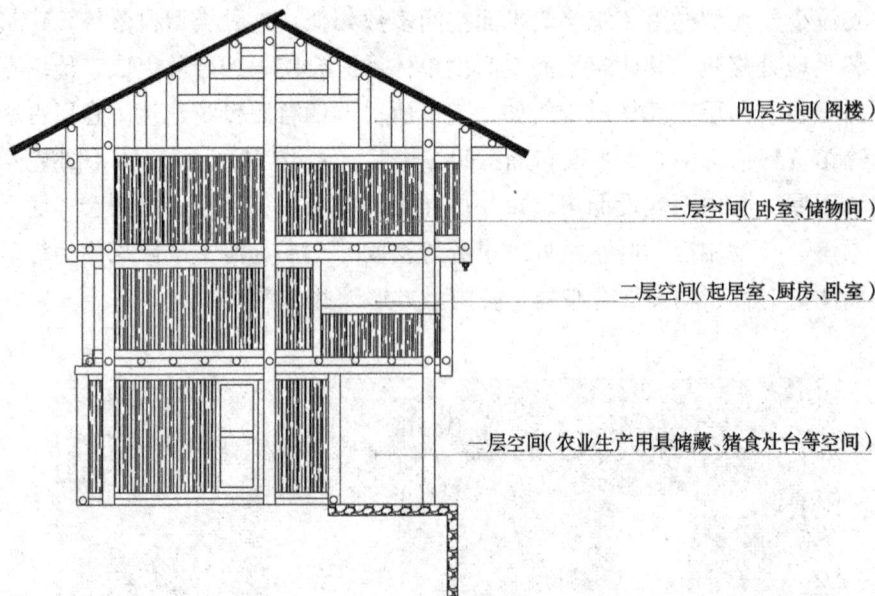

四层空间(阁楼)

三层空间(卧室、储物间)

二层空间(起居室、厨房、卧室)

一层空间(农业生产用具储藏、猪食灶台等空间)

图 5-32 黔东南半山盘踞型传统建筑侧立面
（图片来源：作者自绘）

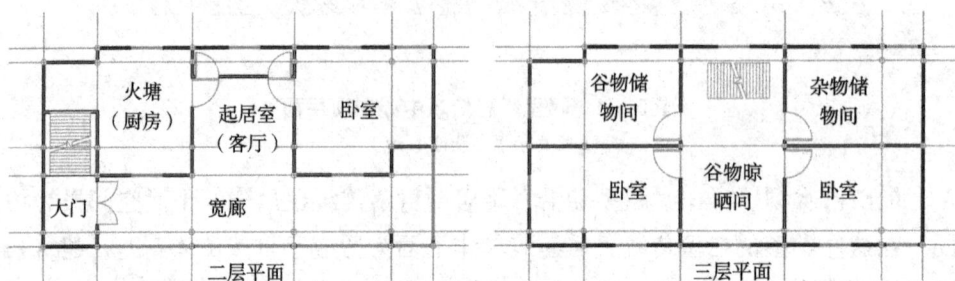

火塘（厨房） 起居室（客厅） 卧室
大门 宽廊
二层平面

谷物储物间 杂物储物间
卧室 谷物晾晒间 卧室
三层平面

图 5-33 黔东南半山盘踞型传统建筑平面
（图片来源：作者自绘）

二、立面空间分布

传统建筑的正立面空间的基本形式由建筑的地基、墙体、屋顶组成。悬山顶是传统民居屋顶的主要特征，因为"天无二日晴"的贵州具有独特丰富降雨环境，早期工匠们为了使建筑适应于自然环境中，将屋顶设为"人字坡屋顶"两面排水，而坡度控制在 5.55～6 分水间（1：2.0、1：1.8 和 1：1.67）；墙体是隔热保暖、防潮避雨的保护层，各传统村落的匠人们利用就地取材的原则，充分地将大自然赋予的各类材料用于墙体修筑中，有方石墙、石板墙、夯土墙、木板墙、竹编墙等（图5-34）；墙体上开设采光口（窗户）和出入通道（门），对于门窗的开设，贵州东西、南北各地略有不同，贵阳以西地区的传统建筑窗户较小，有些更早的建筑把窗户叫作"枪眼"，这与早期战争防御有关，窗户的形状有长方形、尖角形和圆孔等形状（图5-35）。贵阳以北、以东、以南区域传统村落的窗户以木质长方形为主，也有部分带有徽派、江西地区风格的窗户（图5-36）。夯实地基周围的为石砌堡坎（挡土墙）和台阶，而这与建筑主人的经济实力密切相关，因为在调查中看到有些地基基础周围用凿得6面平整的方石块整齐搭建，台阶也用平整的方石条筑建，而部分用材随机或者直接不修（图5-37）。

（1）镇山村石灰墙、木板墙　　（2）吉昌村石块墙、石头墙　　（3）天龙村石板墙、木板墙

（4）水塘村灰土墙　　　（5）水塘村竹片石灰墙　　　（6）郎德下寨村木板墙

图5-34 各类墙体材料

（图片来源：作者2018—2021年拍摄）

（1）吉昌村传统建筑窗户　（2）天龙村传统建筑窗户　（3）石头寨村传统建筑窗户

图5-35

（4）水塘村传统建筑窗户 （5）鹅毛寨村传统建筑窗户 （6）戛陇塘村传统建筑窗户

图 5-35　贵阳以西各类窗户造型

（图片来源：作者 2018—2021 年拍摄）

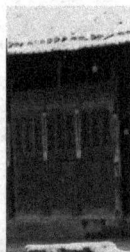

（1）阳光村传统建筑窗户 （2）地关村传统建筑窗户 （3）枣家屯村传统建筑窗户

（4）加车村传统建筑窗户 （5）南猛村传统建筑窗户 （6）怎雷村传统建筑窗户

图 5-36　贵阳以北、以东、以南各类窗户造型

（图片来源：作者 2018—2021 年拍摄）

（1）阳光村传统建筑地基之一 （2）鹅毛寨村传统建筑地基之一 （3）加车村传统建筑地基之一

（4）熊山村传统建筑地基之一 （5）怎雷村传统建筑地基之一

图 5-37 各种地基类型

（图片来源：作者 2018—2021 年拍摄）

三、房屋基本结构

研究区域内村落传统居民建筑结构主要为木结构。早期木质材料易于加工，早期匠人们对木材资源的认识和理解，在本次研究村落里所有的传统民居建筑都用木材做主体框架，而以石材、泥土、竹子、木材等为墙体围合功能，有部分建筑以山墙为建筑的承重功能。传统民居建筑多为干栏式、穿斗式、抬梁式框架（图 5-38），结构的选择主要由当地所盛产的建筑材料决定。

（1）南猛村干栏式建筑之一 （2）阳光村穿斗式建 （3）戛陇塘村青龙寺抬梁式结构
筑之一

图 5-38 房屋基本结构

（图片来源：作者 2019—2021 年拍摄）

四、房屋竖向空间格局

村落中的传统建筑在竖向空间的利用上，主要凸显对山地喀斯特地貌的主动适应性。建筑空间的功能分区自下而上进行分布牲畜圈养空间、村民起居空间、储藏空间，在调查中整体发现传统建筑的竖向基本分布，这形成了贵州境内村落传统民居建筑最为普遍的竖向空间分布格局。

　　依山而建的传统建筑多为干栏式或半边吊脚楼（房子一般是前半部分架空，后半部分为二层的屋基），而在平地或者台地修筑的房屋同样会利用地形的高差形成不同的适用空间。传统建筑单体竖向一般分为三层、四层，多数底层都为放置农业生产用具、厕所、牲畜用房、柴草堆放空间等（图 5-39 ～图 5-42），二层为村民起居活动等空间，三层或四层依住户的人口数以及粮食储藏需求而进行设置卧室和储藏空间，每一层之间设有固定和不固定的楼梯来进行连接竖向空间。

图 5-39　环锥峰型(石头寨村建筑内部空间)
（图片来源：作者 2021 年拍摄）

图 5-40　依山傍水型(坝辉村建筑空间功能)
（图片来源：作者 2021 年拍摄）

图 5-41　半山盘踞型和沿脊聚居型（加车村建筑空间功能)
（图片来源：作者 2021 年拍摄）

图 5-42　支流小盆地型（阳光村建筑空间功能)
（图片来源：作者 2019 年拍摄）

第三节　传统建筑的衍生风格

社会在不断的演变过程中，村落传统民居建筑也在不断变化。传统建筑受社会经济、文化、营造技术、现代建筑材料以及居民的生产生活方式等较多因素影响，传统居民建筑不断地与各时期村民生产生活需求进行变化，在传统民居建筑基本形制上衍生出多元化的建筑形状。

一、衍生建筑的平面布局形式

居民为满足生产生活需求，传统民居建筑在平面空间布局上不断衍生。面对住户人口的递增和社会环境的变化，建筑的平面构成要素、空间布局等都有不同变化。例如，在主屋前、后、左、右等有地基条件空间进行衍生，形成多种建筑平面形态。传统的三开间民居建筑增至五排四间或者六排五间，或在主屋现有基础上拓展成三合院、四合院等。

1. 单体民居建筑吞口与台阶的多样性衍生

例如，贵阳以西、以北地区村落传统民居建筑堂屋前多数设置有吞口，吞口的进深为 600 ~ 1 200cm，吞口正中间是与堂屋的通道大门，两侧分设有侧门和没有门两种。吞口前是石砌台阶，台阶由两种形式组成：一为直排式台阶，台阶与吞口、大门、堂屋设置在一条中轴线上，注重左右两侧对称；二为在吞口前石砌一平台，在平台右侧设置台阶到地平面上，平台有与吞口同宽和非同宽两种（图 5-43）。在贵阳以东、以南的各辖区内大多数传统村落环境中，传统民居建筑堂屋前呈现多元化发展趋势，如美人靠、吞口、宽廊、走楼、晒排、望楼等多种形式（图 5-44）。

（1）水塘村建筑直排式台阶　　　（2）石头寨村台阶、吞口被后期围合　　　（3）鹅毛寨村建筑吞口台阶

图 5-43　贵阳以西、以北传统民居建筑大门吞口

（图片来源：作者 2018—2021 年拍摄）

（1）郎德下寨村传统建筑美人靠之一　（2）占里村传统建筑晒排之一

（3）坝辉村传统建筑吞口之一　（4）怎雷村传统建筑宽廊之一　（5）怎雷村传统建筑走楼之一

图 5-44　贵阳以东、以南传统民居建筑美人靠、宽廊、走楼等

（图片来源：作者 2018—2021 年拍摄）

2. 单体民居建筑周围附属衍生

在传统的三开间民居建筑增至五排四间或者六排五间，或左右附属用房等形式。由于沿袭四世同堂等中国传统文化，住户人口在不断增加时，需要的建筑生产生活空间同时逐渐增多，呈细胞分裂状，在原来建筑的基础上不断往周围分布设置可利用的附属空间（图 5-45）。

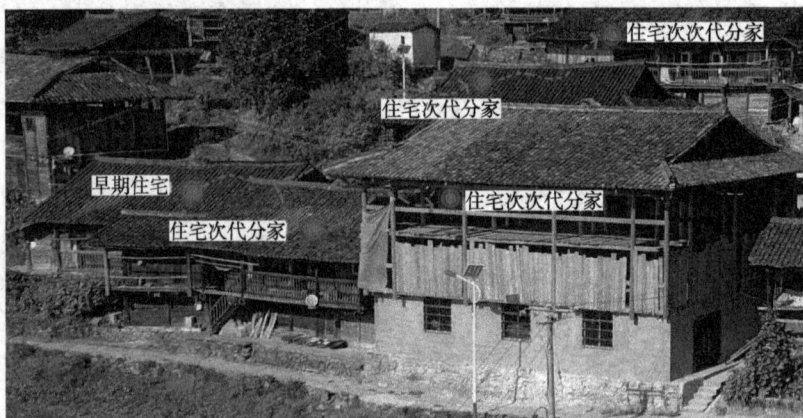

图 5-45　以父子血液细胞分裂状修建建筑

（图片来源：作者 2021 年拍摄）

3.凹字形三合院建筑的衍生

传统民居建筑直排式左右拓宽发展受地形地貌的影响，会在原建筑的前方左右两侧修建类似厢房布局形式的房屋建筑，整体呈"凹"字状的平面布局。这种布局有在三开间、五开间前分布新增的两种布局（图5-46）。

图5-46　阳光村营上古寨三合院、四合院
（图片来源：作者2019年拍摄）

4.回字型四合院建筑的衍生

这类传统建筑多数是明朝、清朝统治者府第，或是明清将军府第以及当时富商的院落，还有家族式的祠堂等，这些建筑形制修建时深受汉族建筑文化的影响（图5-47）。

图5-47　隆里所村（隆里古城）四合院
（图片来源：作者2019年拍摄）

二、衍生建筑的立面形式

建筑立面材料是民居建筑立面的衍生。调查中归纳出民居建筑立面主要用材的特征，大致有"石＋木＋瓦""石＋石＋木""石＋砖＋木"等材料组合，屋面（屋顶）有小青瓦、薄石板、树皮三种，在两柱间开设门窗。"石＋木＋瓦"组合：地基为石砌而成，建筑一层由石木结合而成，石裙板以上墙面为木质材料构成，多数从一层以上的墙面都为木材组合；"石＋石＋木＋瓦"组合：地基或底层、中间层墙面为石材，顶层立面为木质墙面；"石＋砖＋木"组合：地基为石材砌垒而成，底层立面为青砖砌成，中间层以上为木质材料构成。

三、衍生建筑的屋架结构

村落传统民居建筑充分利用穿斗式、干栏式木构架结构。部分黔中布依族民居还在构造体系中采用了减柱法，自中柱开始隔一柱而减柱。减柱法能有效地节约较长、较直的柱料，这对贵阳以北、以西地区海拔较高，木材生长环境受到气候海拔等影响区域的村落较为适应。黔东南、黔南地区海拔相对贵州西北地区较低，土层、气温等自然环境有助于木材生长环境的村落，建筑主体多采用干栏式修筑。穿斗式传统民居多会往屋后进行增加跨度延伸，在形制上没有严格要求的民居建筑，居民会根据环境的需求进行调整相应的结构（图 5-48）。干栏式建筑通常会在原来房屋规模的基础上，在左、右、前、后用穿、斗通枋支承挑梁增加走廊等空间（图 5-49）。

图 5-48 吉昌村传统民居建筑结构衍生
（图片来源：作者 2019 年拍摄）

图 5-49 清江村（下司古镇）传统民居建筑结构衍生
（图片来源：作者 2019 年拍摄）

第四节 建筑装饰

贵州境内村落传统民居建筑装饰工艺精美。木构民居建筑传统的装饰图纹内涵丰富，相应的装饰纹样反映出该区域居民文化生活的丰富性。传统民居建筑在工匠的营建中将各区域传统的民族信仰纳入其中，建筑的台阶、柱础、腰线、门窗、吊柱、山墙龙口、屋脊等处呈现传统图腾符号，这些符号均来自对大自然的崇拜与敬畏，匠人们将这些图腾符号通过木材、石材作为载体呈现出来。

1. 台阶

台阶与地基堡坎（挡土墙）融为一体。台阶和地基形式丰富，这是房屋建筑的基础和入户主要通道，村民对地基和台阶的理解与修筑也各有千秋，贵阳以北、以西的传统建筑应用石材夯实地基，在装饰上注重石材薄厚组合搭配，墙脚转弯线条随道路弯曲，石材的搭建以马牙口错位组合而成，增加地基牢固性的同时呈现出线条柔顺美感；而贵阳以南、以东的传统建筑应用石材或木材架空搭建，大多数民居建筑台阶没有做装饰，呈现粗犷石材堆砌。

2. 柱础

地处云贵高原海拔 140 ～ 1 880m 区域内的村落建筑群，因受潮湿气候的影响，木质柱头与地接触面需要做防腐、防潮处理，通常采用设置柱础方式进行保护；而柱础的形状有圆形、方形、菱形以及多面体等多种形式组成，居民为了使其美观和趋灾避难在柱础上雕刻相应的图腾纹样（图 5-50）。

（1）天龙村传统柱础之一　（2）吉昌村传统柱础之一　（3）阳光村传统柱础之一

图 5-50

（4）戛陇塘村传统柱础之一　（5）岜沙村传统柱础之一　（6）坝辉村传统柱础之一

图 5-50　各类柱础特征

（图片来源：作者 2018—2021 年拍摄）

3. 腰线

这里的腰线是指民居建筑相应层立面设置中间部位的横枋。大多数民居建筑因节省材料和需要开窗户，多在前屋立面窗户下方设置横枋，在修建中横枋有效地将短木板合理运用，或者应用石板做石裙板，居民会在木枋和石裙板上进行雕刻一些图案增添建筑细节美观（图 5-51）。

（1）天龙村传统腰线之一　（2）吉昌村传统腰线之一　（3）阳光村传统腰线之一

（4）戛陇塘村传统腰线之一　（5）肇兴村传统腰线之一　（6）西江村传统腰线之一

图 5-51　各类腰线特征

（图片来源：作者 2018—2021 年拍摄）

4. 门窗

门窗有不同类型的装饰风格。窗框以方形为主，窗框内的装饰格局有回字网、方格网、竖向条等，在其间雕刻有传统崇尚的自然花、鸟、兽纹样以及文字等；黔东南地区传统建筑设置有美人靠，在二层堂屋或廊处，美人靠也进行简单竖向方格装饰；各类型的门枋也进行了精美的装饰，门板设置上下两部分，上半部分有的以浮雕手法刻有门神或财神等立体图案，还有装饰的与窗户相似，门板的下半部分（门板肚）多以简洁竖向木板装置，部分有图案雕刻于内。门窗的各种各样装饰和形式呈现出修建房屋时居住主人和工匠们的审美能力（图5-52）。

（1）天龙村传统窗户之一　（2）吉昌村传统门窗之一　（3）水塘村传统窗户之一

（4）戛陇塘村传统门窗之一　（5）坝辉村传统门窗之一

图5-52　各类门窗特征

（图片来源：作者2018—2021年拍摄）

5.吊柱

吊柱瓜头的装饰没有固定的尺寸和纹样。黔东南地区传统建筑较为注重吊柱瓜头装饰，整体呈现圆形和方形以及方圆组合等形状，有的呈南瓜、灯笼、木鼓等多种形状，尺寸的大小主要由吊柱直径的大小决定（图5-53）。

（1）岜沙村建筑吊柱之一　（2）肇兴中寨建筑吊柱之一　（3）郎德下寨村建筑吊柱之一

图5-53

（4）南猛村建筑吊柱之一　　（5）清江村建筑吊柱之一

图 5-53　建筑吊柱

（图片来源：作者 2018—2021 年拍摄）

6. 山墙龙口

主要是带有屯堡文化建筑的山墙挑檐部凸出部分的上端，用石头造型，开凿成凹口，口中嵌有半圆球体，整体呈现简洁的龙口形状，其象征龙口衔珠，反映其主人爱美和祈求祥瑞（图 5-54）。

（1）天龙村建筑龙口之一　（2）吉昌村建筑龙口之一　（3）隆里所村建筑龙口之一

（4）石头寨村建筑龙口之一　　（5）戛陇塘村建筑龙口之一

图 5-54　建筑龙口

（图片来源：作者 2018—2021 年拍摄）

7. 屋脊

屋脊外观大致有两种形式：一种是直线屋面，即檐部不翘起，屋脊不落腰，脊线是直的；另一种是由曲线型构成的屋脊，构成的特征为檐部翘起和屋脊稍微弯曲成弧线型，而正脊中间会用小青瓦设置各种图样以做装饰，给人视觉上突出房屋的美感（图 5-55）。

（1）清江村传统建筑屋脊一　　　　　　　（2）怎雷村传统建筑屋脊一

图 5-55　建筑屋脊

（图片来源：作者 2018—2021 年拍摄）

　　综上所述，这些传统民居建筑特征具有独特性，目前被不同程度地实施开发利用。在开发利用的村落多以原貌保护为主，新修民居建筑在风格上与传统建筑风貌向统一，实施旅游开发保护的村落，对传统民居建筑多采用原貌实施保护为主，部分村落在尝试对传统民居建筑新的保护方式，采用在传统外貌、原址、原外墙的基础上对内部生活功能空间进行了调整，对原采光、生活厨房、庭院活动空间、洗漱卫浴空间、污水处理等进行了优化，在使用功能上按照当下人们生活需求进行调整，使其功能更好地服务于当下人群的生活需求，有效地激活了闲置的传统民居建筑。

第六章　贵州传统村落资源发展

第一节　贵州传统村落资源的构成要素

贵州境内传统村落所处的自然环境都蕴藏着比较丰富的文旅融合资源。喀斯特地貌、连绵不断的河流谷地湖泊、春夏秋冬四季气候分明的炎热带湿润季风气候、自然环境中品种繁多的动植物；形式多样的建筑形式、丰富多彩的民族文化以及当前生活在传统村落的村民都是构成保护与发展的要素。通过以下内容的分析可以让读者和学生深入地了解贵州传统村落资源的构成要素。

一、自然环境景观要素

（一）云贵高原上的喀斯特地形地貌

地壳运动的作用促使云贵高原形成了成熟的喀斯特地貌。在流水的溶蚀作用下，可溶性的岩石和岩浆在地壳运动中发生一系列变化。这样的地貌形态表现为地上石峰林立、峰丛矗拥、崎岖不平；地下则伏流、暗河和溶洞纵横交错，整个基岩表现出一定的不稳定性。石灰岩基岩中还分布着极多的纵向裂纹，而且这些裂纹与地漏斗相连，地漏斗对于阻碍水土流失具有重要的作用。一旦地漏斗被打通，泥土将会在地表径流的作用下顺着石缝泻入地下溶洞，造成大面积的水土流失，从而导致石漠化灾变。这样的地质带被学术界列入中国七大脆弱生态系统之一 ❶。

贵州境内的岩溶地貌具有分布范围广泛、形态类型齐全、地域分布明显等特征。贵州境内的喀斯特地貌面积共 109 084km²，占全省总面积的 61.9%，因此已经形成了一种特殊的岩溶生态系统。贵州境内的岩溶石漠化已成为阻碍该地域社会经济发展和生态环境修复的主要因素之一，因此相对应的石漠化综合治理以及喀斯特地域小流域综合治理早已提上议程。对喀斯特地形地貌的开发利用需要新的工程技术，采取可以降低传统施工破坏地表的方法，新的科学技术能防治该区域的水土流失，同时衍生产业结构的调整，让农民得到实实在在的增收，实现脱贫。贵州境内因喀斯特地貌及少数民族的分异聚居，形成贵州独特的自然景观和民族风情，秦启万等学者早在 1990 年就对岩溶瀑布和地下暗河进行了研究，对安顺地区的黄果树至龙宫水系外围进行了系统全面的岩溶旅游资源调查评估，为贵州喀斯特地区旅游开发奠定了坚实的基础。

（二）川流在云贵高原谷地的水文

贵州境内河流数量非常多，超出 10km 以上长度的河流多达 984 条。贵州东部地区的苗岭山脉是贵州境内河流的分水岭，苗岭山脉以北即属于珠江流域，而长江流域可以划分为四个区域，即金沙江区（牛栏江、横江水系）、长上干区（赤水河、綦江水系）、乌江区（乌江水系）、洞庭湖区（沅江水系上游）。珠江流域分为两个区域，即南、北盘江区（南盘江、北盘江水系），红、柳、黔江区（为红水河干流与柳江水系）。

根据贵州地表水资源主要特征值进行分析，可以得出境内的地表水资源较为丰富。从整体分布来看，水资源与水田的分布是大致接近的，呈现出贵州东部地区的地表水资源比较丰富，传统耕种需要大水量种植的农田也较多，而根据传统农业种植的特性，农田一般采取近距离取水。传统村落聚居在山区谷地中，一般择地距水源较近，且水源一般都会长流，尽管水的流量不大，但不会完全干涸，故而使少数民族祖先择居于此。

（三）弥漫在云贵高原漫山的气候

贵州境内气候属于炎热带湿润季风气候。春季气候宜人，适合农作物的发芽生长，夏季最热季节（七月）平均气温在 22 ~ 25℃，为最宜居的温度环境。

---

❶ 马国君，杨乔文：《云贵高原石漠化灾变的历史成因及治理对策探析——兼论经济开发与生态适应的关系》，原生态民族文化学刊，2011，3(2)：9-15。

秋季为丰收的季节，在该区域内进行秋收活动，能感受到秋风带来的几丝凉意。冬季有短期的积雪，局部区域呈现凝冻，但在最冷的（一月）平均气温在3～6℃。因地形地貌及大气环流的特殊影响，气候呈现局部多样化，素有"八山一水一分田""一山分四季，十里不同天"等说法。该区域局部地域因气候的不稳定，致使天气的灾害干旱、秋风、冰雹、凝冻等出现的频率高，对自然环境和农作物的生产带来的灾害较大。

（四）生活在云贵高原中的生物

河谷及两岸的生物品种多样。贵州作为中国四大中药材产区之一，可供药用的植物有 4 419 种，可供药用的动物有 301 种，中外闻名的"地道药材"有50 种，已开发利用的中草药资源有 350 余种，生活中常见的天麻、杜仲、黄连、吴茱萸和石斛是贵州的五大名药❶。在传统村落社会环境生活中，自然界的生物对传统村落的形成有较大的影响。陆地上的动植物形成的古树名木、珍贵药材、珍稀动物，以及在水里生长的各类鱼虫在贵州境内传统村落中起到重要的作用，它们与生活在传统村落里的人们遵循着相克相生的自然循环生物链发展，目前只能在少数的传统村落自然环境中能看到这一和谐的生态环境，随着农村经济社会的发展和自然环境逐年遭到不同程度的破坏，许多的自然环境中的生物在传统村落周围环境中慢慢消失，而自然生物多样性和平衡性的保护对传统村落自然环境和谐可持续发展是重要构成要素。

二、贵州传统村落的物质文化要素

（一）文物保护单位

在漫长的社会进程中，贵州境内的一些传统村落环境中目前保留着被列为文物保护单位的构筑物。传统古建筑具有历史纪念性的建筑，如庙宇建筑、宗教建筑、传统园林古建、行政衙署建筑、宗祠建筑、书院、交通构筑物、水利构筑物、革命遗留下的遗址或具有革命纪念意义的建筑、红色革命遗址以及名居建筑、摩崖石刻、古墓等，这些都是传统村落物质化的最基本要素之一（图 6-1）。

---

❶ 马国君，杨乔文：《云贵高原石漠化灾变的历史成因及治理对策探析——兼论经济开发与生态适应的关系》，原生态民族文化学刊，2011，3（2）：9-15。

图 6-1　隆里所村国家历史文物保护单位千户所

（图片来源：作者 2019 年拍摄）

（二）历史建筑

历史建筑是传统村落主要的文化载体之一，传统建筑的样式、结构形式、装饰等，都是先祖族人的智慧的浓缩。根据传统建筑的功能进行分类，可以将其分为生产类和居住类两种类型，生产类如传统的磨坊、榨油坊还有相关的遗址等，而居住类如传统民居、牲畜用房、凉亭、桥梁等建筑。在传统村落中能够产生收益的建筑都与村民的生活密切相关，是村民日常生活所需配备的基础设施，传统建筑是村落环境中文化的再现。

（三）传统构筑物

传统村落中构筑物的功能齐全。桥梁是对接两岸的必经之道，起到的功能不言而喻。庙宇是村民精神信仰的寄托之地，让村民祈福以达到内心平静。各类祭祀活动场所、树木、桥梁、石碑等，每年村民都会在固定的节庆日中围绕其举行祭祀活动，能让村民内心消除灾难所带来的痛苦。鼓楼、风雨桥等公共议事建筑，能给村民遮风避雨以及村民在此集聚商定村落相关事务。水井是延续传统村落的根源，有水的地方就有生命，水井源源不断的水资源养育着世代村落的人们。道路在传统村落中一是能够组织交通，二是村落中的景观廊道，三是整个村落形态的空间构成骨架，四是承担着村落各景观节点的路网。从各类道路所呈现的功能进行梳理，多数道路都蕴藏着村民日常生产生活中所涉及的方方面面的各项功能，是村落中复合型的交通道路，同时形成了传统村落给世人展现独特景观的文化轴网 ❶。

传统村落的各类传统构筑物中凝集着村民的祖先一代又一代的审美观和精神追求。各类构筑物都是传统村落的精神产物和物质产物，这些构筑物中记载了大量传统村落的历史文化信息。构筑物是属于全村公共参与和使用的建筑，这类建筑没有固定的主人，所以在传统村落社会环境变迁中对村民的活动产生了一定的影响。贵州境内各传统村落的发展中这类建筑具有公众性，传统构筑物与传统村落社会环境形成同步发展（图6-2）。

图6-2　肇兴组团成片村落传统鼓楼及民居建筑群
（图片来源：作者2019年拍摄）

（四）古化石人类发祥地

贵州是早期人类的发祥地之一。科学研究证明贵州这片土地有人类24万年前栖息繁衍的痕迹，目前发现的化石遗址较多，如黔西县的观音洞为旧石器的遗址，目前称为"观音洞文化"；1993年，考古专家在六盘水市盘县考古发现距今20余万年前到的"盘县大洞人"，在六盘水市水城县硝灰洞发现距今8万多年前的"水城人"以及在六枝特区桃花洞发现距今1万年前的"桃花洞人"。这些考古发现在人类历史进程中具有举足轻重的地位，且这些对研究

---

❶　范贤坤：《传统村落旅游资源开发与保护——以六盘水市为例》，贵阳，贵州大学出版社，2018：74。

古人类活动具有重要的价值，对当下贵州传统村落中的传统文化有着巨大的影响。

三、贵州传统村落的非物质文化要素

（一）村落的民俗民风

村落的民俗民风是传统村落非物质文化的主要载体之一。各传统村落的民俗民风是各民族团体、氏族、族群团体在漫长村落社会环境中，通过生活实践而逐渐形成的一种生活习惯和风俗。这种风俗习惯由祖辈一代又一代地流传至今，且相应的文化生活事项较为稳定，是传统村落社会稳定发展的主要原因（图6-3）。贵州境内有56个民族，而少数民族类别较多，目前各村落出现的现象是民族文化生活迥异，所居住的传统村口社会经济发展不平衡，且差异化较大，再加上当下数字化信息对人们观念的影响，村落中传统的许多优良的民俗民风正遭受侵蚀，要想在当下社会对其进行有效的保护，必须对其进行多元化的引导保护和开发利用。

图6-3　占里村民俗活动斗牛
（图片来源：作者2019年拍摄）

（二）民俗信仰

在传统村落环境中宗教信仰具有权威性，是生活在村落里村民的精神主导者。在中华人民共和国成立之前，因村民对自然界的一些现象得不到科学合理的解释，各村落的村民一般会相信村里勇敢或者学识渊博的长者的话，尤其是对专门从事村里大小事务和相关的祭祀活动的祭师特别敬仰，这些人成为村里德高望重之人，对全村大事具有引导和主导的作用。该处的宗教信仰与国外的

其他反面教派不一样，此信仰完全是由祖先在漫长的村落社会发展过程中形成对自然的一种崇拜，如有对祖先进行祭祀崇拜、鬼神崇拜、自然神灵崇拜、人造物的崇拜，是村民在物资匮乏的年代形成的一种精神寄托，也可以理解为对于未来生活的美好向往。境内民族众多，各民族的信仰略有不同，但其为传统村落有序延续发展起到积极作用，目前已经形成我国传统村落非物质文化遗产中非物质化表现形态的精神产物。

（三）言传身教

言传身教在传统村落社会环境中起到村落文化的延续发展作用。在传统村落社会进程中没有当下社会的各类教育，同时很多氏族没有文字记事，唯一把祖祖辈辈的生活经验传承下来的有效措施就是言传身教。把生产生活的重要事项、对自然界的崇尚、对先祖灵魂的祭祀活动、愉悦生活的歌舞、秋收的喜悦或者对先祖的勇者事迹以及如何采取预防猛兽对村落环境带来灾害等，都以口述和以行动示范代代相传，让先祖的智慧继续得以传承（图6-4）。

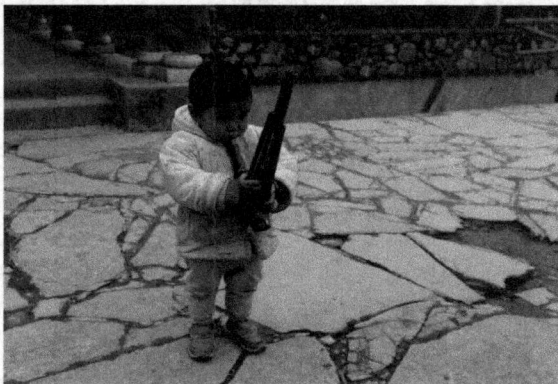

图6-4 占里村街头小孩在独自吹奏芦笙
（图片来源：作者2019年拍摄）

（四）传统技艺

传统技艺是体现民族文化的独特符号。经过民间各族人民的长期凝练和传承，有着悠久文化渊源的传统技艺，如年画、陶艺、剪纸、变脸、泥塑、剪纸、木雕、舞蹈、戏曲、银饰制作工艺等技术技能对于研究民族文化具有重要的价值。传统技艺是基于材料易得且成本低，同时易出效果便于学习，适合农村女性生产生活空闲之余进行制作。目前传统村落中还保留有这类的技艺，这类技艺所呈现出来的作品样式千姿百态，是村民生活中的一部分，深受村落人民的喜爱，既具有实用功能又能美化生活。例如，刺绣、剪纸和银饰制作等作品，能够在一定程度上体现村民审美爱好，并能够以此分析各民族人民的社会深层心理。同时，其作为丰富中国特色文化的民间技艺，自身的造型特点是非常值得研究的。所有技艺是离不开村民的市场生活的，贵州境内各区域的传统技艺都呈现出该区域特定的审美观念和精神的向往。各类传统技艺作品寓意丰富，能在一定程度上体现出中国本源哲学，表现形式上有着吉祥如意的基本特征，表达对美好生活的向往和万事顺遂的期望。各民族用自己特定的语言表现方式，通过传统技艺以及不同的媒介传递出传统文化的内涵和本质。各类传统技艺的演变过程都经过了大量实践的积累，全面掌握必须经历一定时间的研究与练习才能达到。在民族审美观念、区域环境、材料及各时期文化等方面的影响下，各类传统工艺、技艺和审美观念等呈现出较大的区域化差异，每一门传统工艺、技艺都是自己民族所独有的，形成各民族独具特色的一面旗帜，这些都是构成贵州境内传统村落非物质文化的要素。

第二节　贵州传统村落旅游资源的类型

一、物质化文化遗产资源

传统村落旅游资源的类型在物质化文化遗产资源方面，中国有相关方面的规定，并对传统村落的物质文化资源做出了明确的分类，当前从事村镇规划相关的研究者、学生和保护开发利用从业人员必须了解物质文化遗产资源的类型。

二、非物质化文化遗产资源

传统村落旅游资源的类型在非物质文化遗产资源方面，中国根据《保护非物质文化遗产公约》相关方面的规定，在 2011 年 2 月 25 日颁布了《中华人民共和国非物质文化遗产法》，在该遗产保护的法令中指出各族人民世代相传并视为其文化遗产组成部分的各种传统文化表现形式，以及传统文化表现形式相关的实物和场所等。

　　非物质文化遗产在《保护非物质文化遗产公约》中包括以下几个方面：①口头传统和表现形式、包括作为非物质文化遗产媒介的语言；②表演艺术；③社会实践、仪式、节庆活动；④有关自然界和宇宙的知识和实践；⑤传统手工艺。根据工作的可操作性，将非物质文化遗产分为十大类别：民间文学（folk literature），传统体育、游艺与杂技（traditional sports, recreation and acrobatics），传统音乐（traditional music），传统美术（traditional arts），传统舞蹈（traditional dance），传统技艺（traditional skills），传统戏剧（traditional opera），传统医药（traditional medicine），曲艺（chinese quyi music），民俗（folk-custom）。非物质文化遗产可以根据其相关性分为与物质生活密切相关的非物质文化遗产和与精神生活密切相关的非物质文化遗产两大类。与物质生活密切相关主要是村民的生产和生活方式，主要涉及传统技艺、传统医药、传统美术等与手工制作有关的技艺和与生活起居密切相关的技艺等；与精神生活密切相关的各类非物质性文化遗产，如传统节庆纪念日、各民族传统的歌曲以及乐器、各民族的信仰、各民族传统的戏剧、各民族传统的舞蹈、各民族传统的音乐、各民族传说、民间文学等。不管是哪种非物质文化遗产，在非物质文化遗产的保护工作中都应将其看作一个整体，进行全面保护。在传统村落中各类非物质文化遗产是相互依存、相互影响的，经过千万年的演变形成一个整体，它们在相互促进、相互牵制，随着社会的发展，其文化也在不断地演变，构成丰富整体的村落文化，形成一种活态在传统村落中不断发展。非物质文化是传统文化村落重要的组成部分，在保护时有必要分析非物质文化与传统村落文化之间的关系，从整体视角出发对村落文化进行深度分析，从而促进传统村落非物质文化资源的整体有效保护与发展❶。

　　总之，通过对物质化文化遗产资源、非物质化文化遗产资源相应的分类，可以让读者或学生更加清晰地认识到物质化文化遗产资源、非物质化文化遗产资源由哪些要素构成。

---

❶　范贤坤：《传统村落旅游资源开发与保护——以六盘水市为例》，贵阳，贵州大学出版社，2018：79。

第三节　贵州传统村落旅游资源的评估

　　贵州境内的传统村落目前多数保留和沿用中国农耕社会生产劳作技术。中国几千年的农耕文明社会，其发育程度相对较高，且社会的管理制度相对完整。在几千年的农耕社会孕育中，贵州喀斯特地貌山区的人民沿袭着华夏的这份劳作精髓，在当下信息、经济全球化的今天，贵州境内传统村落里沿用华夏民族的农耕技艺显得已经边缘化。在全球人民的呼吁下，保护传统文化提上了议程，中国政府也在大力地着手相应的保护工作，贵州境内的传统村落必然成为保护的主要对象。作为年轻力量的专业规划设计人员必须认识在保护的过程中一味追求传统的保护模式显然不符合自然法则规律，也不顺应当下社会的发展，为使其不背道而驰，对传统村落实施旅游开发，让传统村落文化在当下得以继续活态传承，显然成为传统村落的必经之路。要对传统村落实施旅游开发和村民脱贫致富，对传统村落的各项资源进行评估是不可不为之事。对传统村落实施旅游保护与发展，必须实施一村一规划的整体，避免出现一村一片段的保护模式。

一、传统村落旅游资源分类

　　世界万物都遵循着时刻变化的规律，传统村落也是如此，对传统村落进行保护与发展，对传统村落的旅游资源进行分级评估和科学的分类非常必要。对传统村落旅游资源进行科学分类和分级实施保护是在传统村落保护过程中的首要工作。保护传统村落的历史文化第一步就是进行总体规划，而最科学的保护方法是对其历史文化旅游资源进行分类和分级评估。在对传统村落进行分级评估后，根据村落现状将其科学地划分为历史文化名村，整个村落现状保持传统风貌较好的传统村落、村寨、小组，传统建筑群现状保护较好的区域，村落格局保护较好的传统村庄等类型。对相关的保护必须对整个村庄、村落、小组或者建筑群区域先进行规划，选择行业水准较高的规划编制单位进行规划工作，同时要明确旅游保护与发展利用的重要地位，在进行规划审批时必须要有旅游开发、文物保护、村民代表等相关人士的参加。

二、传统村落旅游资源的价值评估要素

传统村落旅游资源的价值评估要素涉及村落环境。传统村落自然地理涉及的地理位置、地质地貌、水文气象、土壤生物、生态环境、自然灾害等；村落传统格局涉及的构成村落传统格局的地形、水系、传统轴线、历史街巷、河道、重要公共建筑、公共空间的布局等；村落传统建筑涉及的现存文物单位和历史建筑的详细信息，以及规划范围内其他建筑物、构筑物的使用性质、年代、质量、风貌、高度、材料等信息；传统村落历史环境涉及的构成历史风貌的驳岸、围墙、石阶、递铺、古井、古树、古桥、名树景物；传统村落各民族民俗文化相关的方言、民间文学、宗教信仰、礼仪、节庆、风俗习惯、地方传统表演艺术、歌曲、传统技艺、医药等。在对各传统村落相关的旅游资源资料调查和评价的基础上，了解各传统村落所处的地理环境和村落社会经济的发展现状、村落发展历史、村落传统格局、建筑保存现状、村落历史环境要素及民俗习性等相关要素的旅游保护与发展价值和文化内涵，为传统村落保护与发展的实施奠定了坚实的基础。在传统村落保护与发展的实施过程中对传统村落的保护方面，中国近年来也出台了相应的保护措施和保护方法。

第四节　贵州传统村落旅游资源的保护

传统村落保护与发展的首要工作是对传统村落构成旅游资源的要素进行有效的保护。作为年轻力量的专业规划设计人员必须对构成传统村落旅游资源进行基础调查，了解资源现状并建立健全的传统村落档案。在传统村落进行保护与发展规划设计的编制时，对传统村落即将消亡的历史文化资源应立即进行抢救性的保护实施行动。传统村落保护与发展的首要任务是请专业设计规划单位、专家、政府相关管理部门制定规划方案，先规划后实施，使规划方案在村落的开发和保护实施过程中起到积极指导作用；按传统村落保护的相关文件执行分类、分级实施保护计划和工作，并且根据实际情况有针对性地提出抢救性维修、整体风貌保护、合理开发利用等相关保护措施；对传统村落中的文化承载物进行活态的方式加以传承，并重点保护所有相关遗产的真实性和完整性，

在此基础上真实有效地弘扬华夏优秀的农耕传统文化；成片组团和串联成线的村落中结合各传统村落的地理环境及周边人文和自然环境、区域民族特色，坚持因地制宜提出"一村一策"保护发展对策。

一、建立传统村落档案

贵州境内的传统村落建档工作量大且起步晚。2008 年、2012 年、2013 年分别颁布了《历史文化名城名镇名村保护条例》《历史文化名城名镇名村保护规划编制要求》《住房城乡建设部关于做好 2013 年全国村庄规划试点工作的通知》等相关文件，这些都结合《文物保护法》《城乡规划法》确立了名村保护制度，并明确规定由国务院制定保护办法，这些相应的保护法令中都有涉及对传统村落的编制。

贵州省住房城乡建设厅与相关部门对传统村落实施保护得到落实。按照国务院和住建部门相关要求开展传统村落保护与发展相关工作，对具有历史文化的村落实施建立档案，并不断完善各村落历史文化资源的基础材料的归档，各类资源的资料都是后续编织发展与保护村落方案的基础。其主要内容包括村域环境、村落传统格局、传统建筑物、历史环境要素、非物质文化、文献资料、保护与发展基础资料等同时对相应的内容提出要求，传统村落档案建立内容与要求这里就不再赘述。

二、保护原则

（一）整体性保护

传统村落文化遗产资源的保护工作中需要遵循的一个重要原则是整体保护原则。整体性保护即要求考虑到传统村落所拥有的全部内容，具体包括物质形态和非物质形态的文化遗产，同时保护所在地的周边生态环境资源，从整体上对传统村落加以关注并进行多方面的综合保护❶。对自然界物质文化遗产和村落的物质文化遗产两个方面进行保护的主要目的是以多元化的方式反映并传承人类文化的多样性。保护范围涉及村落整体的生产生活各个方面，村民日常生活的生产、娱乐、信仰等各类传统民间文化的表现形式，并不单纯对个别文化遗

---

❶ 申小红：《对非物质文化遗产保护的几点认识》，原生态民族文化学刊，2011（1）：121-125。

产项目实施综合保护。如果仅仅是用个别的"代表作"形式对传统村落中重要的文化碎片进行"圈护"，而不能提出实际的相应措施对其文化遗产提供全面保护，将会导致未被"圈护"的优秀文化遗产遭到漠视、忽略、遗弃和伤害，从而造成传统文化消亡的严重后果。保护传统村落物质文化遗产资源的整体性原则不仅是指空间向度上的全面涵盖，也应该在时间向度上有所体现，因此最好的保护方式就是将这种文化传统与现代民众的生活方式关联起来，使其在新的时空下得到源远流长的发展❶。中国近年来在对传统村落物质文化遗产资源保护实践工作中，意识到各类文化资源本身是一种综合性的文化形态，而不是单一孤立的文化形式，保护中需要从整体性保护出发，不能单独保护某一片段文化。从村落物质文化遗产资源的整体性中的构成空间与发展时间，要看到文化的变迁区域和文化的发展历史。

对传统村落物质文化遗产资源保护在实践工作中找规律，探索更好的保护方式。2007 年，原文化部先后以"徽州文化生态保护实验区"等十二个国际级试验区进行保护。在实践过程中，专家们把非物质文化遗产作为文化生态试验区的核心部分，并对区域内与物质文化遗产及相关联的事物与自然环境、经济社会及组织环境进行整体保护。传统村落物质文化资源与生存发展自然环境、经济社会、组织环境进行综合性整体保护。

传统村落从整体上的保护不仅包括有形的传统资源，如与道路，街巷，水系，传统建筑物，构筑物，历史环境和非物质传统资源以及非物质文化遗产密切相关的自然环境，还包括居住在传统村落的村民。将一个区域管辖内的传统村落以及村落中的物质文化遗产保护与传统村落本身看作一个整体进行保护，是组团成片和散居串联成线的传统村落物质文化遗产资源整体保护的路径之一。在整体保护中物质文化遗产资源保护与发展利用同样要遵循相应的原则。

（二）原真性保护

在传统村落中的各项传统遗产资源保护过程中还需保证其原真性。例如，保留传统村落本地延续千百年的文化特色，不得迁并传统村落、不宜在传统村落域内及其周边进行大拆大建、不宜拆真建假和粉饰作伪；在传承非物质文化

---

❶　高原野：《汉中传统民居建筑环境整体性保护研究——以汉中洋县谢村民居为例》，城市建筑，2016（35）：200。

遗产和传统民俗等传统文化资源的过程中需将其真实性放在首位，不得随意编造、作假及歪曲非物质文化遗产内容。

（三）以村民为主体

在实施规划方案应以村民为主体，尊重各传统村落村民自身的想法，同时将为村民提高生活质量作为指导思想。政府积极鼓励和引导需要对危房进行修缮时，按传统民居建筑风貌进行修复，主推利用传统材料、传统结构等对传统建筑进行恢复，这样可避免出现空心村和劳动力的流失；村民的住房和配套生活构筑物等的改造、设计、修缮等应在村落规划的范围内，应在规划方案中指导和引导村民进行。该规划方案的制定和实施则侧重于实际需求，可对组团成片和散居串联成线的多个村庄进行系统深入的调查分析，对传统村落内的传统文化资源进行全面掌握，分析总结村庄在保护和发展中所存在的实际问题，同时对村民进行访谈，充分了解其在物质生活和精神生活方面的实际需求，有针对性地提出相应的发展策略。避免规划沿用、套用其他村庄的规划，避免脱离实际情况制定形式化的规划目标和措施。

第五节　贵州传统村落的发展机遇与挑战

一、贵州传统村落的发展机遇

贵州传统村落因地理位置交通不便等因素，在社会经济发展过程中有着一定的限制，长期以来国家对改变农村面貌一直持续发力且成效显著。我国大规模扶贫开发政策从 1986—2020 年的全部脱贫，全方位改善贵州境内传统村落人居环境。2018 年中央一号文件系统为地方乡村战略做了顶层设计，清晰地描绘出乡村振兴战略的蓝图，指导乡村战略的施行。2020 年，乡村振兴取得重要进展，制度框架和政策体系基本形成；2035 年，乡村振兴取得决定性进展，农业农村现代化基本实现；2050 年，乡村全面振兴，农业强、农村美、农民富全面实现。

贵州境内的传统村落经济建设发展滞后，当前抓住在巩固脱贫攻坚成果的驱动力下快速发展。贵州省充分发挥传统村落旅游资源，发展乡村旅游对贫困地区脱贫致富的带动作用，以适宜发展乡村旅游的 3 144 个贫困村为重点，实施"百区千村万点乡村旅游扶贫工程"，因地制宜发展多种乡村旅游业态，积极开发美食餐饮、民俗活动、工艺特产等乡村旅游产品。落实百万乡村旅游创客行动计划，依靠互联网、大数据，推出乡村休闲养生、农耕文化体验等"旅游产品和线路的私人定制"，支持贫困群众建设具有当地民俗民风的农家客栈、森林小屋。

2022 年国发 2 号文件《国务院关于支持贵州在新时代西部大开发上闯新路的意见》中明确指出，全面推进乡村振兴，深入实施乡村建设行动，推动民族村寨、传统村落和历史文化名村名镇保护发展，积极发展民族、乡村特色文化产业和旅游产业，加强民族传统手工艺保护与传承，全面推进乡村产业、人才、文化、生态、组织振兴等，为贵州境内的传统村落的保护与发展带来更多的发展机遇。作为年轻力量的专业规划设计人员应该抓住这一发展机遇为促进区域地方人居环境建设做贡献。

二、贵州传统村落所面临的挑战

贵州传统村落所面临的挑战涉及范围广。贵州传统村落之所以成为传统村落，是因为村落居住地偏远、交通不便、自主对外交流少、思想较为传统、经济发展滞后等。贵州传统村落实施保护与发展面临的挑战非常艰巨，在国家注重传统村落保护行动启动后，对传统村落的保护有相应的法律限定，再加上村落里目前多数只剩下老人及儿童长期驻守，劳动力大量外流，年轻人对传统村落自身传统文化的不自信、不了解，对传统文化保护与利用的意识淡薄，保护资金短缺等方面都面临着挑战。

在当前对传统村落实施大规模设计规划编制阶段也面临较大困难。因传统村落数量多，设计规划编制的设计单位在短时间内，无法全面真实地挖掘出传统村落内有价值的旅游资源。因时间紧以及设计工作人员对传统村落的真实全面情况不了解，在设计编制过程中只注重大的方向，甚至有些设计单位采取模式化与同质化的保护与发展手段，这样在实施保护与发展阶段面临着难以抉择的困难。

贵州传统村落呈现出成片少数民族聚居传统村落和散点聚居传统村落，基础设施落后，投入传统村落中对环境保护与改善的资金薄弱。贵州近年来在国家的大力扶持下，目前实现村村通公路，在贵州境内喀斯特地形地貌、地质结构的限制下，道路的维修基金甚少。调查了解到在脱贫攻坚阶段给予村落资金主要用于扶贫、助村落创业以及帮扶老弱病残的村民，所以在基础设施的建设方面同样面临着挑战。在当前年轻人外出务工，传统村落的传统技艺和传统文化也面临着失传的境遇。作为年轻力量的学习规划设计专业人员要正面应对当前传统村落实施保护与发展面临的方方面面的困难和挑战。

三、贵州省传统村落的发展规划定位

贵州省传统村落的保护与发展提出发展规划。贵州省根据相关法律法规，并结合贵州省实际省情于 2017 年 8 月 3 日贵州省人大常委会通过的《贵州省传统村落保护和发展条例》，在该条例中规定政府资金扶持的产业和项目都向传统村落倾斜。支持传统村落民族民间手工业发展，强化地域特色，创建地理标志品牌等服务体系，促进传统村落与互联网深度融合，推动传统村落保护和发展大数据应用。

近年来，传统村落保护的专家学者就我国传统村落的保护召开多届"中国传统村落·黔东南峰会"，专家学者汇集一起重点围绕如何破解传统村落的保护、传承与发展关系问题，为推进传统村落活态保护，深入探索传统村落资源可持续利用提供新思路。2018 年 7 月 16 日在黔东南苗族侗族自治州从江县举行的"第十三届贵州旅游产业发展大会"，主要内容为推动贵州旅游业的发展和贵州省旅游扶贫的进展。目前贵州 724 个列入中国传统村落保护名录的传统村落，较多少数民族地区传统村落入选中国民族特色村寨，村落里的古井、古树、古桥、古道、小河、小船摆渡、溪水伴家、竹篱院坝，堪称原生态民族博物馆。风雨桥、干栏建筑、吊脚楼、美人靠、石板屋顶、青砖碧瓦让人慢下来、静下来，构筑了"望得见山，看得见水，记得住乡愁"的美好景象。

贵州境内的传统村落数量较多，且传统村落中旅游资源丰富，目前大致形成以旅游开发的模式助推境内传统村落的保护与发展。2021 年贵州省人民政府制定的《贵州省传统村落高质量发展五年行动计划（2021—2025）》中指出，将传统村落高质量发展作为贵州省乡村振兴上开新局的重要内容。上述内容让学生及时地了解贵州省传统村落的发展规划定位。

第六节　贵州传统村落发展与保护文化价值

中国的传统村落蕴藏着丰富的历史文化信息与自然生态景观资源，是华夏民族传统文化的重要载体和精神家园。在《关于切实加强中国传统村落保护的指导意见》中，传统村落的价值得到政府的高度重视，被认为"传承着中华民族的历史记忆、生产生活智慧、文化艺术结晶和民族地域特色，维系着中华文明的根，寄托着中华各族儿女的乡愁"。

贵州境内的传统村落有着悠久的历史，承载着璀璨的民族和地域文化，彰显着和谐的人居聚落空间，通过对历史价值、文化价值、社会价值、科学价值、艺术价值、经济价值六个方面进行分析，让学生以及专业规划设计人员、研究者了解其价值内涵。

一、历史价值

贵州境内的传统村落在全国范围是较为集中且规模较大，形成"另一类文化遗产"，是贵州境内的传统村落物质文化遗产和非物质文化遗产的复合载体，是贵州历史文化的集中体现。从历史价值来讲，贵州境内的传统村落是各民族在农耕文明时代传承至今的文化财富，其村落传统建筑及其技艺、历史遗存、民风习俗、宗教信仰等，无不反映和记录着贵州地区社会发展的历史进程和各民族走向文明社会的步履。

贵州境内的传统村落作为苗族、侗族、布依族等民族的主要聚居地，既是黔东南州传承和弘扬中华民族农耕文明的根基和主要载体，又是贵州古代社会民族发展变迁历史的实物佐证。各民族的迁徙史直接反映贵州境内传统村落的发展变迁，如苗族、侗族集聚在黔东南州地区，是最早迁入的少数民族，其部族的发展壮大奠定了当下黔东南州传统村落形成的基础。这改变了该地区原始的生产生活方式，促进了该地区经济水平的提升和社会整体的发展。同时，外来文化与本地文化经过不断摩擦和融合，形成了今天贵州特有的民族地域文化。

二、文化价值

传统村落是民族文化的载体之一。每一个民族的文化都经过千百年的实践凝练而成，具有独特性，而同一个村落的人们长期共同生活，邻里之间的关系密切，久而久之养成相同的生活方式，如日常生活习惯、风俗习惯及宗教信仰等传统文化。事实上，这些非物质文化要素都需要通过传统村落这一载体来呈现，传统村落是证明民族文化及其非物质文化遗产存在过的重要证据。贵州境内的传统村落文化遗产是其传统文化的重要体现，是非物质文化遗产的重要载体，也是千百年来农耕文明中人与自然和谐共处的证明。同时，贵州境内传统村落还是展示贵州各民族风情的活态博物馆。

贵州境内传统村落作为贵州传统村落物质文化遗产和非物质文化遗产的聚集地和展示区，拥有极其丰富的文化内涵，承担着承载和传承各民族文化的重任。在贵州境内有大量少数民族聚居传统村落和散点聚居传统村落，且部分村落少数民族优秀传统文化在国内外都具有影响力，例如黔东南州少数民族文化就是典型之一。其主要体现在传统民居建筑、民族服饰、民族歌舞、节日集会、宗教信仰、社会制度、饮食习惯、民间工艺等方面，既有物质形态的文化表现，也有非物质形态的文化表现，其中物质形态文化主要表现于传统村落的民居建筑的建造技术、古道路网规划理念、生产粮食的坝区耕地和坡地的农田规划方法、生产粮食和生活所涉及的农耕即生活用具、村落即周围的自然景观等。文化景观，如吊脚楼、鼓楼、风雨桥、寨门、梯田、农具、服饰、银饰、祭坛等；而非物质形态文化则是指一代又一代的村民在日积月累的生产生活实践中所凝练出来的独一无二的语言文化、风俗习惯、文娱活动形式、家规家训、宗族礼制等，也包括只能保存在村民脑海中的历史记忆，如舞蹈、音乐、传说、手工技艺、习俗等❶。这些物质形态和非物质形态的文化无不展示着贵州境内成片少数民族聚居传统村落与散点聚居传统村落深厚的文化底蕴和多彩多元的文化内涵，境内成片少数民族聚居传统村落和散点聚居传统村落已成为研究贵州少数民族文化的重要考察地点。这些民族在云贵高原贵州境内这古老的区域内共同繁衍相融共生。无论是生活起居，还是精神娱乐，都保持着各民族传统的文化精髓，展示着各民族的不同风采，犹如一个活态的民族风情博

---

❶ 夏周青：《中国传统村落的价值及可持续发展探析》，中共福建省委党校学报，2015(10)：62-67。

物馆。同时，各民族在传承自己本民族文化特色的同时，又会吸收其他民族的文化，去粗取精，共同传承。例如，侗族的鼓楼借鉴了汉族传统建筑中的殿、亭、塔的样式，出现了密檐式的鼓楼、歇山式顶、攒尖式顶等；苗族村寨以前无鼓楼这一建筑，受侗族村寨的影响，逐渐在一些苗族村寨内出现鼓楼建筑，苗族、侗族风雨桥形制也趋于相同，这些都体现着各民族之间的文化交流。

三、社会价值

著名古建筑专家罗哲文先生说过："古村落体量显小但五脏俱全，是完完整整的中国社会最基层的形态。"由此可见，一个完整的传统村落就是当时一个地方传统社会的缩影，能够体现出当地的文化和经济发展水平。

传统社会基层自治管理制度的延续。贵州境内成片少数民族聚居传统村落和散点聚居传统村落最大的社会价值就是延续至今的古代乡村社会基层自治管理制度及以血缘为纽带而形成的宗族文化。贵州境内组团成片少数民族聚居传统村落和散点聚居串联成线的传统村落大多以血缘关系为纽带把众多村民由家庭、家族、宗族三个层次依次连接成为一个密不可分的整体，从而促进传统村落呈现出聚族而居的特点，同时由这种无形的社会内在凝聚力推动形成村落内部严明有效的等级秩序，促使整个村落形成团结友爱、互帮互助的风气。此外，还产生社会管理制度，如苗族以"议榔"为核心的社会制度以及侗族的"寨老"和侗款制度具有突出代表性。苗族通过"议榔"来管理苗族事务以及规范苗民行为。在贵州境内传统村落中聚居的其他民族同样有相类似的村规民约，例如各个传统村落在发展中不约而同形成的诸如尊老爱幼、团结友爱的优秀中华传统道德，以及由家训族规逐渐演变而成的符合社会主义制度的乡规民约，同样具有重要的社会价值，这些对构建现代化基层社会治理体系和落实社会基层的管理工作有着极大的借鉴价值和促进作用。

四、科学价值

贵州境内组团成片少数民族聚居传统村落和散点聚居串联成线传统村落的科学价值，主要表现在村落和建筑选址所蕴含的科学的规划理念和传统建筑的营造技艺上。传统村落和建筑选址因地制宜、顺应自然、融于自然的规划理念至今仍对社会主义现代化建设和城镇化发展具有很大的启示作用和借鉴价值，而不需一钉一铆、榫卯相连的木构营造技艺更是我国古代建筑史上的一大成就，展现出惊人的科学理念，具有很高的研究价值。

贵州境内组团成片少数民族聚居传统村落和散点聚居串联成线的传统村落文化遗产作为社会发展和生产力水平提高的产物，能够在一定程度上反映出在历史进程中不同时代的科学技术发展程度、人类创造能力和认知水平。同时，相应的耕地和水对于农耕文明是两大极其重要的生产生活资料，因此传统村落常常依山临水而居。贵州境内地形山多平地少，村民祖先为了获得更多的耕地和水源，大多呈现出以下两种分布方式：一种是在崇山峻岭之中，村落依山就势，居住建筑沿山坡层级而上；另一种是依山傍水，村落中的建筑随地形的变化自由布置。组合形式灵活多变，建筑布局因地制宜，虽然形态各异、不拘一格，但在随意中有规律、变化中有统一，整体协调一致，规划布局极具科学性。此外，境内传统村落还饱含着"天人合一""人与自然、社会和谐共生"的哲学思想，在尊重自然发展、顺应自然规律的前提下，合理利用自然资源，从而形成村落与耕地、生产生活与自然山水和谐发展的局面，将人与自然和谐共存的宗旨流传至今。

贵州境内传统村落的传统建筑大多为木构建筑，有干栏式的民居、鼓楼、风雨桥、戏台等，式样美观，技艺精巧，体现了工匠们高超的建筑工艺水平和精神寄托。以侗族木构建筑营造技艺为例，侗族木构建筑营造技艺是一门依靠建筑师口传心授的手工技能，是侗族民族传统文化的重要体现。不同于现代建筑师在工作中需要绘制图纸等进行构思，侗族木构建筑的建筑师（墨师）只需要用到拥有丰富经验的大脑，再凭一把自制的小角尺，一条辅竹破开刻制的丈尺和一支竹片蘸墨笔就能将建筑建造完成。其中所需要的成百上千、长短不一、大小不等的柔、柱、枋、板、眼等构件均由施工木匠们运用锯子、凿子、斧头、木创等工具纯手工制作而成。在建筑搭建的过程中，不用一钉一铆，完全采用榫卯连接技术，便能使整栋建筑稳固支撑，这不仅体现出工匠们高超的技艺，也反映出木构建筑科学合理的结构比例关系。侗族工匠在木构建筑造设计中遵循均衡、对称、和谐的美学原则，同时注意运用直线、斜线、曲线、折线进行复杂多重的组合构图，从而形成了比例协调、均衡对称、规整完美的建筑造型艺术，充溢着朴实自然、稳定规范的形式美感。

五、艺术价值

贵州境内组团成片少数民族聚居传统村落和散点聚居串联成线传统村落作

为典型的生活空间，在建筑方面有许多惊人的艺术成就。贵州境内的传统村落木结构、泥石结构、石头垒砌等形式建筑物都具有极大的艺术研究价值，同时建筑整体及其构件均是民族文化的体现。例如，其屋脊、挑手、柱头、栏杆、榫头、门窗等部分，均通过凿刻、雕塑、绘画、叠砌等多种技法手段结合，呈现出均衡对称、造型生动等特点。同时，建筑图案线条流畅、建筑构件组合严谨，整体既能够体现出民族特色文化内涵的地域性和独特性，又能够引发公众的情感共鸣，具有雅俗共赏的特性。

总的来说，其艺术手法充满农村生活情趣，凸显地方民俗风格，具有强烈的装饰效果和艺术感染力。以侗族鼓楼为例，其作为侗族村寨最标志性的公共建筑，能够展现侗族先进的建造技术，是侗族历史文化与艺术造诣的最好体现。美好的事物，首先是具有自己的特点形象，它的物质材料都各按照一定的规律组成，形成独具审美特性的形式。鼓楼从形体来看，每一栋鼓楼都有区别，而黔东南州侗族鼓楼有楼阁式、厅堂式、门网式和密檐塔式，其中密檐塔式最为常见。

鼓楼外部有四边形、六边形、八边形，都是偶数，立面重檐少则几层，多则十几层、二十几层，皆为奇数，如榕江三宝鼓楼多达 21 层。鼓楼的顶有攒尖顶、歇山顶、悬山顶等，攒尖顶还可分为双叠顶和双层暗顶，顶竖宝葫芦，形似花钵植物幼杉。

总之，各鼓楼各有特色，千楼有别，各展风流。从装饰来看，彩绘丰富，质朴清雅。侗族鼓楼虽然结构简练，但装饰却相当讲究。楼顶上、翼角上、封檐板下以及一、三重檐之间，都有独具匠心的彩塑和彩绘。有的还在瓴檐、横枋、四壁或门上绘龙、画凤、雕麒麟、绘鸣兽、画花卉、雕山水人物等。彩绘内容有飞禽走兽、花鸟鱼虫、人物故事、狮子麒麟，还有侗乡风情画，如对大歌、踩歌堂、赛芦笙、牛打架、演侗戏、拾"官人"等，绚丽多彩，琳琅满目。单就鼓楼的彩塑、彩绘，就是一部不可多得的民间美术作品❶。

此外，贵州境内组团成片少数民族聚居传统村落和散点聚居串联成线传统村落许多非物质文化遗产也表现出惊人的艺术成就，如民族服饰、刺绣、银饰、传统技艺等。苗绣是苗族历史文化中特有的表现形式之一，其工艺独特、技艺精巧，为中国服饰文化的瑰宝。苗绣既可用来镶嵌服装的衣领、衣襟、衣

---

❶　罗德启：《贵州民居》，北京，中国建筑工业出版社，2008：88。

袖、帕边、裙脚、护船边等部位，也可用来缝制挎包、钱包等。其图案丰富，色彩鲜明，图案内容的选择是人们审美意识的反映，借丰富的物象来反映喜庆、吉祥、人寿、年丰、友谊等生活内容，主要有兽类、花果类、鸟类、福、标、寿、喜、康、人物、建筑物以及传说中的仙人善神和他们的道具等。色调也带有强烈的夸张色彩，常不按照真实物体的颜色配色，而是按其氏族的审美要求，大胆而灵活地加以运用；其色彩讲究冷暖的对比，注重在强烈的对比之中取得多种色彩美的协调，形成一种古朴又绚丽多彩的效果，具有极高的审美和艺术价值❶。

六、经济价值

让传统村落贫困的村民富裕起来，远离贫困，乃至为地方经济的发展开辟新的模式。2008 年 9 月，在黔东南州西江村（千户苗寨）召开"贵州省第三次旅游发展大会"，从此西江村（千户苗寨）逐渐吸引国内外各类人群的好奇心，同时致使西江村（千户苗寨）的旅游业迅速发展。

据资料记载 2008 年 9 月至 2009 年 10 月一年内，西江接待旅游团数从零组团发展到 4 429 个团队，据了解西江村景区一天大概有 2 900 余人次的游客量，同比在召开大会前的游客量增长了约 9.2 倍；总游客量达到 110 万人次，同比在召开大会前增长约 6 倍；旅游开发的综合收入达到 2.5 亿元，同比在召开大会前增长约 9.3 倍；仅仅一年的时间，西江的旅游业已经发生了翻天覆地的变化。截至 2014 年，西江景区旅游综合收入已达到 21.36 亿元。西江苗寨旅游业的开发与发展不仅为其带来巨大的经济效益，人民的收入得到提高，而且使人民的生活水平和环境得以改善。实践证明，开发旅游业对于传统村落实施旅游扶贫的发展是一种可行的模式。贵州境内传统村落拥有丰富的生态资源，各传统村落应在保护自然环境的前提下，深入挖掘村落文化资源的基础上，以传统村落文化特色，寻求适合本村落旅游发展的新模式，避免盲目开发，以免带来适得其反的结果。

---

❶ 曹昌智，姜学东，吴春，等：《黔东南州传统村落保护发展战略规划研究》，北京，中国建筑工业出版社，2018：86。

第七节　贵州传统村落保护与发展的现状和问题

贵州境内的传统村落经济因综合原因导致农村社会经济发展滞后，20世纪90年代初期，贵州省结合省情资源优势，提出了"以旅游促进对外开放和脱贫致富"的旅游发展指导思想，并且把"旅游扶贫"这一指导思想作为贵州省长期坚持的发展战略。近年来，在贵州大数据、大生态、大脱贫的驱动下，将传统村落旅游发展作为一个高增值、高就业、高效益的特色新型产业，为传统村落的保护与发展提供了契机。通过以下内容的分析，让学生和保护开发利用从业人员认识到贵州境内传统村落保护与发展的现状和问题。

一、贵州传统村落保护与发展萌发

贵州境内成片少数民族聚居传统村落和散点聚居传统村落以前一直处于极度贫困状态，在2020年摘掉"贫困"的帽子。早在1994年黔东南州被国家批准为首批改革开放试验区，此后衍生出对古村落（传统村落）生态博物馆保护以及自主探索保护开发模式。

（一）生态博物馆保护

从20世纪90年代至今，贵州就针对古村落（传统村落）民族文化和民俗风情进行开发，在大胆不断地挖掘与探索。1997年10月，中国和挪威两国政府签订了《挪威合作开发署与中国博物馆学会关于中国贵州省梭戛生态博物馆的协议》。中国的第一座生态博物馆——贵州六枝梭戛生态博物馆正式落成于1998年10月，2000年9月5日中挪签署奥斯陆协议，贵阳花溪镇山建成为"布依族生态博物馆"；2001年1月中挪两国在北京进行贵州生态博物馆（第三阶段）项目签字，并新建了隆里古城生态博物馆和黎平县堂安侗族生态博物馆，便开启了贵州对传统村落的保护。

（二）自主探索保护开发

20世纪90年代，贵州根据国家发展趋势结合省内自身基本情况积极探索保护古村落。积极组建各类少数民族文化保护组织，鼓励民间优秀传统文化艺术团，并且开展民族文化进校园，研发乡土教材等相关项目，大力推进民族文化的保护与传承，为传统村落的保护提供了积极的政策基础，营造了浓厚的文化氛围❶。还召开全省的旅游发展大会，大力推动乡村旅游相关产业的发展，着重把扶贫项目倾向到资源较为丰富，西江村（千户苗寨）组团成片被确定为重点扶持的村落。

西江村（千户苗寨）组团保护与发展的示范作用立竿见影，带动了大批传统村落的发展。乡村民族文化旅游在黔东南州兴起，迅速掀起了旅游开发热潮。据调查发现，在发展过程中也存在不少问题。

（1）原住村民作为村落的旅游文化资源主体，主体与开发者在旅游开发中获得的收益还没得到较为合理的共赢发展，大部分的收益都落入投资开发者身上。

（2）在传统旅游资源的保护与发展时缺乏从民俗学、经济学、建筑学、生态学、旅游学等多角度进行研究，部分传统文化的寓意在开发过程中发生扭曲，开发商一味地追求经济效益，把本民族传统文化的原、真、本的文化意识形态用于赚钱的手段，使民族文化的原真性没能较好地活态传承。

（3）开发商为追求投资的资金快速回笼，加快了旅游开发的速度。

在古村落保护开发由村落自然保留初始阶段发展到以开发为主的探索阶段后，其主要特征是以发展村落旅游经济为着眼点，通过创造经济效益扶植贫困地区的思维模式带动古村落的发展，很容易忽视古村落保护。这时期古村落的历史文化价值的重视度还不够，对于古村落在发展过程中如何与村落文化遗产保护相互促进，还未梳理出明确的认识，处于粗放式的开发探索阶段。1994年黔东南州被国家批准为首批改革开放试验区，黔东南州州人民政府随之出台了一系列促进经济发展的优惠政策，为黔东南州民族村寨的保护提供了良好的经济支撑，一方面产业结构得到一定程度的调整，向有利于古村落旅游扶贫倾斜；另一方面加大基础设施资金投入，加快县、乡和村庄的公路交通建设，改善古村落外部环境，使古村落的交通可达性得到大幅提升，从而为黔东南州古村落的保护发展提供了良好的基础。

---

❶　曹昌智，姜学东，吴春，等：《黔东南州传统村落保护发展战略规划研究》，北京，中国建筑工业出版社，2018：90。

二、贵州传统村落保护与发展并举

在践行粗放型旅游开发时导致古村落的传统文化和传统建筑以及村落生产环境遭到破坏，改变了原住居民从事农耕生产生活的传统意识形态，致使中华文明的传承走上一条以营利为目的，注重经济效益而忽视文化传承的偏路，最终失去古村落保护的意义❶。2012—2019 年，国家主管部门和各界研究学者高度关注传统村落保护与旅游开发的关系。截至目前，住房和城乡建设部牵头主抓，会同国家相关部局已组织开展了 5 次传统村落摸底调查，同时颁布促进传统村落保护的指导意见。

贵州省人民政府于 2015 年 4 月，专门印发了《省人民政府关于加强传统村落保护发展的指导意见》（黔府发〔2015〕14 号）（以下简称《意见》）。决定成立贵州省传统村落保护发展工作领导小组，以统筹推进传统村落保护工作，及时研究解决工作中遇到的重大问题。从 2015 年至今印发了相应的传统村落保护编制方法、技术指南以及举办相应的会议等促进传统村落的保护与发展。例如，2015 年、2016 年、2017 年三届"中国传统村落·黔东南峰会"的成功举办，为贵州传统村落的保护发展搭建了新平台，取得了丰硕的成果。

2015 年 11 月 16 日，贵州省人民政府主办的"中国传统村落·黔东南峰会"在黔东南州凯里市召开，会议由 50 位专家学者联名发布的《中国传统村落峰会·黔东南宣言》，紧紧围绕"保护·传承·发展——传统村落与现代文明的对话"这一主题进行展开讨论交流，此次峰会的举办创下了中国传统村落保护发展的历史纪录，对整个贵州传统村落的保护与发展产生深远的影响。

2016 年 10 月 13 日，在黔东南州黎平县肇兴侗族进行召开第二届"中国传统村落·黔东南峰会"。此次的峰会主题为"共创共建共享——构建传统村落保护与发展新型关系"，借助峰会的契机，国内最前沿的专家学者为该地区量身打造了"10 个传统村落示范村"，把这 10 个示范村串成线呈一条旅游廊道，形成"十村一条线"的空间布局形式，在全国范围内率先推出首条以传统村落为主的特征的精品旅游线路，同时该项目得到住房和城乡建设部、省建设厅的肯定，为贵州传统村落成片区域对传统村落实施保护与发展开启了

---

❶　曹昌智，姜学东，吴春，等：《黔东南州传统村落保护发展战略规划研究》，北京，中国建筑工业出版社，2018：90。

新的篇章。

第三届"中国传统村落·黔东南峰会"于 2017 年 9 月 12 日在黔东南州雷山县西江召开，本次为"保护·传承·发展——传统村落资源的可持续利用"，峰会提出根据贵州自身实际情况，结合大数据、大生态、大扶贫严格秉承"创新、协调、绿色、开放、共享"的发展理念，要求在传统村落实施保护与发展必须以这五大新发展理念为指引，持续激发传统村落的发展活力，以传统村落的可持续发展带动更多的贫困群众脱贫致富奔小康，实现"百姓富"与"生态美"有机统一的目标。同时，结合贵州和黔东南的实际，紧紧围绕"守住发展和生态这'两条底线'，用好民族文化和生态环境这'两个宝贝'，打造国内外知名民族文化旅游目的地"这个战略定位，在推进传统村落保护传承发展的全过程中，将传统村落资源的可持续利用落到实际工作中❶。第三届峰会主要围绕传统村落保护发展中"规划编制、消防设施、垃圾污水治理、绿色村庄创建"几个方面包含的内容，在现状的前提下推到各村落活态保护方面的理论创新。结合传统村落保护与发展"实事求是"的新现状，认清传统村落的活态发展，与原住居民的生活改善密不可分，其次是探索"传承"的创新传承新模式。还提出了建设"传统村落数字博物馆"来促进活态传承。在"大数据"时代结合数字信息化、无人机、新媒体等技术手段，将传统村落的自然村落概括、人口概括以及典型传统民居建筑还有传统民俗文化等在网络上进行引导，集权威性、知识性、趣味性、实用性于一体。

黔东南片区已经建成的有从江县岜沙、加车村，雷山县南猛村、下郎德村等数十个传统村落数字博物馆，有效地传播相应村落的传统文化信息，在一定程度上构成村落保护传承发展的长效机制。在"发展"上谋划新的思路。在脱贫攻坚以及同步小康上构建"百企·百村"合作机制助推村落发展，形成一种具有可复制性、可推广的扶贫新思路。

上述贵州省传统村落由最初的萌发保护与发展并承逐步发展至今，传统村落的旅游资源开发由粗放型和保守的旅游发展阶段进一步发展到今天还在探索"保护·传承·发展"并举的途径。最初的生态博物馆保护模式以及粗放型的开发模式，到当前的传统村落整体保护，逐渐对把传统村落的传统文化、生态、脱贫当作重要工作来抓，并且以摸底排查、加强申报、服从规划、技术改

---

❶　2017 第三届"中国传统村落·黔东南峰会"新闻发布词。

造、建立制度五项措施指导传统村落保护发展规划的编制，逐步形成了传统村落保护与发展并举的长效机制。

三、贵州传统村落保护与发展现状突出问题

传统村落保护与发展的核心问题主要还是对历史文化遗产的保护，使其可持续发展。贵州境内成片少数民族聚居传统村落和散点聚居传统村落中保留有丰富的历史文化遗产需要保护，了解其实施文旅融合保护与发展现状涉及自然环境、传统村落整体风貌、格局、传统建筑、非物质文化遗产等，涵盖传统村落中的历史、文化、习俗、工艺、生态、建筑、景观等多个方面。

（一）传统村落的自然环境

传统村落蕴藏着华夏民族悠久的历史文化、独特的民族特征、源远流长的精工巧技。传统村落依附大自然而生存和延续，在大自然的环境中谱写着传统村落形成的过程。贵州境内成片少数民族聚居传统村落和散点聚居传统村落的外部环境空间，由村落周围喀斯特地貌自然生态环境以及农村农业生态环境共同组成。祖先对村落环境的选址和先民营造技艺都为了满足村民的日常生产生活这一主要目的，而这正好体现出境内成片少数民族聚居传统村落和散点聚居传统村落独特的生态观、审美观、价值观。

贵州境内传统村落中各民族对自然山水格局以及自然万物生态有着较高的自然崇拜，传统村落的先祖对村落自然环境的保护意识较高。贵州境内的传统村落地处云贵高原喀斯特地貌的环境中，因此受到现代工业开发的影响相对较小，当下传统村落自然环境的保护状况相对良好。目前贵州境内成片少数民族聚居传统村落和散点聚居传统村落的生产生活方式还没有发生特别大的变化，村落周围的山脉、溪流水系、农田之间基本还处于原始的组成关系，村落环境的破坏程度尚未特别严重。传统村落实施旅游开发，主要依赖于各传统村落独特民族文化以及该村落优美的自然山水格局，所以对村落独特民族文化以及村落自然山水格局的保护更加凸显其重要性，如安顺市天龙镇吉昌村的石板房（图6-5）。

总的来说，贵州境内成片传统村落和少数民族聚居贫困传统村落的自然山水格局的保护状况相对良好，自然山体与村落环境的水系及村落传统格局之间的关系还维系着原始形态，传统村落与所处的山脉水文相关自然环境和谐共

存，村落地形地貌记录清晰，村落环境空间格局完整，具有较高的历史研究价值和独特的审美价值。

图 6-5　安顺市天龙镇吉昌村的石板房

（图片来源：作者 2019 年拍摄）

（二）传统村落整体风貌

每个传统村落的整体风貌，通常包括该村落的传统空间格局、传统建筑风貌以及村落自然环境等具有个性鲜明的形态特征、景观特征。村落时刻发生着变化，在经济社会快速发展的今天，传统村落也在快速地变化着，如村落的用地范围、路网分布、全村的空间布局、相关基础设施等各方面都在发生变化，传统村落环境中的发展与世人当下生活方式产生的冲突越来越凸显。

近年来，贵州境内传统村落因在乡村旅游的助推下，村落社会经济得到了很大的提高，致使传统村落中普遍使用现代化工具。从某种意义上来说，该地区部分传统村落生活水平呈现显著的变化，同时对传统文化带来较大冲击。传统村落社会环境中出现大量现代化技术，直接改变了传统村落原始的生活方式，也影响着该村落的传统格局和整体风貌。一些传统村落面对快节奏的旅游开发，致使传统村落整体保护与发展商及村民追求经济快速发展的矛盾越发突出，从村落外围的山体、水系、植被等自然景观环境到村落内部的传统街巷、传统建筑等人工环境，再到村落的非物质文化相关的村落社会环境，传统村落实施快速且规模较大的旅游开发，致使一系列对村落传统格局以及文化遗产受到影响和破坏，也给传统村落的评定和保护工作施加压力。新建的建筑多以现代技术生产出来的砖、水泥、钢筋混凝土构筑，在楼层、外墙颜色、建筑体量、建筑结构、空间布局等与传统建筑都不相符，这些植入在传统村落内部空间的建筑对村落的整体风貌产生的影响更加突出。还有村落的传统格局与现代生活方式略显窘境，如戛陇塘村，村落中原有一条青石板台阶古街，但村落为了更加便捷，去除古道新筑了一条水泥路，且直接通往村内部，这种做法对该村落传统街巷格局造成了严重破坏。

（三）传统村落建筑风貌

在传统村落区域中，村民的住房以及具有公共功能的建筑是主要的组成部分。黔东南州成片传统村落的干栏式建筑、鼓楼、风雨桥，安顺及贵阳地区的石板房，六盘水地区的石磊房、夯土草泥房等的建筑形式具有较高的历史文化与建筑技艺价值。在近年来传统村落实施粗放型的旅游开发过程中，传统建筑风貌受到冲击较大，呈现"大开发大破坏，小开发小破坏"的现象，生存环境和建筑本体的保护状况都不是很好❶。

传统村落中传统民居建筑续存、修缮、建筑新建等对传统建筑风貌造成影响。贵州境内成片少数民族聚居传统村落和散点聚居传统村落的建筑多数以木质材料为主，而木质材料没有经过防腐处理，在云贵高原潮湿湿润的大气环境下，传统村落中这些以木质材料为主的建筑受到雨水浸泡和气候风化，一些年代久远且失修的建筑，由于屋顶采用杉木皮代替瓦片遮风避雨，这些传统民居建筑呈现损毁严重的现象（图6-6）。

村落中建筑密度高，房子与房子之间的间距过小，木质材料具有较强的易燃性，耐火性差，村民日常生活都用火、用电，这些极易导致火灾的发生，从而出现大面积的传统建筑被烧毁等现象。

---

❶　曹昌智，姜学东，吴春，等：《黔东南州传统村落保护发展战略规划研究》，北京，中国建筑工业出版社，2018：95。

图 6-6　鹅毛寨村传统石墙木架房坍塌现状
（图片来源：作者 2018 年拍摄）

外来因素干扰。村民在外出务工使经济状况得到提升的同时受务工环境的影响，村民非常迫切地希望改善传统的生活环境和居住条件。部分村民手中的传统建筑在没有经过相关部门的指导下进行改造，有的直接拆除重建，在建筑的结构、材料、色彩等方面都与传统建筑风貌没有关系，这些建筑完全脱离了传统建筑风貌；在新建的建筑在体量上比传统的建筑增大了许多，一些地基处于地理位置相对优越的村民，为了开发成旅游旅馆，迫不及待地想拆旧新建。还有新建的建筑整体色彩使用随意性较大，有的为了凸显其个性，使用的颜色格外鲜艳，而且门窗全采用铝合金材质，少数建筑使用类似木纹的油漆涂抹以达到和传统建筑相协调，但是这些建筑在村落环境中一眼望去就能识别出来，这类建筑完全没有达到修旧如旧的效果（图 6-7）。

任何一个传统村落，传统建筑风格就是该村落独特的地方，也是传统村落保护利用的基础。对于建筑风貌应该加强村民对其保护意识的培训，请专业的工程师对村民进行修缮改造等技能上的培训，让村民懂得如何修缮和改造，同时加快完善相关的管理以及监督机制，从各方面对传统建筑风貌实施保护。

图 6-7　乐民村各类风格建筑混建现状
（图片来源：作者 2018 年拍摄）

（四）物质化历史文物保护

贵州境内成片传统村落和少数民族聚居贫困传统村落物质化文物古迹遗址较多且历史文化源远流长，相应的物质化历史文物的保护情况不甚乐观（图 6-8）。物质化历史文物的自然损坏现象严重。在调查过程中发现较多的物质化历史文物单位出现自然的损坏现象非常严重，部分建筑文物因年久失修，在风吹、雨淋、日晒的条件下，抵御自然灾害的能力逐年递减。这些文物与居民居住的房屋间距较小，存在火灾的隐患较大，一些损坏严重的历史文物也丧失在传统村落中日常发挥的使用功能。例如，盘州市水塘村文庙，合院中的传统建筑的门窗、屋顶瓦片、屋架结构等损毁严重；从江县部分村落的鼓楼，楼体结构损毁严重且地基局部下沉。楼体内因是木质结构没有做防腐处理，目前较多都出现蛀虫和自然氧化腐蚀损害的现象，该楼体处于关键部位的雷公柱有严重的劈裂情况，导致楼冠整体向东北方向倾斜，影响了稳定性；部分屋面漏雨、各重檐垂脊均有裂缝和松动情况，脊饰大部分脱落；彩画大面积水渍、开裂、脱落 ❶。

---

❶　杜凡丁，赵晓梅：《文化遗产保护中的"人"：增冲鼓楼文物保护规划中的一些尝试》，中国文化遗产，2011，42(2)：54-65。

图 6-8　水塘村文庙大门

（图片来源：作者 2018 年拍摄）

　　传统村落村民对文物保护的意识不强。村民生活在传统村落环境中，每天为了解决全家人的生活而奔跑于田间地头，虽然村落环境中的公共建筑、公共空间是村民日常生活的重要组成部分，甚至有些历史文物单位是村民居住的建筑，但对于村民完全没有建立文物保护意识，日常对自家居住建筑的漏雨、损坏处进行修缮，都采取随意性较大的方法，对公共建筑的修缮是其公共建筑损害到非常严重的程度才进行修缮，这样的修缮行为活动难免对历史文物造成不同程度的损坏。

（五）非物质文化遗产

　　贵州境内成片少数民族聚居传统村落和散点聚居传统村落环境中都留有独特的非物质文化遗产的遗存，所涉及的内容包括口头传说、传统礼仪、传统节庆、民间曲艺、民间传统技艺、传统体育等。在经济全球化的影响下，贵州境内传统村落中非物质文化遗产的传承面临严峻的危机。非物质文化遗产作为无形的活态文化存活在传承人的技艺和记忆中，口传心授是其传承的重要渠道，因此传承人是民间文化代代薪火相传的关键❶。

　　当前，传统村落相应的非物质文化遗产面临着失去原有的生存环境，同时慢慢地趋向步入消亡的困境。在调查中发现，如少数民族村寨中，以往从出生后所处环境都是讲述少数民族语言，然而现在所看到的是少数民家庭中幼儿在

---

❶　曹昌智，姜学东，吴春，等：《黔东南州传统村落保护发展战略规划研究》，北京，中国建筑工业出版社，2018：96。

看电视，以及手机上学汉语，家长与小孩的交流也不再使用本民族的语言，小孩的着装也在发生着被汉化的趋势，访问到少数民族的孩子在上初中后就不再愿意穿着本民族的服饰。这对形成文化的大统一固然是好事，但是像这类中国特色的文化和华夏悠久的文明很有可能就丧失在我们这一代人的手里。

一些国家级非物质文化遗产项目甚至已经到了"人亡艺息"的地步。例如，苗族古歌国家级的 5 位传承人已离世 3 位，而苗族雕刻国家级的 2 位传承人中也只有 1 位在世[1]。类似这样岁数较高的传承人记忆逐渐模糊，相应地，年事逐年递增，传承活动受到了限制，技法、口头传承的歌曲以及工艺等正面临失传。近年来，虽然国家在这边投入了保护的资金，但涉面宽内容多，保护的工作举步维艰。

（六）村民对本土文化的不自信

传统村落是优秀传统文化的发源地，凝练农耕、礼仪、民俗等文化的重要载体。村落具有得天独厚的自然环境资源和独特的区域民族文化资源，传统村落的文化在社会发展中成为人们共同的文化记忆，当前继承与发展富有地方特色的村落特色文化，捍卫传统村落的文化记忆，就是延续中国的文化根脉[2]。

传统村落村民对本土文化的不自信。在调查中发现，多数青少年乃至幼童受网络信息的影响较大，青少年利用网络带来的便利玩网络游戏、刷各类视频等，出现离开了手机就哭闹的现象。大多数中青年都外出务工，而利用务工带来的收益便购买了大众流行趋势的服装给家里老人、小孩等。在问刚务工回村的中青年对本民族文化的保护与传承等事宜时，他们认为目前以全家人的生计问题为首要问题，如果留在家里没有技术，仅仅依靠传统的种田种地目前已经养不活一家人，还不用说承担孩子读书相关费用，更不用说提高生活质量等。同时，他们认为本民族老人家的那些东西已经过时了，不适应现在社会的发展，学了也没用，如传统的服饰一套得花几年甚至更长的时间才能做出来，而现在外出务工一天的工钱就可以买一套漂亮的衣服，还有老人家留下的歌谣，唱出来也只有本村及周围的人听得懂，在外面唱了没人能听得懂，学了也没多

❶　范生姣：《黔东南非物质文化遗产现状及保护对策研究》，凯里学院学报，2014（5）：37-40。

❷　范贤坤：《传统村落旅游资源开发与保护——以六盘水市为例》，贵阳，贵州大学出版社，2018：141。

大的用处，等等。这是大多数传统村落青年人心中的想法，从这一现象可看出在当前传统村落后备力量对传统村落文化形态的一种态度，已经出现对本民族文化淡漠和蔑视的现象。例如，传统村落中相应的传统文化在当前村落环境中自由地发展，而没有采取有效的保护利用措施对其进行活态传承指导，那么年青一代将会把传统村落中悠久的民族文化、语言、文字、节庆、传统技艺、曲艺等视为糟粕，认为西方的就是优秀的，这样的从众心理将会导致传统村落村民对自身悠久的历史文化更加丧失自信。

（七）传统村落的基础设施的大力发展

贵州境内成片少数民族聚居传统村落和散点聚居传统村落的基础设施正在得到大力改善。在国家大力的支持下，贵州境内道路、电力电信几乎村村被覆盖到，调查发现部分传统村落中的水利设施不足。传统村落中的水利设施包括水源、供水、排污、防洪、灌溉等，部分传统村落水利工程依旧采用传统的水利发展模式，随着村落社会的发展出现供水不足、排污乱放、灌溉水源短缺、防洪设施老化等现象。近年来，国家支持贵州省正在大力实施解决农村饮用水的问题，在该项目的实施过程中，地理位置处于乡镇以及水源地附近的村落目前已经解决饮用水问题，还有部分传统村落地处偏远山区，距离乡镇较远，虽然村落已经设置有相应的饮用水管网，但水源没能得到有效的保障，会因为季节变化造成水源出现断断续续，无法有效地满足村民日常生活生产要求。部分村落的基础水利设施较弱，对饮用水水质的处理技术尚未全面覆盖。

第七章 贵州传统村落保护与发展利用的需求

改革开放以来，境内传统村落在国家实施土地承包到农户手中后，村民们的生活发生了巨大的变化。

村民们得到土地后积极地在自家承包的土地里进行劳动，使土地产出粮食，但随着社会经济的不断发展，到当下多数村民不再愿意留在家乡中继续耕种田地，其主要的原因为村民在村落环境中通过劳动获得的直接回报无法满足当前农户所有的正常开支，从而出现耕地闲置、传统建筑闲置等现象，当然还出现有劳动力的人群都到远离家乡的区域进行谋生，这也直接反映出该村落暂时无法满足村民的需求。那么如何让昔日传统村落的温馨景象再次恢复呢？

目前这一现象已经成为社会学家、经济学家研究的重要课题。在经济快速发展的当下，传统村落传统的经济生存模式以及不适应当下社会需求，需要通过发展传统村落本土化的现代化产业，在传统村落环境中大力发展高质量、高产量现代化农业，才能不断地提高传统村落农民的生活质量，才能不断地增强传统村落的综合发展能力，传统村落才能跟随当下社会经济的前进。在调查中村民迫切希望实现更高层次的物质文化需求，尽快过上富足幸福的小康生活。

传统村落除了具备普通农村相同的需求，还具备保护传统农耕文化、保护传统村落整体风貌、活态化传承村落非物质文化等特殊需求。这些作为研究者、学生和保护开发利用从业人员需要深入调查，真实地了解到和认识到境内传统村落当前发展的真实需求，才能真正助推科学的规划设计。

第一节 大力发展高质量、高产量现代化农业

传统农业是传统村落村民赖以生活的物质基础，而传统农业是农耕文明的载体之一，也是传统文化活态化传承的重要依托。学生和保护开发利用从业人员必须认识到传统村落的保护和发展，首先应当大力发展传统村落的农业，充分利用好地域资源，打造优势品种，缔造具有强大竞争力的地域优势品牌，为本地区传统村落脱贫致富夯实基础。

一、不断优化传统村落农业结构

贵州境内传统村落中的农业发展与村落所在的自然环境密切相关。在充分研究传统农业生产因素的相关数据的基础上探索农业结构的优化，结合村落所在区域的海拔、坡度、坡向、土壤酸碱性、土壤排水性、日照方向、水资源等因素最大限度地转化农业生产结构。例如黔北、黔东北地区散居传统村落适宜发展茶叶、油料优势生产；黔西北地区散居传统村落适宜发展马铃薯生产优势；黔北、黔东北、黔南地区结合传统村落组团成片或者散居串联成线具体特征，可以大力发展中国传统茶叶生产优势，拟用传统工艺现代生活需求相结合来推动茶产业现代化生产、产业化发展；黔北的大娄山区、乌蒙山区和苗岭山区传统村落适宜发展反季节蔬菜生产优势，需要政府、科研学者、专家与国内外大型企业、超市等现代化农业产品营销企业牵线搭桥，促进该区域构建成区域蔬菜生产区；黔南、黔西南地区组团成片或者散居串联成线传统村落因气候温和，适宜发展亚高原蔬果生产区；黔北、黔西北、黔东南地区组团成片或者散居串联成线传统村落适宜结合村落传统文化资源及周边自然环境、气候环境发展特色文旅融合发展和中草药库房培育区。

贵州境内传统村落的独特资源，科学合理地进行转化生产方式，即可培育成贵州亚高原特色品牌。不断探索和创新，以市场需求为导向的"政府引导＋企业主导＋多元投入"现代畜牧业发展模式，持续稳步推进"政府＋企业＋家庭牧场"三位一体产业集群发展模式，让重点企业起到带头作用，引导、号召专业合作社和家庭牧场发展新型经营主体，促进畜（禽）牧业加快发展。稳步

推进传统村落渔业结构调整，各地滨水地区的传统村落要结合区域特征将附近资源优势串联成线或组团成片汇集发展，将具有优势的资源呈现规模型产业化发展，充分发挥淡水水域养殖业的发展，优化水产鱼类的品种和养殖方式。最大化地利用好水域资源往绿水青山的目标迈进。

二、不断提高农业科技水平

自 20 世纪以来，世界进入一个科技推动经济发展的时代，科学技术成为各个领域进步的强有力保障。传统农业想要突破常规的发展模式获得长足的进步必须要把与新兴科技的结合作为依托，传统的农耕形式已满足不了当下的发展需求。贵州省也实施了多种农业科技方法，提高生产效率，有效加快了新品种、新技术的发展，各地农村的农业生产能力也获得稳定的提升。传统村落由于区位条件和交通条件竞争力弱，往往希望得到更多和更高的农业科技支持，确保农业产品产量的稳定增收，创新性地开发绿色环保的高质量地域农业产品，打造地域的优势品牌。

三、不断提高农业机械化水平

自改革开放以来，贵州省的农业机械化程度得到大幅提升，在农业生产中引进了农用动力机械、农田现代化耕种机械建设、土壤耕作机械、种植和施肥机械、植物保护机械、农田排灌机械、作物收获机械、农产品加工机械、畜牧业机械和农业运输机械等农业机械设备。贵州传统村落村域多为山地坡地，不适宜大型农业机械，长期以来机械化水平不高。为了提高生产率和降低农民的生产劳动强度，需有针对性地提高农业机械化水平，不断提高传统村落农业生产效率，实现农民生产的稳定增收。

四、不断改善生态环境

自改革开放以来，贵州省通过退耕还林等多种措施，使全省生态环境明显改善。各传统村落从古至今都重视村落生态环境，在村规民约中都有对村落环境的保护内容。在村落保护与发展利用的同时，现代生活方式带来的大量过度包装、塑料袋、化学药剂和其他不易降解的物品，极大地影响着传统村落的生态环境，传统村落有较强的改善生态环境的呼声。加大对村民改善生态环境意识的宣传与一定力度的教育，同时新增相关改善生态环境村规民约，来促进传统村生态环境的改善。

五、优化产业链

不断发展"农业＋旅游业""农业＋体验园""种植＋养殖""种植＋养殖＋渔业"等新型绿色良性循环产业链。

自改革开放以来，在脱贫攻坚战的进程中，大多数农村在当地政府的指导下以及社会多方面参与的情况下，创新性地开发"农业＋旅游业"或"农业＋体验园"旅游模式，将农耕文明的农业生产和旅游观光相结合，创造了一些经济效益和社会效益示范性基地。在农村生产中创新性地开发"种植＋养殖"或"种植＋养殖＋渔业"等立体复合型绿色良性循环产业链，使农民不断增收、创收，尽快实现脱贫致富。传统村落具有历史悠久、文化底蕴深厚等特点，迫切需要得到企业支持和政府帮扶，创新性地开发出优势产品，走出符合相应类型村落巩固脱贫攻坚成果的路径。

第二节　提升传统村落农民生活质量

自改革开放以来，贵州境内传统村落聚居的村民生活质量不断发生变化。数据显示 2017 年，全省农村常住居民人均可支配收入 8869 元，是 1978 年的 80.1 倍。这折射出农村居民的生活条件质的变化，同时村民向往更加美好生活的需求。研究者、学生和保护开发利用从业人员必须了解境内传统村落农民生活质量的变化真实性。

贵州境内传统村落村民的生活发生显著的改变。当下新时代是大数据信息化的智能手机、电话手表、平板电脑、全自动洗衣机、电动轿车、互联网电子商务等消费品也在村民的生活中逐渐出现。特别是互联网信息技术的大力发展，农村生活和城市生活二元化格局正逐步被打破。电子商务的迅猛发展，传统的市场实体经济面临巨大的冲击，农村生活面临越来越丰富的生活消费品，农民可以选择产品的数量和质量都有很大提升。基本实现了从外引进来的渠道，但把传统村落优质资源往外输送的渠道需要健全，还得加强农村电商线上

（信息化输出）、线下（快递物流）不断更新与优化。

　　贵州境内传统村落村民生活消费结构不断发生变化。未来村民的生活消费结构还会继续升级，更高生活需求层次的消费比重还会继续上升。但老一批不会使用智能手机的村民，他们在线上消费或者线上销售的困难，需要在相应的村落社会环境中构建公益服务性机构，使老年人同样享受数字信息带来的生活便捷。

第三节　增强传统村落综合发展能力的措施

一、继续改善农村基础设施

　　对农田水利基础设施进行不断完善。加强对各地区传统村落环境中的水土流失严重区的治理力度，结合当前科学技术采用较为节约能源的设备及技术，应用到农村现代化农业发展领域，不断扩大有效灌溉面积，促进农村现代化农业生产建设的稳步推进。不断改善水、电、路、讯基础设施。逐步推进饮用水自来水进村改造工程。

二、全面大力推进农村教育事业

　　贵州境内在全面落实农村义务教育实施精准扶贫资助推进农村教育事业。虽然农村教育软硬件条件不断改善、农村教育师资力量不断加强、农村劳动力文化素质不断提高，但仍不能完全满足农村发展需要，传统村落的高质量发展需要得到高素质人才支撑，村民的素质也需要得到提高。目前出现的现实问题，如农村出生的孩子们，努力学习考上大学、研究生毕业后不愿回到村里，都留在城市里生活，年轻具有劳动力的外出务工。了解到一些掌握技术的人群，他们认为村里收入低，没有施展技术的企业。大学生们认为村落里没有施展所学知识的地方或者不再适应传统村落的生活模式。大学生的父母等长辈认为自家的孩子读了大学再回到村里，认为自己没面子，孩子应该到大城市发展。要想解决问题，必须找到问题的根源，需全面大力推进农村教育事业，对老人、年轻力壮的父母、大学生等需要进行分类引导宣传教育。需要因地制宜结合组团成片或散居的各位传统村落的村民开展全面推进乡村振兴的目标和意义，引导人才回流和开展系列技术培训，大力培育回乡创业，只有让人才回流才能促进村落各类产业的发展。所以只有大力发展相应的教育事业，稳住人才长期稳定，才能有效保障传统村落保护与发展利用。

三、完善农村乡镇卫生事业和不断完善农村社会保障体系

贵州省各地村卫生室建设显著地改善了村民的就医条件和健康状况。在新冠肺炎等无形的病毒面前，村卫生室为区域卫生事业做出了无比重要的贡献。农村低保、新型农村社会养老保险等制度不断得到完善，农村困难群众基本生活保障体系也更为健全。因为困难群众对当前一些数字信息化的陌生，或不懂如何进行使用这一保障体系，所以还需要得到更为人性化的管理和更大力度的社会保障支持。

四、稳步推进农村文化事业

传统村落急需健康稳步推进农村文化事业来增强民族文化自信。重视民间民俗文化，积极引导村民正确树立民俗文化自信，重视村民自治村落治理文化的培育，大力发挥村民村规民约的村落自治效力。引导村民增强意识，认识到文化的魅力和价值，积极参与到传统村落的保护与发展运营中，增加村民对村落的认可度、归属感和自豪感，需要加强引导村民的主人翁意识，从而使传统村落社会和谐、村落文化健康和村民家庭幸福感倍增。在调查中年轻的村民希望民族节文化节目形式丰富多彩，充分展现民族特色，改变发展模式，着力发展第三产业，加大宣传力度，形成地方特色品牌。老年人希望加大对地方物质文化和非物质文化的保护与传承。应结合村民的需求，做好文化资源发掘与创新等工作，不断创新推进保护性开发工作，缔造新时代高质量的传统村落文化事业新局面。

五、不断加强农村培训力度

自改革开放以来，贵州省开展了多层次不同类型的农村培训项目，为贵州省农村的发展积累了宝贵的人力资源。通过开展各类培训活动，农民的综合素质水平得到大幅提升，农业技术有很大改善，特别是确保有劳动能力农民的综合素质和技能水平，确保建档立卡贫困户和易地搬迁劳动力家庭至少 1 人以上

实现就业，努力实现"户户有增收项目、人人有脱贫门路"的目标。传统村落应该在此基础上结合全面推进乡村振兴发展机遇，组织好村民，积极投身到各种技能的学习，不断地提高村民自身综合水平，努力培养出一批当地出生朴实且具有匠人精神的队伍，引导和培育大学生将现代化前沿的信息技术返乡村谋发展，促进乡村资源的现代化发展，努力培育出一批以大学生为首的传统村落领军能人。这样能使传统村落的宝贵资源得到科学开发利用，能有效地巩固传统村落的脱贫攻坚成果。

六、加快推进乡村教育振兴

实施加快乡村教育振兴，缩减城乡教育差距，解决城市学前教育和义务教育压力。在经济发展呈现城乡二元经济发展的当下，城市经济发展良好，相应的教学环境自然较好，村落经济发展滞后，村民前往城市务工，自然希望把小孩带往城市居住，并接受城市环境中的学前教育和义务教育，导致城市学前教育和义务教育自然增加压力。如果将村落环境中的学前教育和义务教育设施环境、教育资源、教学质量等提升，在某种程度上会有效缓解城市学前教育和义务教育压力。这里还需要加大对村落环境中闲置人群的技能教育，鼓励传统手工艺和工匠将通过师徒或者培训等多种方式将其技艺传递或传承给更多的年轻人，为乡村振兴和巩固脱贫攻坚成果储备人才。

七、突出创新投资抓产业融合

紧抓乡村振兴战略机遇，以保障农民稳定就业和增收致富为核心，加快推进美丽乡村建设和农业农村发展，是当前我省农业发展的重点。持续抓好农业稳产保供和农民增收，推进农业高质量发展，保持农村社会和谐稳定，提升农民群众获得感、幸福感、安全感，并把发展富民乡村产业、稳定农民工就业作为促进农民持续增收的重要举措。努力增加农民收入，促进农民持续较快增收。构建农村一二三产业融合发展体系。大力开发农业多种功能，延长产业链、提升价值链、完善利益链，通过保底分红、股份合作、利润返还等多种形式，让农民合理分享全产业链增值收益。实施农产品加工业提升行动，鼓励企业兼并重组，淘汰落后产能，支持主产区农产品就地加工转化增值，发展多种文化产业，实现多功能、多种类、新产业和新模式，不断调整和优化农业结构，不断拓展农业农村发展空间、农民增收致富新渠道。积极稳妥推进"三权"

促"三变"农村产权制度改革,盘活农村沉睡资源,促进资源变资产、资金变股金、农民变股民。在此大背景下,我们应深化农村集体产权制度改革,聚焦"富民强村"目标,以"三权"和"三变"改革为抓手,有效盘活农村资源资产资金,赋予农民更多财产权利,推进城乡要素平等交换和公共资源均衡配置,推动现代山地特色高效现代农业的快速发展,有效提升农民收入,全面助推乡村振兴。

第八章　贵州传统村落发展与保护模式探析

作为华夏文化博物厅的传统村落，既是中华民族农耕文化的载体，也是一本承载着"乡愁"的百科书。传统村落中的历史建筑、传统空间布局、传统技艺、传统民俗习惯等可使后代人记忆和回望，记录着中国历史发展进程，可定格某个区域、某个时间段的历史。但这些都会遵循自然规律和受外来力量发生变化，传统村落的自然规律变化速度相对较慢，而当下快速的社会经济生活给传统村落带来一些不可抗拒的影响。然而，传统村落中传统文化在这一环境下必须采取必要的保护利用使其持续发展，让传统文化在当前社会下继续活态传承是当下社会各界一个重要的任务。

第一节　中国传统村落保护开发的政策

近年来，我国对传统村落的保护先后颁布了一系列保护的法律法规和相关帮扶政策。2012 年 4 月，住房和城乡建设部、文化部、国文物局和财政部联合下发了《关于开展传统村落调查的通知》，在古村落的基础上对传统村落进一步地认识，正式开启实施对传统村落实施调查工作。2012 年 8 月，《传统村落评价认定指标体系（试行）》明确指出传统村落保护价值的评价，对传统村落认定保护等级指标体系。2012 年 12 月，《关于加强传统村落保护发展工作的指导意见》明确提出继续深入做好传统村落调查工作，首次提出对传统村落建立档案以及建立传统村落名录制度。2012 年 12 月，公布了《第一批列入中国传统村落名录的村落名单》。2013 年 1 月，《中共中央 国务院关于加快发展现代农业进一步增强农村发展活力的若干意见》明确指出，科学规划村庄建设，严格规划管理，合理控制建设强度，注重方便农民生产生活，保持乡村功能和特色。2013 年 7 月，《关于做好 2013 年中国传统村落保护发展工作的通知》提出建立中国传统村落档案，完成保护发展规划编制，明确保护发展工作责任。2013 年 9 月，《传统村落保护发展规划编制基本要求 (试行)》提出切实加强传统村落保护，促进城乡协调发展。2014 年 4 月，《关于切实加强中国传统村落保护的指导意见》提出传统村落保护的指导思想、基本原则和主要目标，主要任务，基本要求，保护措施，组织领导和监督管理，中央补助资金申请、核定与拨付等指导意见。2014 年 9 月，《关于做好中国传统村落保护项目实施工作的意见》对做好中国传统村落的规划实施准备、挂牌保护文化遗产等多方面提出明确要求。2012—2019 年，发布第五批，通过五批发布让研究者、学生和保护开发利用从业人员了解其重要性。从五批入选中国传统村落名录的排名来看，贵州传统村落目前入选的村落最多，对其保护的工作也就越发重要。

实施对传统村落的保护与发展要求，对贵州境内传统村落有进一步的认识和了解。在分析了贵州传统村落集中成片地区和少数民族聚居成片的传统村落的基本现状、特点之后，本文将重点关注贵州境内传统村落保护与发展的实践经验。面对保护与发展的贫困，相关社会组织以及贵州境内传统村落勤劳质朴的人民充分发挥自身智慧，利用政策优势，充分开展各个层面上的扶贫实践，在保护与发展的实践过程中取得了实质性的成效，同时形成了独特的扶贫经验。

第二节　贵州传统村落保护与发展的政策

政策法规就是贵州地方政府及贵州山区各阶层人民谋求经济发展的一种社会资源。贵州全面推进乡村振兴，有了合理的政策推动，贵州境内成片组团少数民族聚居传统村落和散点串联成线聚居传统村落保护与发展工作的开展。所以，在乡村振兴政策下的合理制定、有效实施以及正确全面的评估对贵州传统村落的良性发展起到举足轻重的作用。

一、政策的制定

（一）政策制定

一种政策的制定必须与地方实际需要相适应，应该在充分调查实践的基础上产生。贵州境内传统村落的保护与发展政策就是必须在充分分析当地的传统村落实际原因以及特点的基础上产生的。近年来，贵州省及地州市各基层政府在充分调查实践的基础上，在国家宏观政策的指导下，配套了一系列适合本市特点保护措施相关的政策。

（二）传统村落保护与发展政策

目前国内传统村落保护与发展政策在不断健全。传统村落保护与发展的制度保护包括国际性公约、法律法规与地方规章制度，国际性公约《保护世界文化和自然遗产公约》《保护非物质文化遗产公约》、法律《中华人民共和国城乡规划法》《中华人民共和国文物保护法》《中华人民共和国非物质文化遗产法》、行政法规《历史文化名城名镇名村保护条例》和地方政府为保护历史文化村镇而制定的条例等。这些制度虽然没有提出对传统村落保护的规划控制具体要求，但是对于保护等级不同的传统村落，却有了清晰的制度制约。

传统村落的保护与发展涉及历史文化遗产等保护，政府出台相应的政策法规。2008年7月1日起正式实施《历史文化名城名镇名村保护条例》后，贵州省在结合省市级情况给出了相应的法律法规及政策。贵州对传统村落实施保护最早于1990年代左右，在政策的推动下，当时促使贵州境内有20个省级"民族文化生态保护村寨"在国家和世界其他国家协助下建成，并推进了境内四个"民族文化生态博物馆"建成。2002年7月，《贵州省民族民间文化保护条例》提出抢救民间、民族文化；2012年5月，《贵州省非物质文化遗产保护条例》提出建立文化生态保护区；2015年5月，《贵州省人民政府关于加强传统村落保护发展的指导意见》提出了传统村落保护发展的指导思想，即"牢牢守住发展和生态两条底线，以保障民生为核心，以繁荣发展民族文化为根基，突出风貌保护、风俗保护、风物保护，着力完善功能设施、弘扬传统文化、培育特色产业，改善人居环境，实现增收致富，保持传统村落的完整性、真实性和延续性，留住文化的根、守住民族的魂，把传统村落打造成村民生存发展的美好家园、回归心灵宁静的生态乐土，实现可持续发展"。

近年来，出台了一系列传统村落保护与发展、乡村旅游等相关的法规与政

策。除了上述条例，还有相关的条例法规以及各地州的相关规定，例如《贵州
省传统村落保护和发展条例》，制定了《民族文化村寨保护条例》《民族文化保
护办法》《黔东南苗族侗族自治州民族文化村寨保护条例》《黔东南苗族侗族自
治州传统村落保护实施办法（试行）》《贵州省乡村旅游村寨建设与服务标准化》
《贵州省乡村旅游客栈服务质量等级划分与评定》《贵州省乡村旅游（农家乐）
服务质量等级划分与评定》《黔东南州加强传统村落保护传承发展助力旅游扶
贫》等。

　　贵州省对传统村落的保护与发展既给予政策大力支持，更注重在实践中取
得的成效。肇兴侗寨在传统村落的保护与发展中成效显著（图 8-1）。如今，
肇兴侗寨已取得了一定的成效，被授予"鼓楼文化艺术之乡""大世界吉尼斯
之最""国家第五批国家级风景名胜区""国家首批十个民族民间文化保护工
程""中国最美的六大乡村古镇""2007 年全球 33 个最具诱惑力的旅游目的地"
等多项荣誉称号。郎德苗寨如今已形成"山—村—路—田—河"格局的"山水
田园之家" ❶。

图 8-1　黎平肇兴侗寨历史建筑鼓楼
（图片来源：作者实地调研 2019 年拍摄）

　　当下，中国传统村落保护与发展正处于不断探索发展阶段。2015 年，贵州

---

❶　王思明，刘馨秋：《中国传统村落：记忆、传承与发展研究》，北京，中国农业科学技
　　术出版社，2017：305。

省人民政府印发《省人民政府关于加强传统村落保护发展的指导意见》，以贯彻落实中央关于保护和弘扬优秀传统文化精神，加强本省传统村落保护发展工作。2017 年 8 月，《贵州省传统村落保护和发展条例》等相关文件的印发，推动贵州省传统村落保护与发展向前迈进了一大步。2021 年贵州省人民政府印发的《贵州省传统村落高质量发展五年行动计划（2021—2025 年）》指出坚持保护优先、传承利用，突出特色、集聚发展，市场主导、村民主体的原则，将传统村落培育打造成"望得见山、看得见水、记得住乡愁"的美丽家园。

贵州省级各地方政府在充分调查和分类了解当地传统村落实际情况的基础上出台了相应的政策和提出相应的措施，为当地传统村落保护、开发、扶贫相关工作指明了方向，提供了政策的引导，使国家与地方政策真正成为可供利用的社会资源。让研究者、学生和保护开发利用从业人员对上述概述了解到贵州境内传统村落获得哪些政策支持。

二、政策的执行

一项政策想要取得实质性成果就必须狠抓落实，在执行阶段下足功夫[1]。贵州省和地方政府在制定符合境内传统村落保护与发展的政策后，强化项目资金的整合管理使用，努力探索传统村落保护与发展新机制，用足、用活国家给予传统村落保护发展的政策，确保各项政策执行和落实到位。

在传统保护与发展方面的政策，贵州省及各地方政府始终坚持保护与发展并重的政策方针，在三届黔东南峰会后，逐渐尝试以成片传统村落和少数民族聚居成片的传统村落群体为中心之一，稳定推进乡村旅游。在传统村落实施保护与发展工作中，以保护村落传统文化、活态传承传统文化、增加收入为核心，以整村旅游资源保护为重点，以传统村落自然资源和文人资源为平台，整合村域和组团成片以及串联成线的业态优势力量，多渠道筹集整合资金加大投入，通过加强传统村落的基础建设，支持旅游资源优势突出的传统村落发展乡村旅游产业，因地制宜发展多种乡村现代化产业，积极开发美食餐饮、民俗活动、工艺特产等乡村旅游产品，积极推进农业农村现代化发展。

虽然部分传统村落实施保护与发展政策取得了一定的成效，当前如何巩固

---

[1] 向德平，张大维，等：《连片特困地区贫困特征与减贫需求分析——基于武陵山片区 8 县 149 个村的调查》，北京，经济日报出版社，2016：291。

脱贫攻坚成果也是传统村落尤为重要思考的问题。一些单一偏远的传统村落，因自身地域条件的限制，仍然缺少最基本的生产、生活条件，村落中个别村民已经被纳入国家五保户体系中，这类传统村落目前还存在较多的问题，还需要给予相应符合的政策支持。

第三节　贵州传统村落保护与发展的实践方式

在长期探索传统村落保护与发展过程中，贵州省不断探索新模式。近年来，贵州在实践上主要由策略式促发展、资源整合促发展、结构调整促发展三种新思路、新观念和新做法，是探索从根本上改变贵州境内成片或散点聚居的传统村落保护与发展的实际面貌的实践方式。

一、策略式促发展

策略式促发展就是从方式方法以及战略策略的角度实施保护与发展，是涉及对传统村落进行整体探明资源、组团成片以及串联成线传统村落的资源，结合组团成片以及串联成线传统村落的资源促发展。例如，西江村组团、肇兴侗寨组团方式进行操作实践，在对实施旅游发展的传统村落实施政策倾斜扶贫等，来支持村民挖掘传统村落独特的传统文化实施旅游扶贫实践。目前贵州境内从以前单一传统村落作为示点的模式向片区、线性景观廊道的模式开发传统村落。主导"一村一特色"避免在旅游开发出来的村落呈现统一的现象，避免村落与村落出现恶性的竞争等现象。贵州省在实施乡村旅游提出相应的生态建设要求。在不适宜旅游发展的传统村落应给予相应的政策促进现代化农业的发展，这样同样能促进这类村落的发展。

二、资源整合促发展

资源整合促发展是从协同治理、效益较优的视角下实施保护与发展，涉及政府扶持、社会帮扶、把资源进行整合、资金筹集、企业帮扶等多种手段转换的传统村落保护发展实践。整合综合资源是针对传统村落，综合整合各方资源，集中力量攻坚，实施综合治理、集中连片推行保护与发展。

因传统村落经济发展滞后，对传统村落实施保护开发利用整合各类资源尤为重要。传统村落保护与发展仅仅依靠政府扶持资金的支柱是远远不够的，必须通过实行项目资金捆绑制，集聚相同资金使用，统一管理，激活在百姓手里闲置的资金、资产、劳动力等，实施"三变"改革的模式盘活传统村落各项资源。笔者在《乡村振兴视域下基于六盘水"三变"创新改革模式推动农村生态景观建设》中这样理解"三变"改革，即通过结合当前农村实际情况进一步对农村体制机制改革。把全村集体用地，如山林、土地、水域等自然资源要素通过入股等方式进行盘活，使"绿水青山"变为"金山银山"，实现土地等资源变为资产；"资金变股金"即在资金的使用性质和用途不改变的前提下，把政府的各级财政投入农村的扶贫类及发展类资金量化为村集体或者村民持有的股金，投入各项经营主体，使农民享受股份权利，形成资金变股金；"农民变股民"则是农民自愿将个人的资金、资产、资源、技术等入股到经营主体中，参与分红成为股东，实现资金变股金、农民变股民、资源变资产，"三变"改革能促进村落闲置的资源得到有效的利用。

三、结构调整促发展

对传统农业结构进行调整来促进发展。传统村落社会环境中，大多数村民受教育程度有限，对通过采取产业技术培训和传统村落保护与传承传统文化需要推进科技培训相结合。通过培育村民种植业的技术，如对中草药材、果林、农林、茶林、蔬菜等技术的培育；养殖业的技术，渔业、畜牧业等相关技术的培训；对传统文化遗产的保护与发展利用的培训；对乡村旅游急需相关技术的培训等系列产业技术结构调整等促进村落农业现代化发展。通过创新机制推动产业现代化发展、继续教育等精准战略的落地，转变方式方法，变"输血扶贫"为"造血扶贫"，实现不宜发展旅游的传统村落，如湄潭县茅坪镇平顺坝茶叶种植基地（图8-2）。这既是地区内生性发展，也是巩固脱贫攻坚成果的有效途径。

总之，贵州境内传统村落保护与发展工作既形成了一些当地的实践方式，也取得了一定的效果，当然，传统村落的保护与旅游开发利用还需不断探索新的发展模式。

图 8-2 湄潭县茅坪镇平顺坝茶叶种植基地
（图片来源：作者实地调研 2019 年拍摄）

第四节 贵州传统村落保护与发展的成效

实践出真知，对贵州选定调查已经发展旅游的传统村落进行调研，并总结出一些经验可以促进境内类似的村落环境的发展，实现区域社会经济的稳步健康和谐发展。近年来贵州境内的传统村落，在政府及广大村民群众的努力下，推行乡村保护和发展工作已取得一些成效，表现在以下几个方面。

一、传统村落内贫困人口在逐渐减少

实施乡村旅游扶贫的目的之一是使贫困人口不断减少和脱贫。传统村落在经过长期的扶贫工作实践，贵州境内传统村落的贫困人口在脱贫和逐渐减少，人均收入也在不断提升，证实了传统村落实施相应的扶贫政策取得的成果，并逐渐形成"一村一品牌"的特色，加快发展，整体促进乡村旅游发展的速度，逐步迈上健康良性循环发展的轨道。

以岜沙村为例，由于该村的自然条件优势和独特的苗族文化等综合资源。

2015 年 8 月，在文化和旅游部公布的首批乡村旅游"千千万万"品牌名单中，岜沙村荣获"中国乡村旅游模范村"称号，2017 年 11 月 28 日，中国作家创作基地也落户岜沙村，这进一步为苗族优秀民族文化宣传迈出更加坚实的脚步。该村建档立卡贫困人口为 157 户 691 人，近年来岜沙村深入实施"五个一批"和"六个标准"扶贫方案，2014—2017 年已经脱贫 126 户 612 人，目前还有 31 户 79 名困难人口还未脱贫，约占全村 2758 人的 2.9%（图 8-3）。

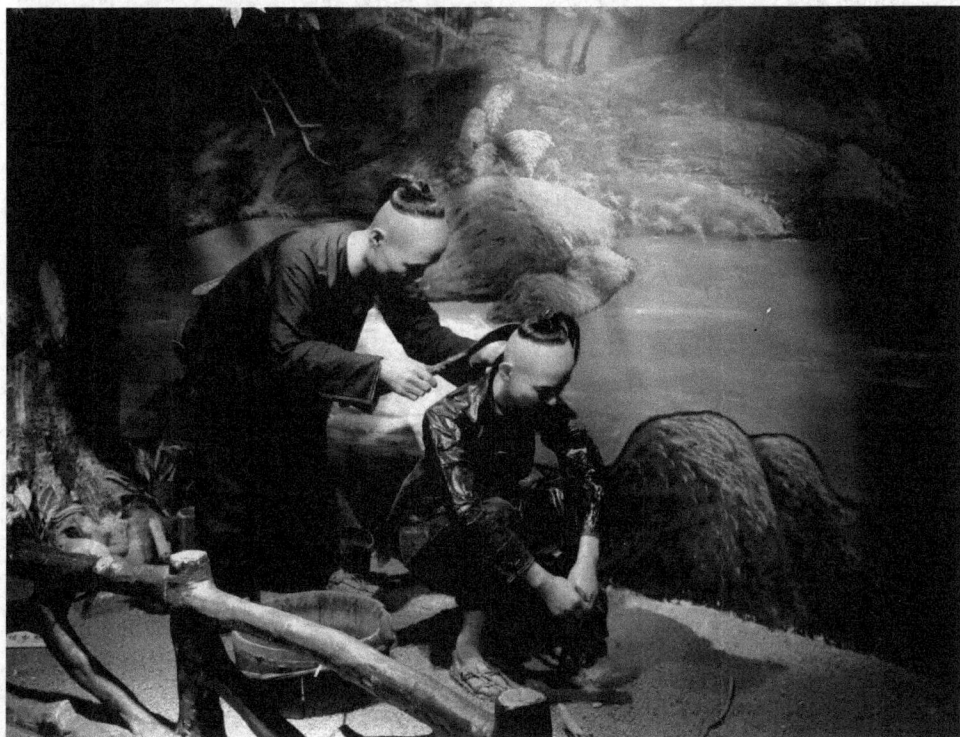

图 8-3　黔东南从江县岜沙村成人礼（资料馆信息）

（图片来源：作者实地调研 2019 年拍摄）

再如，天龙村以发展壮大村级合作社产业项目。结合天龙村实际，提出了"一种一养一游"的发展模式。申报 160 万元的养牛基地发展项目，建设大棚，达到 120 头的养殖规模。目前，养牛场一期和二期工程已经全部投入使用，养牛规模 87 头。现已陆续出售黄牛 15 头，收入约 13 万元。该村结合实际，申报 22 万元青贮种植基地项目，种植 500 亩的青贮，目前该项目已实现每户贫困户 800 元的分红。此外，结合天龙村对旅游景区的独特优势，联合正华蜡染厂投资 48 万元共同打造了"重彩蜡染"工坊，提供了多个劳动岗位，将利益链接到每一户贫困户，每户贫困户已分红 300 元。现从青贮种植转型种植中药材共计七百亩，丹参三百五一亩，太子参三百五十亩，现已下种三百亩，十二月底全部下完种，种植中药材采取的是合作社 + 公司 + 贫困户利益链接，保底分红。种植中药材，一是带动就业，每亩投入 8 600 元，其中种子投入 4 300元，人工投入 4 300 元；二是用土地使用权转让，参与管理，合作社保底每年分红 20 万元。2018 年该村新增贫困户 2 户 6 人，清退 3 户 20 人，其中 8 户24 人脱贫。

在实施扶贫政策后，传统村落的贫困人口在逐渐减少，在通过政府的支持和村民的努力下实施旅游开发的传统村落中，较多的村民通过自己的努力过上富裕的生活。

二、传统村落收入水平逐步提升

贵州境内已经实施旅游发展的传统村落，村落社会经济得到了一定的发展，村民的收入水平逐步提升。贵州境内各传统村落在贵州开发旅游市场扮演着重要的角色，贵州各级政府通过各种渠道发展助推传统村落的乡村旅游产业发展，提升村落社会经济实力，促进村民的生活水平。下面以部分开发旅游相关产业的传统村落为例。

例如，天龙村具有浓郁的屯堡文化，传统建筑至今还保存着明朝的风格，村民们依旧沿袭着古老的文明习俗和生活习惯。近几年，天龙村坚持以"党支部领航，农业夯基，旅游强村，商贸富民"的工作思路，大力调整农业产业结构，以"一种一养一游"为实施载体，2017 年天龙村农村信用联社较 2016 年存款增量 2 000 万元，使村集体经济年总收入达 120 万元，村农民人均收入达1.18 万元，是一个村集体经济突破 100 万元，农民年人均可支配收入突破 1 万元的双超村。

在调查过程中发现，所到的传统村落村民通过自身的努力，在一定程度上改善了原有的生活。大多数村民对国家及地方相关政府实施旅游等相关开发政策积极支持，为贵州境内传统村落的实施保护与发展工作提供了和谐的群众氛围。

三、传统村落民生事业平稳发展

贵州境内传统村落的保护与发展工作始终坚持以人为本，不断推进民生事业的发展进步，不断提升村民的素质能力，为贵州传统村落实施旅游工作顺利开展，使传统村落贫困人口摆脱贫困，实现村落社会经济良性循环发展。近年来，贵州省各级政府大力推动乡村基础设施建设的基础上，深入挖掘传统村落内的传统人文资源和自然资源，为实施旅游提供了内部支撑动力。

例如，廖家屯村以农耕文化促进传统村落民生事业的发展。2018 年 4 月 3 日，廖家屯村成功举办了以"回忆乡愁·体验农耕·同步小康"为主题的"农耕文化节"活动。活动现场主要有犁田、现场采茶炒茶、抬轿子、推石磨、"亲子体验农场"等农耕体验；仡佬族、侗族等少数民族舞蹈。该活动的成功开展，进一步增强了群众的文化自信，展示了聚凤乡的对外形象，加快了乡村旅游的发展。结合传统农耕文化，可以打造集农业生产、农耕体验、文化娱乐、教育展示等多种方式于一体的休闲农业示范园，打造出依托油茶园区的生态观光休闲农庄，发展集"吃、住、行"于一体的农家体验园，乡村旅游朝多元化发展更加凸显（图 8-4）。

图 8-4 石阡县聚凤乡廖家屯生态茶园（贵州省 100 个现代高效农业示范园区）

（图片来源：作者实地调研 2019 年拍摄）

再如，为促进占里村旅游发展，从江县不断推进村寨基础坚实，实施了占里旅游公路和村寨游览步道工程，建成了防洪堤、高位水池、消防管网、太阳能路灯等一批公共基础设施，修缮了村寨寨门、鼓楼、花桥、戏台、禾晾群等传统建筑，开展了村寨人居环境综合整治，在有效保护传统村落风貌的同时改善了村民生产生活环境。在村落实施旅游方面，依托传统村落历史文化和民俗文化，占里村实施每年农历二月初一和八月初一举行"对石盟誓"习俗，推出了占里的"盟誓节"活动促进乡村旅游发展。

在调查过程中发现，民生事业在贵州境内村落环境中得到有效的改善。各村落的道路硬化、饮水工程、电力、电信、消防、防洪等基础工程较为显著。

四、传统村落人口素质逐步提高，生态环境有效改善

贵州在乡村旅游开发工作中开展各种各项的培训活动，传统村落人口整体素质在培训的基础上不断提高。积极开展现代农业等相关的使用技术培训、劳动力转移就业培训、帮扶干部政策理论和业务知识培训、驻村干部直接指导，实现人口综合素质和自我发展能力的进一步提升。同时，村落生态环境得到有效的改善。在贵州境内的传统村落调研中，所到的传统村落环境都具有良好的生态环境。在实施旅游开发的传统村落以村落自身的独特环境资源，建设成独具特色的旅游圣地。

例如，天龙村促进村落生态环境更加优化。近年来，投资 450 万元完成村落旅游观光廊道、生态荷花池建设项目，投入 16.4 万元用于山体樱花公园养护，投入 190 万元打造入村镇景观节点雕塑，投入 1 783 万元建设总建筑面积为 3 176.788m² 的安顺地戏非物质文化遗产保护利用基础设施，投入 200 万元对如村镇高速路口（黄家坟片区）进行整治和美化；同时 2017 年实施了庭院硬化 51 户 2 143.39m²，连户路面硬化 81 户 5 409.91m²，3 条组组通公路建成投入使用，从鸡窝山到山背后的机耕道完成硬化，出行更加便利了。村落安装了路灯 671 盏，全村覆盖，投入 220 万元在老董坝建造安置点，目前已有 23 户村民签约，8 户搬进新家，投入 60 万元进行村庄整治；其中 50 余万元用于破损路面维修、下水管堵塞疏通、垃圾清运；10 万元用于街道绿化，使村落环境和村民生活环境更加干净。

再如，肇兴侗寨以本土文化特色实施旅游开发，进一步促进了该区域生态环境的建设。肇兴侗寨四面环山，寨子建于两山之间的盆地上，两条溪流汇集

成一条小河穿流于整个侗寨，寨中房屋均为传统干栏式建筑，侗寨由传统自然分区，大致以各鼓楼为中心，分为仁团、义团、礼团、智团、信团五个区域，该组团形成鲜明的景观点，以小河为主要景观轴线，两侧分布有鼓楼和传统建筑群，除鼓楼团外还有更加吸引游客的是侗寨的歌舞。该侗寨 2018 年被选作"2018 年中央电视台春节联欢晚会"的演播分会场，在各级政府的大力支持下和肇兴侗寨村民的努力下，肇兴侗寨实施旅游扶贫，目前肇兴侗寨生态环境得到显著的改善（图 8-5）。

图 8-5　黎平肇兴侗寨历史建筑鼓楼

（图片来源：作者实地调研 2019 年拍摄）

贵州处于长期的扶贫实践工作中。相关政府部门和勤劳朴实的传统村落村民用心呵护着传统村落的自然环境，保护着村民自己的家园，形成人与自然和谐共处的局面。

第五节　贵州传统村落保护与发展的经验和建议

贵州传统村落长期的保护与发展工作中逐渐收集到一些实践经验，主要体现在外部借力和内部挖掘两个方面。在外部力量方面，传统村落所在的地方政府主要依托各类政策的扶持、整合及合理地使用相关各级的扶贫资金、协调社会各层组织，共同为传统村落保护与发展出力；在内部挖掘方面，贵州各级相关政府职能部门通过创新工作机制、注重村民综合文化素质的提升、注重构建扶贫产业链建设、注重协调传统村落与自然生态关系、深度挖掘少数民族特色等方法，为贵州境内组团成片少数民族聚居传统村落和散点成线聚居传统村落实施保护与发展工作提供和谐的自然环境及社会环境。

一、借助外部力量

借助外部力量是指传统村落只能依靠国家、地方各级政府的扶贫开发政策，合理地使用相关各级的扶贫资金，以及吸收社会各界为传统村落出谋划策或者参与开发旅游扶贫相关工作，为贵州传统村落的保护与发展工作提供外部力量。

（一）合理利用政策资源

贵州境内组团成片少数民族聚居传统村落和散点成线聚居传统村落实施旅游扶贫开发工作，离不开相关政策的配合与支持。科学合理且符合相关政策，能够为贵州传统村落社会经济发展提供动力支撑。

贵州境内组团成片少数民族聚居传统村落和散点成线聚居传统村落实施保护与发展注重用好用活政策优势，强化政策尺度保障。例如，黔东南地区高度注重贵州保护与发展工作，结合国家、贵州省委的文件精神，先后下发了相关支持传统村落保护与发展文件，为黔东南地区传统村落保护与发展指明了方向，提供了政策保障。在相应的项目、资金、人才等扶贫上给予大力的支持，推动了黔东南地区传统村落实施旅游的发展。相对来说，政策机遇就是最大、最优越的机遇，政策投入也是最大的投入，政策保障就是保护与发展的最大保障。

（二）妥善运用扶持资金

扶持工作在中国呈现一个主要的特点，就是由政府主导扶持，政府在实施扶持活动中不仅负责政策的制定，还主导了扶持资金的筹集和分配、项目的选择、社会外围的各种力量的动员、调配、协调。资金的支持对于传统村落保护与发展具有决定性的作用。坚持专款专用，充分发挥扶持资金的使用作用，坚持原则，不断更新观念，打破常规，用创新方法推进扶贫工作，充分发挥了扶持资金的经济效益和社会效益，为贵州传统村落保护与发展奠定了基础，让专项资金在保护与发展工作上成为内动力。

（三）注重产业发展

贵州境内组团成片少数民族聚居传统村落和散点成线聚居传统村落扶贫开发中，除了依靠社外团体单位的大力支持，各乡镇、县、省市还积极组织相关部门干部职工和社会力量投入产业发展中。社会力量对传统村落的保护与发展成为有力的补充，较多的社会团体、社会组织机构都逐渐为贵州境内传统村落的保护与发展提供相应的技术、财力、现代新型农业、产业等支持。各级政府的力量和非政府职能部门的力量共同为贵州境内传统村落实施保护与发展提供动力保障。

贵州境内的部分传统村落正在获得社会力量的支持，为贵州传统村落的保护与发展工作做出了重要的贡献。例如，古雁志为加榜乡加车村贫困村第一书记提出"造血扶贫，带领群众致富"，发展才是"万世根本"，扶贫抛弃"等靠要"的老观念，重点要把"输血扶贫"变"造血扶贫"。借助观光农业园和稻鱼鸭示范园的自然生态优势，率先在加榜梯田实施"1+9"抱团创业带富模式，让村民增加了收益。2016年在古雁志和村两委带领下，鼓励农户新建田鱼直销店1个，农家乐2家，引进企业6家，实现就地创业，精准脱贫。2017年中，古雁志走访1 000人/次，开展农家恳谈30次，帮助谋思路38条，带动致富能人50户，梯田接待能力提升，每户年增收1.5万元。古雁志还结合贵州大数据网络资源，计划开设淘宝网店等电商方式，帮助加车村村民把新鲜的农产品向外推广，牵线搭桥把传统村落的土特产从大山里走出去。

贵州拥有丰富的乡村旅游资源，为了发展乡村旅游，近年来贵州各级政府因地制宜，不断探索，敢于实践，摸索出了以乡村旅游合作社为抓手，黔东南创立了"三共三带"乡村旅游模式，并由此衍生了7种有效模式，涌现出雷山西江、黎平肇兴、从江岜沙等一大批乡村旅游的典型，为贵州境内组团成片少数民族聚居传统村落和散点成线聚居传统村落促进了全面推进乡村振兴建设。乡村旅游涉及范围之广、程度之深，是前所未有的。通过齐心协力共创，贵州乡村旅游呈现破茧成蝶的发展态势，成绩斐然。党的十八大以来，贵州境内传统村落乡村旅游取得的阶段成果，以此总结经验，激励人心，为下一步守住脱贫攻坚成果与全面推进乡村振兴凝聚更大的力量，让更多的村民通过乡村旅游共享发展成果，实现共同富裕，同步小康（图8-6）。

图 8-6　黔东南州黔东南从江县岜沙村
（图片来源：作者实地调研 2018 年拍摄）

二、内部挖掘

内部挖掘是指依靠贵州自身的力量，通过挖掘境内组团成片少数民族聚居传统村落和散点串联成线聚居传统村落自身资源，结合创新工作机制、提升村落的文化素质、构建良性循环的产业链、保护与活态传承协调关系、协调自然生态关系等方法，促进贵州境内传统村落自身经济和社会事业发展，为传统村落保护与发展工作提供和谐的自然及社会环境。

（一）坚持以人为本人，提升村民文化素养

贵州境内传统村落的保护与发展工作坚持以人为本，注重加强科学合理地引导农户，加强科技支持、信息支持、保险支持，注重提升传统村落村民的整体文化素质。贵州境内传统村落实施保护与发展坚持以科学规划、科学指导、抓基础教学、培养符合地方应用型人才。贵州传统村落里的村民以善良、朴实、勤劳、坚韧的品格为贵州境内传统村落保护与发展工作做出巨大的贡献。注重社会各方面力量对相应人群的支持和加大培训力度，不断提升村民对保护与发展的认可度，为实施保护与发展奠定了坚实的群众基础。

（二）抢抓因地制宜，构建特色现代化农业及产业链条

贵州传统村落独特的人文资源和自然资源以及市场状况，决定了保护与发展工作必须因地制宜，发挥各传统村落优势，形成属于本地域独特的旅游产业链。在调查过程中发现，部分传统村落在政府的引导下合理地整合资金、盘活村民闲置的资源，正逐步激活各类村落资源的现状。在传统村落保护与发展工作中坚持"因地制宜、发挥优势、注重保护与发展利用效益、良性可持续发展"的要求，基本做到宜种则种、宜林则林、宜养则养、宜赏则赏。例如，遵义湄潭地区种植茶叶、安顺地区传统村落种植蔬菜、黔东南地区稻田鸭及稻田鱼等（图8-7）。

图 8-7　遵义湄潭县平顺坝茶叶基地

（图片来源：作者实地调研 2018 年拍摄）

贵州传统村保护与发展中，充分地利用财政资金和社会力量进行因地制宜开发，重点扶持特色产业、建立产业链条，让广大村民、贫困人口受益。在开发中注重构建传统特产、现代产品的生产和营销网络服务，产品可通过互联网流通到各地，并不断壮大相应的产业规模和链条。把农民提供的"绿色、方便、安全、放心"产品推向各营销点，给村民提供便利。在此基础上村落环境中实施合作社促进相应村落产业发展，形成具有地方特色的模式。

（三）守住两条生态底线，建造美丽传统村落

贵州传统村落环境中的生态环境对于落实保护和发展起到至关重要的作用，调研期间我们发现较多的传统村落在政府的大力帮助下，加大了传统村落生态环境的保护力度，也得到当地村民的大力支持，为实施保护与发展工作提供了生态环境保证。一些传统村落在污水处理方面做得非常好，一些传统村落依靠村落固有的自然资源改善了当地村民的生产生活（图 8-8）。

图 8-8　黔东南从江县占里村河道与污水分流
（图片来源：作者实地调研 2018 年拍摄）

传统村落的生态环境的改善反映出村民生活质量也在随之提高，人与人以及人与自然之间的关系朝着相互融合方向发展，既意味着传统村落保护发展有着更好的前景，也意味着农业向现代化发展的步伐在迈进。传统村落传统文化资本化运作逐渐产生效益，对农业现代化以及村落传统文化培育发展有着更大的发展空间。贵州境内的传统村落村民历来尊重自然生态环境，注重自然生态环境和谐相处，这为进一步实施保护与发展提供更多的资源支撑。

（四）坚持自力更生，挖掘少数民族特色

贵州民族地区传统村落经济发展的步伐逐步加快，农村社会事业得到了全方位的发展，农村居民的生活水平得到了明显的提高。贵州境内部分组团成片少数民族聚居传统村落和散点成线聚居传统村落实施保护与发展注重发挥各传统村落的资源特色，发展适合本地的相关产业。贵州境内传统村落保护开发在政府以及多方面的支持，让各传统村落独特的传统文化在贵州传统村落实施保护与发展形成特色，推动传统村落的经济发展。关于传统村落的保护与发展，除了中国传统村落按国务院有关部门的规定编制，还就贵州传统村落的保护发展规划编制工作作出规定：一是应当包含保护范围、保护对象、保护措施、产业布局、人居环境改善等内容；二是应当与土地利用、产业发展、扶贫开发、生态环境保护、乡村建设等有关规划相互融合；三是应当符合传统村落实际，突出传统村落保护和发展需要，体现地方特色和民族特色；四是广泛征求专家和公众的意见，并经村民会议或者村民代表会议讨论同意。但在村落实施保护以后期的延续相应工作，还得依靠村民们的自力更生，为有效地保护和利用传统村落的各项资源，必须调动村民用发展的眼光面对村落的一切，必须调动村民的主动性和积极性，参与到传统村落的保护与旅游工作中。调动村民的"内源发展"，使村民积极参与到旅游发展的相关产业中，对村落的弱势群体必须采取有针对性的项目进行帮扶。

参考文献

[1] 贵州省住房和城乡建设厅. 贵州传统村落 [M]. 北京：中国建筑工业出版社，2016.

[2] 向俊峰，宋山梅. 乡村振兴背景下"文旅融合一体化"发展战略研究：以黔南地区为例 [J]. 大众文艺，2018，436（10）：261-262.

[3] 付蓉."三变"视域下的六盘水市文旅融合一体化发展研究 [J]. 智库时代，2017，115（16）：194-195，199.

[4] 中华人民共和国农业农村部. 农业部关于印发《全国休闲农业发展"十二五"规划》的通知 [EB/OL].（2011-08-24）[2020-1-30]. http://www.gov.cn/gzdt/2011-08/24/content_1931324.htm.

[5] 冯淑华. 传统村落文化生态空间演化论 [M]. 北京：科学出版社，2021.

[6] 徐兴兰，杨春梅. 贵州省六盘水市农旅一体化发展研究 [J]. 北方经贸,2017（3）：3.

[7] 王玺. 明代人文旅游资源初探 [J]. 旅游纵览（下半月），2011（6）：53.

[8] 陆林，凌善金，焦华富. 徽州村落 [M]. 安徽：安徽人民出版社，2005.

[9] 何晓昕. 风水探源 [M]. 安徽：东南大学出版社，1990：68.

[10] 陆林，凌善金，焦华富. 徽州村落 [M]. 安徽：安徽人民出版社，2005.

[11] 贺能坤. 民族村寨开发的基本要素研究 [J]. 贵州民族研究，2010（1）：127-132.

[12] 曹昌智，姜学东，吴春. 黔东南州传统村落保护发展战略规划研究 [M]. 北京：中国建筑工业出版社，2018.

[13] 贵州省国土资源厅，贵州省测绘局．贵州省地图集 [M].北京：中国地图
出版社，2005.

[14] 中华人民共和国住房和城乡建设部．中国传统建筑解析与传承——贵州卷
[M].北京：中国建筑工业出版社,2016.

[15] 吴良镛．广义建筑学 [M].北京：清华大学出版社，2011.

[16] 任越．基于文化自觉的我国传统村落文化建档理论探究 [J].兰台世界，
2017（7）：10–13.

[17] 贵州省社会科学院文学研究所，黔南布依族苗族自治州文艺研究室．布
依族古歌叙事歌选 [M].贵阳：贵州人民出版社，1982.

[18] 周政旭，封基铖．贵州扁担山：白水河地区布依族聚落调查研究 [M].北京：
中国建筑工业出版社，2018.

[19] 熊康宁，杜芳娟，廖静琳．喀斯特文化与生态建筑艺术 [M].贵阳：贵州
人民出版社，2005.

[20] 李阳兵，王世杰，容丽．西南岩溶山地石漠化及生态恢复研究展望 [J].
生态学杂志，2004（6）：84–88.

[21] 杨汉奎著．喀斯特环境质量变异 [M].贵阳：贵州人民出版社，1993.

[22] 周政旭，封基铖．生存压力下的贵州少数民族山地聚落营建：以扁担山
区为例 [J].城市规划，2015.

[23] 贺建武．黔东南农业文化遗产地"稻花鱼"资源利用的传统知识研究 [D].
北京：中央民族大学，2020.

[24] 德启．中国民居建筑丛书贵州民居 [M].北京：中国建筑工业出版社，
2008.

[25] 李建华，张兴国．从民居到聚落：中国地域建筑文化研究新走向——以西
南地区为例 [J].建筑学报，2010（3）：82–84.

[26] 范贤坤．传统村落旅游资源开发与保护——以六盘水市为例 [M].贵州大学
出版社，2018.

[27] 刘泽谦，付宏，王明．隆里古镇建筑文化遗产的保护与开发 [J].产业与科

技论坛，2015（12）：242-243.

[28] 夏勇.贵州布依族传统聚落与建筑研究——以开阳马头寨、兴义南龙古寨和花溪镇山村为例 [D].重庆：重庆大学建筑规划学院，2015.

[29] 马国君，杨乔文.云贵高原石漠化灾变的历史成因及治理对策探析——兼论经济开发与生态适应的关系 [J].原生态民族文化学刊，2011，3（2）：9-15.

[30] 省档案局（省档案馆、省地方志办）.自然地理 [EB/OL].（2021-09-14）[2023-02-28].http://www.guizhou.gov.cn/dcgz/gzgk/dl/202109/t20210914_70397096.html.

[31] 王继辉，杨明，杨玲，等.贵州水资源特征及利用分析 [C]// 中国工程院，中国科学技术协会.优化配置西部资源坚持高效持续发展学术研讨会，2001：202-208.

[32] 申小红.对非物质文化遗产保护的几点认识 [J].原生态民族文化学刊，2011（1）：121-125.

[33] 高原野.汉中传统民居建筑环境整体性保护研究——以汉中洋县谢村民居为例 [J].城市建筑，2016（35）：200.

[34] 夏周青著.中国传统村落的价值和可持续发展探析 [J].中共福建省委党校学报，2015（10）：62-67.

[35] 杜凡丁，赵晓梅.文化遗产保护中的"人"增冲鼓楼文物保护规划中的一些尝试 [J].遗产视野，2011（2）：54-65,6.

[36] 范生娇.黔东南非物质文化遗产现状及保护对策研究 [J].凯里学院学报，2014（5）：37-40.

[37] 贵州省统计局国家统计局贵州调查总队.2017 年贵州省国民经济和社会发展统计公报 [EB/OL].（2018-04-04）[2023-02-12]. http://www.guizhou.gov.cn/zwgk/zfsj/tjgb/202109/t20210913_70088454.html.

[38] 王思明，刘馨秋.中国传统村落：记忆、传承与发展研究 [M].北京：中国农业科学技术出版社，2017.

[39] 向德平，张大维. 连片特困地区贫困特征与减贫需求分析：基于武陵山
片区 8 县 149 个村的调查 [M]. 北京：经济日报出版社，2016.

[40] 李璐璐. 走到群众身边 走进群众心里——贵州省从江县加榜乡加车村第
一书记古雁志工作纪实 [EB/OL].（2017-02-13）[2023-02-23].http://www.
mofcom.gov.cn/article/zt_swblxyz/lanmufive/201702/20170202515007.shtml.